베스트셀러의 역사

베스트셀러의 역사

프레데리크 루빌루아

이상해 옮김

까치

Une histoire des best-sellers

by Frédéric Rouvillois

Copyright © Editions Flammarion, Paris, 2011
Korean translation copyright © 2014 by Kachi Publishing Co., Ltd.
All rights reserved.
This Korean edition was published by arrangement with Flammarion
through Milkwood Agency.

역자 이상해(李相海)
전문 번역가로 활동하며 대학에서 가르치고 있다. 옮긴 책으로는 『낭
만적 영혼과 꿈』, 『영혼의 산』, 『강간의 역사』, 『베로니카, 죽기로
결심하다』, 『바둑 두는 여자』, 『측천무후』, 『교차로의 밤』, 『레논』
외 다수가 있다.

편집, 교정 _ 이인순(李仁順)

베스트셀러의 역사

저자 / 프레데리크 루빌루아
역자 / 이상해
발행처 / 까치글방
발행인 / 박종만
주소 / 서울시 마포구 월드컵로 31(합정동 426-7)
전화 / 02 · 735 · 8998, 736 · 7768
팩시밀리 / 02 · 723 · 4591
홈페이지 / www.kachibooks.co.kr
전자우편 / kachisa@unitel.co.kr
등록번호 / 1-528
등록일 / 1977. 8. 5
초판 1쇄 발행일 / 2014. 10. 15
    2쇄 발행일 / 2014. 11. 20
값 / 뒤표지에 쓰여 있음
ISBN 978-89-7291-565-2 03900

이 도서의 국립중앙도서관 출판예정도서목록(CIP)은 서지정보유통지원시스템 홈
페이지(http://seoji.nl.go.kr)와 국가자료공동목록시스템(http://www.nl.go.kr/kolisn
et)에서 이용하실 수 있습니다. (CIP 제어번호 : CIP2014022543)

마리 카롤린에게

차례

서문

　1889년 미국에서 처음 사용된 '베스트셀러(best-seller)'라는 용어는 곧 대영제국으로, 세계대전 이후에는 전 세계로 확산되었다.[1]

　용어가 새롭기는 해도, 그것이 가리키는 것은 아메리카 대륙과 그밖의 곳에서 늘 존재해왔다. 오래 전부터, 어쨌거나 16세기 초에 인쇄술이 발달한 이후로, 몇몇 작품들이 독자들을 매료시켜 푹 빠지게 만들었고, 그것은 대대적인 구매와 여러 차례의 재판(再版)으로 나타났다. 오래 전부터 몇몇 책은 다른 책들보다 잘 나갔고, 잘 팔렸다. 따라서 베스트셀러의 이면에는 문학적 성공이라는 영원한 문제가 존재한다.

　사실, 처음에 이 문제는 문학적 가치라는 문제에 조금 가려진 것처럼 보였다. 사람들은 양(판매부수)보다는 질에 더 많은 관심을 가졌다. 그러나 그럴 때조차 사람들은 양의 문제를 잊지 않았다. 그들은 그 둘은 뗄 수 없는 관계에 있다고, 성공은 질을 보장한다고, 독자들이 좋은 작품과 나쁜 작품을 구별할 수 있을 정도의 감식안과 이성을 갖추고 있어서 오직 나쁜 책만이 외면을 받는다고 평가했다. 17세기 프랑스의 부알로나 코르네유의 동시대인들 역시 그렇게 생각했다. 그들이 어떤 책의 성공에 관심을 가진 것은 오직 그 책이 작가가 얼마나 천재적인지를 보여주기 때문이었다.

그런데 19세기부터 상황이 복잡해졌다. 특히 출판업의 발전과 문맹 퇴치에 발맞추어 문화의 민주화가 시작되자, 고전 작가들이 생각했던 '성공과 가치의 일치'가 여러 방식으로 의문시되었다. 어떤 이들은 그 존재에 이의를 제기했고, 그 둘 사이에 모순이 있다고 주장하기까지 했다. 1920년대와 1930년대 미국 비평계의 거두 헨리 루이 멩켄이 그렇게 생각했고,[2] 루이 페르디낭 셀린은 한 서신에서 "성공은 언제나 아주 나쁜 질을 의미한다"고 거듭 말했다.[3] 그와 병행하여, 훨씬 더 많은 이들이 오직 성공에만, 그것의 규모와 획득 방법에만 골몰하기 위해서 불분명하고, 예측할 수 없으며, 이론(異論)의 여지가 있는 질의 문제를 결국에는 덮어버리고 말았다. 20세기가 진행되는 동안, 이런 이들이 승리를 거두면서 베스트셀러를 서서히 문화생활의 중심이자 심장으로 만들어갔다. 이런 사실을 인정하지 않거나 계속 분개하는 이들도 있었지만 말이다. 어떤 이들이 '미국화'라고 정의하는 이런 현상은 이미 너무나 깊이 뿌리를 내려서, 어떤 작가가 에드거 앨런 포, 월트 휘트먼, 마르셀 프루스트 같은 대작가들이 자기 책의 판매부수를 알면 질투가 나서 얼굴이 시퍼렇게 질릴 것이라고 털어놓으면, 이제 많은 현대인들은 반신반의하며 그 대작가들이 안됐다는 듯 웃음을 터뜨린다. 수백만 부가 팔린 책 이야기를 수시로 듣다 보니, 결국 10만 부는 가소롭고, 1만 부는 창피를 겨우 모면한 정도로 생각된다. 요컨대, 우리 시대의 지배적인 움직임은, 역사학자 피에르 노라가 평가하듯이, "출판 시스템의 베스트셀러화로서, 대중문화의 발달과 문화적으로 차별화되지 않는 대중의 출현"을 동반한다.[4]

그러나 이런 점진적인 산업화와 병행하여, 베스트셀러는 과거와 마찬가지로 오늘날에도 불가사의한 부분을 간직하고 있다. 1922년 극작가 알프레드 모르티에는 "사실, 굳이 말씀드리자면, 성공은 아주 묘한 수수께끼입니다"라고 단언했다.[5] 피에르 노라 또한 이렇게 지적했다. "아마도 전혀 예상치 못한 성공만이 베스트셀러의 범주 가운데 진정한 단 하나의 범주일 것이다. 모든 예상을 뒤엎는 책들과 함께, 그 현상의 본질을 정의하는 것이 바로 그 범주이다." 그리고 그 책들은 "원래 그 책이 대상으로 삼았던 독자, 혹은 적어도 그렇게 믿었던 독자를 거스르는 특징을 가지고 있다."[6] 이처럼 베스트셀러는 기술과 마술, 기적과 거대산업의 교차점에 위치한다. 바로 이 불확실한 위치가, 여느 것들과 같을 수 없는 책이라는 상품이 가진 환원할 수 없는 예측 불가능성이, 베스트셀러가 가진 매력의 커다란 부분을 이룬다.

따라서 지난 한 세기 동안 베스트셀러가 문화 시스템 안에서 전례가 없는 자리와 중요성을 차지했다고 하더라도, 그 복잡한 내부 풍경을 두루두루, 다시 말해서 일관성이 한정될 수밖에 없는 경계들에 휘둘리지 않은 채, 그 긴 역사와 지리학을 전반적으로 살펴보는 일이 반드시 필요할 것이다.

처음에는 도무지 헤쳐나갈 수 없을 것처럼 보이는 이 정글 속을 나아가기 위해서, 우리는 준비된 상태로 눈앞에 놓여 있는 나침반을 발견하게 된다. 나침반은 세 개의 축을 가리키는데, 그 세 개의 축은 우리를 또다시 기본적인 세 개의 질문으로 이끈다. 책, 베스트셀러란 무엇인가. 저자, 베스트셀러를 어떻게 만드는가. 독자, 왜 베스트셀러를 구입하는가.

제1부

책,
베스트셀러란 무엇인가

맬컴 라우리의 컬트 소설 『화산 아래서(*Under the Volcano*)』의 서문에서 모리스 나도는 "걸작들은 결코 쉽게 받아들여진 적이 없다"고 주장했다. 프랑스에서 "라우리의 독자는 매년 겨우 수십 명씩 새로 생겨났다. 이것이 걸작의 정상적인 진행이다."[1] 나도의 평가에 따르면, 위대한 책은 **본래** 잘 안 팔린다. 거꾸로 말하면, 베스트셀러란 필연적으로 질이 낮은 책을 의미한다. 요컨대, 나도와 다른 많은 사람들의 말에 따르면, 질적인 범용함이 베스트셀러의 특징들 가운데 하나, 따라서 그 기준들 가운데 하나일 것이다.

그러나 이런 접근은 최근 500만 부가 팔린[2] 『천사의 게임(*El juego del angel*)』을 쓴 소설가 카를로스 루이스 사폰이 옹호한 정반대의 생각만큼이나 이론의 여지가 있어 보인다. "성공이 최고의 품질 보증"이라는 이 생각은 베스트셀러란 어떤 식으로든 필연적으로 '좋은 책'이라는 의미를 함축한다.

사실, 성공과 문학적 가치(양과 질)는 서로 필연적인 관계를 가지지는 않는다. 아주 위대한 책들이 크게 실패한 반면, 반박의 여지가 없는 인간 정신의 걸작들 가운데 몇몇 작품은 출간 즉시 큰 영광을 누렸다. 나중에 돌이켜보면, 저런 것이 어떻게 그토록 많은 사람들의 마음에 들 수 있었을까 하고 묻게 되는 한심한 작품이나 싸구려 소설도 그랬다. 베스트셀러는 훌륭한 책일 수도 있고, 형편없거나 그저 그런 책일 수도 있다. 모든 것이 가능하다. 작품의 질에 관한 한, 성공은 아무런 의미도 없다.

따라서 베스트셀러란 무엇인가를 정의하고 싶다면 다른 기준에 근거를 두어야 한다. 그 기준은 **수치**(판매부수), **시간**(성공하는 데 걸린), 그리고 **지역**(베스트셀러의 역사는 성공이 언제나 국경을 초월했다는 사실을 가리키고 있으므로)이다.

1
거대 숫자의 매력

    지난 세기에 가장 잘나간 발행인 중의 한 사람인 모리스 지로디아는 자신의 몇몇 성공을 언급하면서 '거대 숫자의 매력'에 대해서 멋들어지게 말한 적이 있다. 아닌 게 아니라, 우리는 모든 사람들이 '대단히 많은 부수가 팔린 책'으로 정의하는 베스트셀러를 흔히 이 거대 숫자의 매력과 연계시키게 된다.

    곧바로 정의의 첫 번째 요점으로 넘어가자. 베스트셀러를 특징짓는 것, 그것은 **판매된** 부수이다. 물론 이 부수는 실제로 독자가 **읽은** 부수와는 일치하지 않는다. 사실, 대부분의 경우, 판매량이 실제로 독자가 읽은 책의 부수보다 더 많았다고 가정할 수 있다. 1867년, 에르네스트 르낭의 『예수의 생애(*Vie de Jésus*)』가 거둔 성공의 상당 부분은 이 철학자를 끔찍이 싫어한 적들의 덕이었을 것이라고 한다. 당시 파리의 사제들은 오직 그 책을 파괴할 목적으로, 그렇게 해서 잠재적인 독자들의 영벌(永罰)을 막으려는 목적으로, 부르주아로 변장을 하고는 몰래 그 책을 수천 부씩 구입했다.[1] 우리는 사제들이 사제복을 입지 않고 외출했다는 사실에 놀라움을 감추지 못한 채, 당시 신문연재 소설에나 나올 법한 장면, 노란색 표지의 두꺼운 책 몇 권을 사제관으로 가져와서 가능한 한 조심스럽게 비밀스런 분서(焚書)를 준비하는 장면을 상상할 수 있다. 같은 의미에서, 어떤 사건이나 언론 캠페인, 또는 지적(知的) 속물주의의 갑작스런 팽배로 인해서, 이런저런 시기에 대다수 사람들이 **선험적으로는** 도무지 이해할 수 없는, 그래서 취득한 후에 곧바로 방치하고 말 작품들이 대대적으로 판매되기도 했다. 이때, 판매부수는 의심할 여지 없이 실제 독자의 수를 넘어선다. 그런데 때로는 이와 반대되는 현상이 일어나기도 한다. 19세기 초중반 책방의 비중에 대해서는 논하지 않더라도, 손에서 손으로 건너다니면서 읽히는, 또는 읽고 또 읽는 바람에 결국 너덜너덜해져서 도서관들이 주기적으로 구입하지 않을 수 없는, 쥘 베른, 찰스 디킨스, 잭 런던의 책과 같은 대중 문학의 컬트 서적들을 우리는 알고 있다. 결국, **독자의 수**를 알아내는 것은 분명 아주 흥미로운 일일 테지만, 그것을 정확하게 맞추는 것은 거의 불가능해 보인다.

불가능하다는 것은 **판매부수**와 반대로 그렇다는 말이다. 판매부수는 첫눈에 보기에 알아내기가 아주 쉬워 보인다. 바로 그것이 한 작품이 베스트셀러의 범주에 드는지 아닌지를 큰 어려움 없이 알게 해줄 것이다. 하지만 실상은 그렇게 간단하지 않다. '엄청나게 많은 부수가 팔렸다'는 말을 어떻게 이해해야 할까? 특히 문학적 성공이라는 현상을 장기간에 걸쳐 살펴보고자 할 때는 대답이 쉽지 않다. 이 '엄청나게 많은'이라는 말이 아주 상대적인 성격을 가진다는 사실을 고려한다면 말이다. 스위프트나 로런스 스턴의 시대에 '엄청나게 많은'을 의미하던 것이 한 세기 후에는 그저 그런 것으로, 또다시 수십 년 후에는 거의 형편없는 것으로 보일 수 있다. 결국, 인쇄기가 발명된 시대부터 오늘날에 이르기까지, 베스트셀러의 역사는 숫자의 역사로 시작된다. 그러나 이 역사에는 함정이 넘쳐난다. 문제가 되는 숫자들이, 많은 경우 불분명하고, 가끔은 완전히 거짓된 것이기 때문이다.

제멋대로 한 계산

역설적으로, 숫자만큼 거짓된 것도 없다. 신문이나 잡지, 인터넷 등 여기저기에 떠도는 숫자들 가운데 어떤 것들은 그저 단순한 평가 착오로 돌릴 수 있는 것도 있지만, 발표된 숫자와 진짜 숫자 사이의 격차가 신화에서, 나아가 순전한 속임수에서 유래하는 경우도 드물지 않다.

속임수

톰 아저씨의 궁전

1851년 겨울의 바로 그날, 볼품없는 옷차림에 두툼한 원고를 팔 아래에 낀 중년 부인은 보스턴의 존 주잇 출판사에 들어서면서 그것이 자신의 마지막 기회라고 확신한다. 보스턴의 대형 출판사들은 따뜻한 감정과 인도주의적 신념들로 넘쳐나는 그녀의 소설을 정중하게 거절한다. 그런 종류의 소설은 절대 성공하지 못할 것이라고 확신했으니까. 필립스 앤드 샘프슨 출판사의 동업자 중 하나는 무명의 작가가 쓴 그런 계몽적인 작품은 1,000부도 팔리지 않을 것이라고 장담하기까지 했다.[2] 존 주잇이 책을 내주겠다고 하자, 대신 계약을 맡은 작가의 남편은 너무나 기쁜 나머지 푼돈 25달러만 주면 원고를 넘기겠노라고 말한다. 그의 주된 목적이 원고료로 아내에게 실크 원피스 한 벌을 사주는 것이었다는 사실이 나중에 밝혀진다. 당시 그가 몰랐던 것은, 아내 해리엇 비처 스토가 문학의 역사에, 나아가 베스트셀러의 역사에 신기원을 이룰 『톰 아저씨의 오두막(*Uncle Tom's Cabin*)』을 막 썼다는 사실이다.

그로부터 2년 후인 1853년 7월, 비처 스토 부인이 파리에 머무를 때, 출판업자 샤르팡티에는 자신이 그 직종에 종사한 35년 동안, 당시 프랑스 언론이 "경이로운 소설"이라고 평한 그녀의 책이 거둔 엄청난 성공에 비할 만한 것을 한번도 본 적이 없다고 그녀에게 털어놓았다.[3]

그러나 그 작품이 그토록 굉장해 보인 것은 무엇보다 그 책의 발행인인 존 주잇 덕분이었다.[4] 그는 극히 과대평가된 판매부수를 주된 홍보 수단 중의 하나로 삼았다.

그것은 주잇이 최초로 사용한 방법은 아니었다. 1832년에 프랑스 출판업자 샤를 고슬랭은 잠재적인 독자들의 호기심을 불러일으키는 동시에 작품의 질을 보장하기 위해서, 발자크의 『나귀 가죽(*La Peau de chagrin*)』이 당시로서는 막대한 양인 4,500부나 판매되었다고 요란하게 선전했다. 2년 후, 발자크가 『철학적 연구(*Etudes philosophiques*)』*의 발행인인 베르데로부터 개정판 서두에 발행부수와 관련된 정정문을 싣는다는 약속을 받아냈을 정도였다. "어떠한 **상업적 사기행위**에도 가담하기를 원치 않기 때문에, 저자는 발행인이 이에 대한 해명을 해주기를 원했다."[5] 출판사들이 늘 이런 섬세함을 보인 것은 아니었지만, 영국과 미국에서도 같은 시기에 똑같은 홍보수단을 사용하기는 했다. 하지만 『톰 아저씨의 오두막』과 함께 출판은 산업 단계로 넘어가게 된다.

1852년 3월 27일, 책이 출간된 지 겨우 일주일 만에 주잇은 언론에 첫 광고를 낸다. 비처 스토 부인의 반노예주의 소설이 날개 돋친 듯 팔리고 있으며, 이미 5,000명의 독자가 책을 '구입했다!'는 내용으로. 2주

---

* 100편에 가까운 발자크 소설들로 구성된 『인간 희극』은 '풍속의 연구', '철학적 연구', '분석적 연구', 이 세 가지 범주로 이루어져 있다/역주

후, 이 첫 광고의 상업적 결과에 크게 고무된 주잇은 『노턴스 리터러리 가제트(*Norton's Literary Gazette*)』 반쪽 면을 사서 대문자로 커다랗게 전대미문의 결과를 떠벌렸다. "1만 권 판매 돌파! 2주 만에 1만 부가 팔렸다는 사실은 이 책의 믿을 수 없는 인기를 말해주는 충분한 증거이다. 제지공장 3곳, 인쇄기 4대가 밤낮으로 돌아가고, 100명이 넘는 제본공이 쉴 새 없이 일하는데도 수요를 충족시키지 못하고 있다!"

기술적 세부사항에 대한 설명으로 확인된 엄청난 판매량은 독자들에게 자신이 예외적인 사건과 마주하고 있으며, 그들 역시 『톰 아저씨의 오두막』을 구입함으로써 그 사건에 참여하라는 부름을 받고 있다는 것을 보여준다.

주잇은 계속 밀어붙인다. 6월 15일, 그는 이제 『노턴스 리터러리 가제트』 반쪽이 아니라 아예 한쪽 면 전체를 사서 8주 만에 5만 부라는 "미국 출판 역사상 전례가 없는 판매량"을 선전했다.

참고로, 당시 미국에서 큰 인기를 끈 작품 중의 하나인 너새니얼 호손의 『주홍 글씨(*The Scarlet Letter*)』는 1850년에 출간된 후 5년 만에야 1만1,000부 판매를 달성했다.[6] 『톰 아저씨의 오두막』의 판매량은, 책의 대성공을 문학적 질의 증거인 동시에 소설의 반노예제적 명제에 대한 대중적 지지로 받아들일 독자층을 노리고 출판사가 제시한 숫자에 불과하므로, 사실 적절성에 한계가 있는 비교이기는 하다.

1852년 5월 영국에서 출간된 『톰 아저씨의 오두막』도 요란스럽게 출발한다. 이곳에서도 "소설 판매량의 활용은 출판업계의 진정 경이로운 현상이라고 할 만한 것을 만드는 데 한몫을 한다."[7] 온 세상이 그 책에 대해서 이야기한다. 1853년 『퍼트넘스 매거진(*Putman's Magazine*)』 1월호에서 찰스 브리그스는 "책이 인쇄된 이후로 『톰 아저씨의 오두막』이 거둔 성공에 필적할 만한 것은 결코 없었다"고 단언한다.

출간 1년 후, 여전히 자신의 방법에 충실한 주잇은 미국에서 30만 5,000부를 판매했다고 선언한다. 한편, 비처 스토 부인의 영국 발행인 중의 한 사람인 샘프슨 로는 『톰 아저씨의 오두막』이 같은 기간에 영국에서 150만 부나 팔렸다고 주장한다.[8] 프랑스도 팔짱만 끼고 있지는 않는다. 1852년 가을, 이 작품을 연재하기로 결정한 일간지 「라 프레스(*La Presse*)」는 이 책이 미국에서 이미 40만 부가 판매되었다고 발표한다. 당시에 정작 주잇은 15만 부 판매만을 인정했는데도 말이다.

따라서 전체적으로 이 모든 수치들은 의심스러운 것으로, 상당히 부풀려진 것으로 보인다. 『톰 아저씨의 오두막』이 유럽과 미국에서 큰 성공을 거둔 것은 분명하지만, 발행인들이 홍보를 목적으로 상세하게 늘어놓은 것만큼 엄청나지도, 반노예제도의 투사들이 순진하게 중계했던 것처럼 경이롭지도 않았다. 예를 들면, 미국에서 30만 부 판매 달성은 1858년, 다시 말해서 소설이 출간된 지 6년 후, 천재적인 존 주잇이 판매 달성을 요란하게 선전했던 날로부터 5년 후에나 이루어진다.[9]

판매 방법으로서의 거짓에 대하여

천재적이다. 이 혁신적인 방법이 일단 개발되자 종종 의심스러운 발표 판매량의 인플레이션을 동반하면서 미국과 그밖의 곳으로 퍼져간 만큼 그러하다. 예를 들면, 주잇은 1854년 마리아 커민스의 감상적인 소설 『점등원(*The Lamplighter*)』이 20일 만에 2만 부가 팔렸다고 요란스레 선전한다. 이는 하루에 1,000부씩 판매된 것으로 『톰 아저씨의 오두막』보다 더 많은 셈이다. 실제로 이 소설은 10만 부가 팔린다. 10년 만에. 이런 점에서 『톰 아저씨의 오두막』은 하나의 전환점을 나타낸다. 꿈의 베스트셀러에서 실제의 베스트셀러로 넘어갈 수 있다는 것을, 터무니없는 수치의 전시(展示)가 독자의 욕망을 자극하면서 판매를 활성화하는 결과를 낳는다는 것을 보여줌으로써. 이렇게 해서 주잇은 하나의 판매 방식을, 그리고 거의 불가피하게 그 방식에 내재된 탈선들을 받아들이게 만들었다. 그것이 원하는 결과를 가져올 수 있다면, 게다가 그 수치들이 거짓이라는 것을 아무도 입증할 수 없다면, 수치 부풀리기를 왜 포기하겠는가?

19세기 후반부터 수치들이 폭등한다. 물론 실제 수치들도 그랬지만, 이것은 나중에 다루기로 하고, 무엇보다 발표된 수치들이 그랬다.

진실은 어디에 있고, 거짓은 어디에 있을까? 프랑스에서는 관습적으로 책표지에 '판(版)' 혹은 '쇄(刷)'의 수를 표시한다.[10] 이해 당사자인 저자와 발행인들은 물론 그 숫자들이 속물적인 고객층, 잘 팔리는 것을 사고자 하는 사람들을 노리고 표기된다는 사실을 알고 있다. 파리 출판계의 거물 중 하나인 베르나르 그라세가 1920년대 초에 『하얀 처녀지(*Maria Chapdelaine*)』를 쓴 고(故) 루이 에몽의 딸이자 상속자인 마리 에몽에게 설명하는 것이 바로 그것이다. 그는 판매부수를 멋대로 고쳐가며 이 작품을 세계적인 베스트셀러로 만들고 있었다. "당신도 아주 잘 이해하셨다시피, 거기에는 불가피한, 하지만 충분히 허용할 만한 약간의 **허풍**이 있습니다. [……] **실제로는** 한 달 동안 1만 부가 팔렸답니다."[11] 몇 년 후, 베르나르 그라세는 새로운 베스트셀러인 레몽 라디게의 『육체의 악마(*Le Diable au corps*)』로 또다시 일을 벌인다. 홍보를 이유로 저자의 동의를 얻어, 52판에서 갑자기 83판으로 건너뛰었던 것이다.[12]

같은 시기에 신문기자 이본 페리에가 『애서가들을 위한 조언(*Conseils*

aux bibliophiles)』에서 수치의 진정성에 의문을 제기한다. "발행부수를 확인하는 것이 과연 가능할까? 나는 불가능하다고 생각한다. 어떤 출판사가 자신이 키우는 한 신진 작가에게 10만 부를 이야기해놓고, 어느 날 갑자기 그의 책들을 반절밖에 찍지 않았노라고 털어놓는다면 어떻게 되겠는가? 사실 출판업계에서 **허풍쟁이**의 말에 속는 사람은 없다. 정확한 수치를 발표하는 출판사, 발행부수를 두 배로 늘리는 출판사, 그리고 250부 발행을 한 '쇄'로 치는 출판사를 우리는 알고 있으니 말이다."[13] 그라세가 마리 에몽에게 털어놓은 것이 바로 이것이다. 그러나 그의 고백이 진심 어린 것이었는지, 아니면 상속인에게 지불해야 할 인세를 떼어먹으려는 교묘한 수법에 지나지 않았는지는 알 수 없다.

그후로, 거대 숫자의 매력은 으뜸가는 마케팅 수단이 된다. 선명한 색깔의 띠지에 책 제목과 저자 이름보다 더 큰 글자로 숫자를 적어넣을 정도로, '잘 팔리는 것이면 아무거나 주세요'이다. 2006년에 『리브르 엡도(*Livres Hebdo*)』에 실린, '책을 구입하게 만드는 주요한 이유'에 관한 TNS-소프레스의 여론조사에 따르면, 조사 대상의 32퍼센트에게 그 책이 베스트셀러 목록에 들어 있느냐 아니냐가 구매에 결정적인 이유가 되었다.

소위 투명성의 경배에도 불구하고, 가장 위대한 작가들에게서조차 불확실성은 사라지지 않고 있다. 권위 있는 평가에 따르면, 애거사 크리스티는 추리소설 80권을 20–40억 부, 로맨스 소설의 여제 바버라 카틀랜드는 자신의 걸작 723권을 5–20억 부, 위대한 아동문학 작가 에니드 블라이턴은 3–6억 부를 판매했다고 한다. 누가 믿겠는가?

신화와 소문

판매량은 책과 그 저자에게, 그리고 부수적으로는 발행인에게 좀더 큰 위신을 부여하려는 목적으로, 또한 선택 받은 거대한 무리에 합류하라고 독자에게 호소하기 위해서 의도적으로 부풀려질 수 있다. 하지만 의도적인 부풀리기가 아닌 경우도 있고, 소문이나 신화 비슷한 것의 결과로서, 얻을 것이 전혀 없는 관찰자들이 전혀 사심 없이 그런 거짓된 수치를 제시하는 경우도 있다.

지저스 크라이스트 슈퍼스타

몇 년 전, 내가 친구들에게 베스트셀러에 관한 시론(時論)을 쓰려고 한다는 계획을 털어놓자, 대학교수 혹은 학식 있는 변호사인 친구들 가운데 몇 명이 프랑스 문학사의 첫 베스트셀러라고 확신하여, 자발적으로 에르네스트 르낭의 『예수의 생애』를 거론했다. 그럼으로써 그들은 자신도 모르게, 프랑스 지성계에 가장 깊이 뿌리를 내리고 있는 신화들 가운데 하나가 아직도 끈덕지게 살아 있다는 것을 증언했다.

1860년대 초, 르낭은 분명 학술계에서나 사교계에서나 가장 주목받는 프랑스 학자 중 하나였다. 당시 파리에서 그가 나폴레옹 3세가 애지중지한 사촌 마틸드 공주의 살롱에 자주 드나든다는 사실을 모르는 사람은 아무도 없었다. 1857년에 출간된 그의 『종교사 연구(*Études d'Histoire Religieuse*)』는 교양 있는 엘리트 계층으로부터 단순한 호평 이상의 성공을 거둬서 그해에만 2,000부가 팔려나갔다. 그러나 르낭은 입문한 자들을 위한 작가, 스탕달의 언어를 빌리면 "행복한 소수"를 위한 작가였다. 1863년, 그의 신작 『예수의 생애』가 판매되기 시작한 날까지는. 이 책의 발행인인 미셸 레비가 1만 부를 찍었으니, 내기를 걸어도 아주 크게 걸었던 셈이다. 그처럼 빈틈없는 사업가가 그런 위험을 감수했다면, 그럴 만한 이유가 있었다. 우선 부르주아 계급이 아주 좋아한 덕분에 종교서적이 꾸준히 인기를 끌고 있었고, 무엇보다『예수의 생애』가 그리스도를 신의 아들이 아닌 인간으로, 비범하기는 해도 어쨌든 하나의 인간으로 묘사한다는 점에서 이전의 예수 전기(傳記)들과는 전혀 달랐다. 간단히 말해서 이 작품은 루이 뵈이요와 뒤팡루 주교의 책을 읽기는 해도 볼테르의 책을 계속 즐기는 프랑스에서 좋은 논쟁거리, 어쩌면 하나의 스캔들, 다시 말해서 선풍적인 성공을 불러올 요소를 두루 갖추고 있었다.

　실제로『예수의 생애』의 성공은 즉각적이었다. 1863년 9월 7일, 책이 출간된 지 2개월 후에 생트뵈브는 주간평론지『르 콩스티튀시오넬(Le Constitutionnel)』에 이렇게 쓴다. "르낭의 책은 심한 공격을 당하는 동시에 놀라울 만큼 많이 읽히고 있다." 일반적으로 이 둘은 짝을 이룬다.[14] 그가 생각하기에, 르낭은 종교 문제를 다루면서 "신을 믿지도, 그렇다고 안 믿지도 않는", 그리고 곧바로 그의 저작에 달려든 "대다수의 대중"을 겨냥함으로써 정확하게 급소를 찌른 셈이었다.[15] 생트뵈브는 이렇게 결론짓는다. "그의 성공담은 장차 써야 할 문학사의 한 장(章) 전체를 차지할 것이고, 그것은 가장 흥미로운 이야기 중 하나가 될 것이다. 내 눈에는 그 장이 벌써 훤히 보이지만, 그것을 대충이라도 써보려고 시도하지는 않을 것이다. 아직은 시작에 불과하니까. 가장 널리 알려진 최근 소설들의 인기가 이미 추월당했다. 진지한 것이든, 가벼운 것이든, 모든 것에는 때가 있다. 이 책의 즉각적인 성공과 판매량을 보고 누가 그것을 의심할 수 있겠는가?『예수의 생애』는「르 프티 주르날(Le

Petit Journal)」이 민중에게 인기를 끌었듯, 중간 지식인 계층에게 큰 인기를 끌었다."[16]

이 성공의 여파로 하나의 신화가 탄생하는데, 그것은 추호의 의심도 없는 역사가들, 그리고 데카르트의 조국에서 일궈낸 그 비판정신의 승리에 우쭐해진 교양인들에게는 언제든 쓸 수 있는 현찰로 생각되었다. 그래서 사람들은 5개월 만에 6만 부가 팔렸을 것이라고, "4년 만에 적어도 130만 부는 팔렸을 것"이라고 주장한다.[17] 만약 이것이 사실이라면, 『예수의 생애』를 19세기 프랑스에서 가장 많이 팔린 책 중의 하나로 만들 어마어마한 수치지만, 가만히 생각해보면 전혀 사실임직하지 않은 수치이기도 하다.

30년 전, 물론 조건들이 많이 다르기는 했지만, 라므네의 『어느 신자의 말(*Paroles d'un croyant*)』이 3만 부가 팔리면서 "세기의 첫 번째 대성공"으로 간주되었다.[18] 콜레주 드 프랑스의 교수(르낭)가 쓴 전문적인 전서(全書)보다 모든 면에서 접근이 훨씬 더 쉬운 책이었는데도 말이다. 게다가 르낭의 책은 너무 비싸서 살 엄두가 나지 않는 가격(7.50프랑)에 나온 반면, 라므네의 소책자는 푼돈만 내면 살 수 있었다. 또다른 지표도 있다. 130만 부라는 놀라운 수치를 달성하려면, 평균적으로 매년 약 32만 부, 매달 약 2만7,000부, 다시 말해서 책이 가장 많이 팔리는 출간 이후 5개월의 기간보다 두 배 이상 팔렸다고 가정해야 할 것이다. 당시 프랑스인들의 호기심은 충족시켰을지 몰라도, 전혀 그럴듯하지 않은 가정이다.

발행인과 르낭 가족이 가진 기록을 교차 검토한 결과, 실제 판매량은 물론 인상적이기는 하지만 신화를 크게 밑돈다. 미셸 레비가 예상했듯이, 1863년의 초판 1만 부는 날개 돋친 듯 팔려나갔고, 출간 후 1년이 조금 안 된 1864년 4월에는 판매량이 6만5,000부에 이르렀다. 이 시기에 발행인은 『예수』라는 제목을 붙여 축소된 판형의 보급판을 내놓기로 한다. 이 또한 달인의 솜씨였다. 단 3개월 만에 8만 부가 팔렸으니 말이다. 원래 판형에 대해서 말하자면, 1867년 레비는 '결정판' 6만 부를 찍어서 내놓는다. 이를 모두 합해도 5년간 130만 부와는 상당히 차이가 나는데, 『예수의 생애』는 이 기간 동안 약 20만 부가 인쇄되었다. 모든 판본을 합해서 1947년까지 43만 부가 팔려나갔다.[19]

수백만 부의 마돈나

대중을 흥분시키는 동시에 비평가들의 입에 군침이 돌게 만들기 위해서는, 잊힌 베스트셀러를 되살려내고, 프랭크 루터 모트가 "과장의 일반 법칙"이라 불렀던 것에 따라 판매량을 언급하면서 슬슬 흥미를 돋우는 것만 한 것이 없다.[20]

1925년, 그 유명한 『침대차의 마돈나(*La Madone des sleepings*)』를 쓴 프랑스 작가 모리스 데코브라(1885–1973)에게 예정된 운명이 그랬다.

늘 그렇듯, 아니 땐 굴뚝에서 연기가 나지는 않는 법. 훌륭하게 상상되고 멋들어지게 구성된 『침대차의 마돈나』는 '황금시대'라 불린 1920년대의 프랑스에서도 돋보일 만큼 견고한 논거들을 가지고 있었다. 나이 많은 귀족에게 입양된 후 셀리만 왕자가 되고, 돈 많고 매력적인 미국인 아내와 잠시 헤어진 제라르라는 인물은 역시 돈 많고 매력적인 영국 여성 레이디 다이애나의 지극히 개인적인 비서가 된다. 그녀는 침대차에서 자는 습관이 없는데도 '침대차의 마돈나'라고 불리는 자유분방한 젊은 미망인이다. 레이디 다이애나는 소련 영토에 위치한 유전(油田)의 개발권을 되찾으려고 하는데, 그로 인해서 사치스럽고 적당히 야한 분위기 속에서 주인공들을 파리에서 베를린, 빈에서 콘스탄티노플로 이끄는, 사실임직하지 않은 일련의 모험, 예상치 못한 반전과 재반전이 일어난다. 끔찍한 볼셰비키 여인 이리나 무라비에프에게 맞서던 제라르는 흑해 해안가에서 러시아 비밀경찰 체카의 수중에 떨어지게 된다. 감옥에 갇혀 있던 그는 마침 요트를 타고 근처를 지나던 전부인의 기적적인 개입으로 가까스로 죽음을 모면한다. 소설은 레이디 다이애나의 음산한 스코틀랜드 성에서, 무라비에프가 마돈나를 죽이려고 시도하는 순간 도리어 죽는 것으로 끝을 맺고, 마돈나는 결국 또다시 새로운 모험을 향해 떠나기로 결심한다.

　에로티시즘, 이국적 정취, 적당한 반공주의, 유머, 격렬한 폭력과 액션, 성공의 모든 요소들을 모아놓은 것 같다. '마돈나' 이전에 쓴 소설의 원고를 들고 갈리마르 출판사를 찾았을 때, 데코브라는 그 신전의 수호자들에게 가차 없이 퇴짜를 당했다. "과하게 유행에 편승했다"는 비난과 함께.[21] 그러나 작가를 찾던 신생 출판사 보디니에르가 두 팔 벌려 그를 환영한 것도 아마 그 이유 때문이었을 것이다. 새로운 어조, 쉽게 읽히지만 독창적인 소설, 눈길을 끄는 제목, 효과적인 광고, 판은 돌아갔고, 결판은 났다. 『침대차의 마돈나』는 서점가에서 멋지게 성공한다. 모리스 데코브라의 후속 작품들 『내 심장은 천천히 뛰고(*Mon coeur au ralenti*)』와 『망상의 곤돌라(*La Gondole aux chimères*)』도 마찬가지였다. 이 성공은 진지한 비평계의 심기를 건드렸고, 비평가들은 그 "모호하고 형편없는 책들"을 공개적으로 모욕했다.[22]

　75년 후, 시간상의 거리와 향수로 부풀려진 효과는 모리스 데코브라를, 그의 전기 작가 필리프 콜라의 표현을 빌리면, "모든 시대를 통틀어 가장 많이 팔린" 프랑스 작가로 만들어놓는다.[23] 필리프 콜라는 이렇게 덧붙인다. "모리스에 비하면, 프루스트, 콜레트, 지드, 그리고 전통적인 문학 만신전의 다른 모든 회원들도 상업적으로는 난쟁이들이다. 75개 언어로 번역된 [……] 그의 책들은 수천만 부가 팔렸으며, 「시카고 트리뷴(Chicago Tribune)」이 강조했듯이 성경과 셰익스피어를 제외하고 그보다 더 많이 팔린 책은 드물다."[24]

그러니까 필리프 콜라에게 데코브라는 "베스트셀러의 창시자"나 다름없을 것이다.[25] 필리프 콜라만 그런 수치를 제시한 것이 아니다. 1992년, 폴 호프만은 「뉴욕 타임스(New York Times)」에서 『침대차의 마돈나』 단 한 편에 대해서 1,500만 부를 운운했고,[26] 2003년, 이자벨 나타프는 「르 피가로(Le Figaro)」에서 "이해받지 못한 작가, 데코브라"를 "20세기 문학계의 가장 놀라운 현상"이라고 정의하면서 9,000만 부라는 수치를 들먹였으며,[27] 그 수치는 2006년 소설의 재출간을 계기로 「라 리브르 벨지크(La Libre Belgique)」의 한 기자에 의해서 인용되었다.[28] 너무나 엄청난 이 수치는 작가가 망각 속으로 사라진 지금, 약간은 철이 지나버린 그의 작품에 대해서 세인들이 가장 먼저 떠올리는 주된 관심사가 된다.

그러나 여기서도, 몇몇 사람들이 출처를 밝히지 않고 보란 듯이 내세우는 어마어마한 수치들은 우리를 회의적으로 만든다.

우선, 파리 14구 물랭 베르 가 27-2번지에 위치한 작은 출판사 보디니에르가 책표지에 기재한 부수만큼 책을 찍어낼 능력이 있었는지, 그것부터 의심스럽다. 이 부수는 존 주잇이 『톰 아저씨의 오두막』을 띄우기 위해서 고안했던 홍보성 부풀리기의 일환인 것이 분명하다. 발매일인 1925년 5월 30일자 인쇄완료가 찍힌 『침대차의 마돈나』 판본에 260쇄라고 되어 있다. 필시 멋대로 갖다 붙인 것으로 보이는 표지의 수치를 심각하게 받아들인다 하더라도, 계산은 아직 한참 차이가 난다. 필리프 콜라가 별다른 설명 없이 『침대차의 마돈나』의 판매가 "몇 주 만에 100만 부"를 넘어섰다고 단언한 데 반해서,[29] 출판사가 제시한 수치는 여전히 훨씬 더 소박하다. 1926년에야 420쇄, 1931년에야 520쇄라고 기입하고 있으니 말이다.

물론 번역본도 고려해야 할 것이다. 나중에 보게 되겠지만, 당시 베스트셀러의 세계화는 순조로이 진행되고 있었다. 그런데 모리스 데코브라의 소설은 해외에서 상대적으로 제한된 성공밖에 거두지 못했다. 첫 번째 영어 번역본은 1927년 이전에는 등장하지 않았는데, 텍스트의 난해함 때문이라는 설명으로는 납득이 되지 않는 이런 지연은 어마어마한 발행부수의 신화를 부인하기에 충분하다. 그들의 주장대로 판매량이 엄청났다면, 2년이나 기다렸다가 책을 번역하지는 않았을 테니까. 영어 번역본이 거둔 성과는 수만 권을 찍은 독일어 번역본과 마찬가지로 그저 그랬던 것으로 보인다(1938년에야 3판이 출간된다).

전체적으로 수긍할 수 있는 수치를 제시할 수는 없지만, 어쨌거나 신화가 현실을 훨씬 더 웃도는 것이 확실해 보인다. 모리스 데코브라가 사람들이 주장하는 9,000만 부의 1-2퍼센트 정도밖에 팔지 못했다고 보는 것이 타당할 것 같다.

착시

거짓과 신화가 제멋대로의 계산을 부분적으로 설명해주기는 하지만, 아무 속셈이 없는 평가의 오류, 요컨대 착시 현상이 일어나기도 한다. 특히, 자기 작품의 성공을 과대평가하는 경향이 있는 작가들이 종종 그런 실수를 저지른다. 여러 차례 반복해서, 특히 『세자르 비로토(*César Birotteau*)』를 출간한 후에,[30] 순진하기 짝이 없는 발자크는 마침내 돈 걱정에 종지부를 찍을 책을 써냈다고 스스로 확신하고는 동네방네 떠들고 다닌다. 사실, 계피 빵 프랜차이즈 사업을 하거나, 파리 교외에 파인애플 농장을 꾸려서 큰돈을 벌기를 꿈꿨던 발자크는 위대한 예술가가 무능한 사업가일 수 있다는 명제의 살아 있는 증거였다.

그러나 이런 종류의 착시는 좀더 세속적인 작가들에게서도 찾아볼 수 있다. 19세기 말, 젊은 목사 찰스 셀던은 종교 교육을 목적으로 교훈적인 일화들을 쓰기 시작한다. 1894년 시카고에서 출간된 『필립 스트롱의 고난(*The Crucifixion of Philip Strong*)』은 곧바로 대성공을 거둔다. 하지만 3년 후에 출간된 『그분의 발자취를 따라서(*In His Steps*)』는 모든 판매기록을 깬다. "그분의 발자취를 따라서", 그것은 물론 그리스도의 발자취인데, "예수님이라면 어떻게 하실까?"라는 부제가 붙어 있다. 19세기 말에 그분이 우리 곁에 살아 있다면 어떻게 하실까? 사람들은 오랫동안 『그분의 발자취를 따라서』를 3,000만 부나 판매된 책, "성경을 제외하고, 모든 시대를 통틀어 가장 많이 팔린 책"으로 생각하게 된다.[31]

책이 나온 지 약 30년 후, 이 믿기 힘든 성공에 바친 에세이에서, 찰스 셀던 본인은 미국에서 800만 부, 영국과 영국 식민지에서 1,200만 부, 나머지 국가에서 200만 부, 따라서 총 (고작) 2,200만 부가 팔렸다고 평가했다. 하지만 그는 20곳가량의 출판사가 저작권에 관한 법률의 보호를 잘 받지 못하는 그의 텍스트를 날로 가져갔고, 그에게 판매량에 대한 정확한 정보를 제공하기를 거부했기 때문에, 자신에게는 신뢰할 수 있는 수치를 작성할 능력이 없다고 말했다. 그러자 호기심이 발동한 프랭크 모트가 1940년대 초에 그 베스트셀러를 펴낸 미국 발행인들에게 일일이 문의해본다. 이렇게 해서 얻어낸 수치를 바탕으로, 모트는 십중팔구 셸던이 밝힌 800만 부나 소문으로 떠돈 몇 천만 부가 아니라, 미국에서 많아야 200만 부, 총 판매량은 작가가 생각했던 것처럼 2,200만이 아니라 600만 부 정도였을 것이라고 추론할 수 있었다.

이 전형적인 예는 대단히 복합적인 오류의 원인들을 짐작하게 한다. 정확한 정보의 부재(저가의 책인 만큼 정보를 얻기가 더 힘들다), 인쇄 부수와 판매부수의 혼동, 다수의 판(版), 그리고 끝으로 거짓과 허영심, 그리고 착시의 결합. 이 모든 것이 완전히 제멋대로인 수치들을 언급하도록, 아무런 양심의 거리낌 없이 그렇게 하도록 이끈다.

이런 어려움의 전형적인 예로, 세상에서 가장 많이 읽힌 작가 중 한 사람인 쥘 베른이 있다. 1905년에 그가 사망했을 때, 그의 전기 작가 허버트 로트먼은 이렇게 쓴다. "언론은 수백만에 달하는 그의 독자, 학교[우수한 학생들에게 상으로 그의 책을 나눠주었다]와 도서관에서 그가 점하는 위치를 상기시켰다."[32] 그러나 에첼 출판사가 내놓은 수치를 믿는다면, 『80일간의 세계일주(Le Tour du monde en 80 jours)』는 작가가 사망하기 전에 10만 부를 넘긴 유일한 작품이고, 그 다음으로 많이 팔린 작품이 『기구를 타고 5주간(Cinq semaines en ballon)』(7만6,000부)과 『해저 2만 리(20000 lieues sous les mers)』(5만 부)이다. 당시로서는 매우 놀라운 수치지만, 언론과 서점들이 언급한 수치보다는 적어도 열 배, 스무 배는 적다. 수수께끼의 열쇠? 아주 간단하다. 에첼은 쥘 베른과 맺은 계약에 근거하여 다른 판에 비해서 극히 인기가 없었던 **작은 판형**에 대해서만 인세를 지불했다. 반대로, 단연코 가장 많이 팔린 **삽화본**은 계산에 넣지 않았다. 여기에서 놀라운 차이가 발생한다.

결국, 베스트셀러의 정의에서 수치가 결정적 역할을 한다면, 항상은 아니어도 많은 경우 대략적인 수치를 받아들여야만 한다. 상황이 이럴지라도, 그것이 큰 흐름을 구별하거나 그 수치에 비추어 대충이라도 베스트셀러의 역사를 개괄적으로 기술하는 것을 막지는 않는다.

수치의 역사 어느 정도 수긍할 수 있는 수치에서 출발해, 인쇄가 발명된 이후 대략 세 시기로 구분될 수 있는 하나의 문화사가 그려진다. 첫 번째 시기는 19세기 중반까지의 수공업 시대로, 가장 많이 팔린 책들도 수만 부를 넘어서는 경우가 드물다. 두 번째 시기는 19세기 중반에서 20세기 중반에 이르는 산업화 시대로, 수십만 부씩 팔리는 저작들이 여럿 나온다. 그리고 세 번째 시기는 한 저자가 자신의 책들이 수년에 걸쳐 수천만, 나아가 수억 부나 팔려나가는 것을 기대할 수 있는, 제2차 세계대전 이후의 '메가 베스트셀러' 시대이다.

수공업 시대

베스트셀러를 절대적인 방식으로, 일정 기간 동안 팔려나간 부수, 다시 말해서 10만, 50만, 나아가 100만과 같은 수치로 정의한다면, 우리는 그것이 비교적 최근에 생겨난 현상이라고 결론지어야 할 것이다. 그것은 유럽이나 미국에서 100년 혹은 150년 전에 출현했다. 결국, 이 경우에 베스트셀러의 역사는 정의상 승리를 구가하는 현대성, 그리고 활자 문화의 대중화와 떼어놓을 수 없는 짧은 역사가 될 것이다.

그에 반해서 베스트셀러를 상대적인 방식으로, 다시 말해서 실제로 몇 부가 팔렸든 간에, 주어진 순간에 가장 큰 성공을 거둔 작품들로 이해

한다면, 베스트셀러는 늘 존재했다.[33]

16세기 초에 베르길리우스의 『아이네이스(*Aeneis*)』,[34] 에라스뮈스의 『우신예찬(*Encomium Moriae*)』, 토머스 모어의 『유토피아(*Utopia*)』, 그리고 프랑스 독자들에게 보다 더 친근한 라블레의 작품들이 수없이 많은 판본으로 나왔다는 것을 확인하는 것만으로도 그것을 확신하기에 충분하다. 조르주 로트는 프랑스에서 라블레의 책들이 거둔 성공이 "처음부터 아주 확연했다"고 지적하고, 심지어 "예외적인 인기"를 말하기도 한다. "수많은 언급, 인용, 혹은 암시는 팡타그뤼엘, 파뉘르주, 그리고 가르강튀아가 아주 광범위한 독자를 즐겁게 해주었다는 것을 증명한다."[35] 예를 들면, 『팡타그뤼엘(*Pantagruel*)』은 1532년 리옹의 클로드 누리 서점에서 첫 번째 판이 나온 이후로 10년 동안 리옹, 파리, 프와티에 등지에서 적어도 서로 다른 14개의 판본이 나온다. 1535년에 출간된 『가르강튀아(*Gargantua*)』는 같은 기간 동안 9개의 판본으로 나온다.[36] 따라서 지금 기준으로는 우스꽝스러워 보이는 판매량일지 몰라도, 이 책들은 반박의 여지가 없는 베스트셀러들이다.

그러나 문화적(인구의 상당수가 문맹이었고, 문맹이 아닌 경우에도 많은 시간을 독서에 할애할 수 없었다), 경제적, 기술적 이유 때문에 달리 어쩔 도리가 없었다. 16세기 중반에 이미 "유럽 규모의 시장"이 존재했다고 할지라도,[37] 인쇄물 생산은 양적으로 보잘 것 없는 상태였다. 최대로 찍은 것이 2,250부로, 이 수치는 고전으로 간주된 작품들, 예를 들면 1548년 스페인에서 인쇄가 시작된 『갈리아 전쟁기(*Commentarii de Bello Gallico*)』와 같은 작품에 한정된 것이었다. 당시에는 인쇄소가 하루에 1,250장 이상을 뽑아내지 못했으니, 이는 1549년 출간된 『갈리아 전쟁기』를 모두 인쇄하는 데에 대여섯 달은 족히 걸렸다는 것을 의미한다.

인쇄도 인쇄지만, 판매량을 정확하게 집계하는 것 자체가 거의 불가능하다. 따라서 판본의 수, 경우에 따라서는 번역본의 수가 작품의 성공을 증명한다. 바로 이 때문에 몇몇 사람들은 1605년 1월 16일 마드리드에 있는 후안 델 라 쿠에스타의 인쇄기로 몇백 부밖에 찍지 않았던 책, 즉 미겔 데 세르반테스의 『돈키호테(*Don Quixote*)』를 "세계 문학의 첫 베스트셀러"로 정의하기도 한다. "재치 있는 이달고"가 처음에는 스페인과 포르투갈을, 이어서 전 유럽을 푹 빠지게 만들었기 때문이다.

17세기에도 떠들썩한 성공들이 있기는 했지만,[38] 리듬의 변화를 보이는 것은 무엇보다도 그 다음 세기이다. 17세기에는 매년 몇백 종의 책밖에 출간되지 않은 반면, 1700년에는 1,000종, 1770년에는 6,000종 가까이 출간된다. 이 저작들 중에는 점점 더 빈번하게, 때로는 일시적으로 때로는 지속적이고 심원하게, 놀랄 만한 유행을 불러일으키는 책들이 있다. 그 책들은 유럽과 미 대륙을 눈물바다로 만든 리처드슨이나 골드스미스의 책처럼 기분 전환거리를 제공하기도 하고, 디드로와 달랑베르의 『백과전서(*Encyclopédie*)』나 중농주의자들의 무거운 논증이나 세금에 대한 네케르 씨의 지루한 성찰처럼 보다 금욕적인 것에 몰두하기도 한다. 그 시대의 증인들은 말한다, 모든 사람들이 읽는다고. 따라서 독자들에게 그들의 욕구를 충족시켜줄 수 있는 뭔가를 제공해야만 한다.

19세기 초, 특히 권지(卷紙)를 뽑아내는 기계의 출현(1798)과 증기인쇄기의 도입(1810)과 함께 '서적의 2차 혁명'을 일으킬 기술적 조건들이 갖춰짐에 따라서, 이런 현상은 더욱 가속화된다. 그럼에도 판매량은 적어도 우리의 기준으로 볼 때는 아직 보잘 것이 없다. 1838년, 7월 왕정에서 가장 잘나가는 기자 중 하나였던 에밀 드 지라르댕은 작가들을 신간 초판 발행부수에 따라, 다시 말해서 발행인들이 기대하는 판매부수에 따라 다섯 등급으로 나누었다. 빅토르 위고나 폴 드 코크처럼 맨 꼭대기에 위치한 인기 작가들은 2,500부를 찍었다(그들이 각각 마지막으로 내놓은 걸작 『노트르담 드 파리[*Notre-Dame de Paris*]』와 『오쟁이 진 남편[*Le Cocu*]』의 총 판매부수의 약 20퍼센트이다). 그 아래, 발자크처럼 덜 알려진 작가들은 1,500부를 찍었다. 끝으로, 가장 아래 등급에는 재능은 있지만 작품이 잘 팔리지 않는 작가들이 위치한다. 예를 들면, 알프레드 드 뮈세는 900부를, 테오필 고티에는 기껏해야 600부를 찍었다.

당시의 베스트셀러 작가들은 다른 사람들이다. 가장 많이 팔린 저자는 왕정복고 초기에는 코탱 부인, 나중에는 피고 르브룅과 실비오 펠리코이다. 그러나 마틴 라이언스가 작성한 순위표가 보여주고 있듯이,[39] 그들 중 어느 누구도 한해 평균 1만 부 판매를 달성하지 못했다. 1826년과 1830년 사이에 16만 부를 판 "국민시인" 베랑제를 제외하고는…….

그러나 프랑스에서나, 영국에서나, 미국에서나, 막 일어나고 있는 출판 혁명과 더불어 모든 것이 달라진다.

산업화 시대

1840년대부터 '산업화'라는 낱말이 대두된다. 모든 입에 그 말이 회자되고, 모든 펜이 그 말을 쓴다. 특히, 당대의 가장 위대한 비평가 생트뵈브는 『르뷔 데 되 몽드(*Revue des Deux Mondes*)』 1839년 9월호에 그가 "산업 문학"이라고 부른 것에 바친 글 한 편으로 큰 반향을 불러일으킨다. 이 시기에 제르베 샤르팡티에, 루이 아셰트, 미셸 레비 같은 야심만만하고 상상력이 풍부한 출판업자들은 새로운 판형과 가격을 시장에 내놓고, 이는 인쇄술, 조판술의 발달과 더불어 결과적으로 발행부수의 폭발적 증가를 가져오게 된다. 두 세대가 채 지나기도 전에, 평균 발행부수가 5-7배로 늘어난다.[40] 그리고 그 증가세는 정상 등급에서도 같은 비율로 나타난다. 문학이 대량소비 시대에 들어섰다는 사실이 베스트셀러의 판매량에 불가피하게 반영된다.

프랑스에서는 외젠 쉬의 『파리의 미스터리(*Les Mystères de Paris*)』가 이 혁명의 혜택을 고스란히 입은 첫 번째 작품이 된다. 멜로 드라마의 색채를 가미해가며 파리의 빈민굴과 당시에 '아파치'라 불린 사람들, 다시 말해서 부랑자들의 세계를 탐험한 이 연재소설은 기념비적인 성공을 거둔다. 『주르날 데 데바(*Journal des débats*)』에 연재된 16개월 동안, 『파리의 미스터리』는 "프랑스인의 삶에서 가장 중요한 사건 중 하나로 남아 있었다"고 장 루이 보리는 말한다.[41] 1843년, 책으로 묶여 나온 소설은 날개 돋친 듯 팔려나간다. 수없이 많은 해적판과 국외 판본들을 계산에 넣지 않더라도, 1850년 이전에 6만 부가 팔린다. 뉴욕에서는 단 몇 개월 만에 8만 부가 팔렸다고 하고, 런던에서는 디킨스의 전설적인 기록을 갈아치웠다고 한다.

프랑스에서 발생한 일을 똑같은 이유들로 인해서 다른 곳에서도 만나게 된다. 『톰 아저씨의 오두막』이 거둔 세계적인 성공 이전에도, 수전 워너가 『넓고 넓은 세상(*The Wide, Wide World*)』을 50만 부나 팔았다. 재미 삼아 써본 책이 갑자기 너무 유명해진 탓에, 몇몇 덕이 높은 부인들이 눈부신 영광을 누린 시기였다. 몇 년도 채 지나지 않아서 완전한 망각 속에 파묻히기는 했지만. 미국 역사가들은 (당시에) 아주 유명했던

E. D. E. N. 사우스워스(1819-1899)를 예로 든다. 그녀는 50여 권의 소설을 썼는데, 대부분의 판매부수가 10만 부를 넘었고, 그중에서도 『이스마엘(*Ishmael*)』과 『홀로 일어서다(*Self-Raised*)』는 200만 부에 도달했다.

19세기 후반부에 들어서 출판계의 새로운 마케팅 전략과 독자들의 새로운 욕구가 점진적으로 1840년 이전에는 구경조차 할 수 없었던 판매량 10만 부 이상의 베스트셀러를 흔한 것으로 만들어놓았다. 그리고 그때부터 100만 부 기록을 달성하는 일이 생겨나기 시작한다.

19세기 말부터 앵글로색슨 세계에서 사용된 "베스트셀러"라는 용어는 여기저기서 사람들이 주장하는 것과는 다르게, 1920년대부터 프랑스에 도입된다. 1928년 6월, 스스로 "대중적"이라고 정의하는 주간지, 아돌프 브리송의 『정치, 문학(*Annales politiques et littéraires*)』은 수많은 독자를 위해서 베르나르 페이가 "미국 문학에 대한 무례한 견해"에서 언급했던 그 용어에 대한 설명을 다시 싣는다. 대서양 너머에서는 "유일한 기준이 판매량이다. 작가 중에서도 귀족은 **베스트셀러**를 생산할 수 있는 능력에 의해서만 다수의 엉터리 작가들과 구분된다. 대량으로 찍어내는 작품을 지칭하는 이 용어가 미국 출판계 전체를 지배한다. 책은 **베스트셀러**가 아니면 아무것도 아니다. 그것은 젊은 작가들을 꿈꾸게 하고, 대중의 관심을 고정시키며, 발행인들에게는 북극성 같은 역할을 하는 마술적인 용어이다."

베스트셀러의 역사에서, 양차 세계대전 사이는 무엇보다 1936년 젊은 무명 작가 마거릿 미첼이 쓴 소설의 기적적인 성공으로 대표되는 영화로운 기간이다. 『바람과 함께 사라지다(*Gone with the Wind*)』는 금세 하나의 '사회적 현상'으로 인식된다. 첫해에 100만 부, 이듬해에 150만 부가 팔린다. 미국에서만 10년 만에 300만 부가 판매된다.[42]

그러나 역동적인 변화들이 계속 이어지고, 이런 신화적인 수치들이 곧 돌파된다. 1943년, 여전히 미국에서, 공화당 후보였던 웬들 윌키의 『하나의 세계(*One World*)』가 두 달 만에 110만 부나 팔린다. 1946년에는 출판계의 공식지인 『퍼블리셔스 위클리(*Publishers Weekly*)』의 논설 위원 리처드 밀런드는 "오늘날 100만 부는 심심풀이 땅콩이다"라는 말로 새로운 시대로 들어섰음을 선언한다.[43]

최상급 시대

반세기 전부터 "전 시대를 통틀어 가장 위대한 베스트셀러"라는 칭호가 제법 많은 수의 저작에 주어졌고, 그 저작은 더 인기가 많은 책에 의해서 금방 권좌에서 밀려났으며, 그 책은 또다른 책에 의해서 추월당하는 운명을 겪었다. 최상급 시대로의 진입은 이전 시기에 이미 있었던 요인들, 출판의 산업화, 과감한 마케팅 전략, 잠재적 고객의 폭발, 세계화와 같은 요인들이 새로운 미디어의 출현과 취향의 획일화 같은, 이전에 없었던 요인들과 결합하여 엄청나게 발전한 데서 기인한다.

규모의 변화, 더 정확하게 말해서 연속적인 변화들은 점점 더 빠른 속도로 진행된다. 1950년대부터는, 가끔은 가볍게 500만 부를 넘어선다. 뉴잉글랜드에 위치한 작은 도시의 자잘한 환멸, 자잘한 비밀, 자잘한 악덕들을 자잘하게 묘사한 그레이스 메탈리어스의 『페이튼 플레이스(*Peyton Place*)』 포켓판에는 "그녀의 공전의 베스트셀러(her all-time best-seller)"라고 소개되어 있다. 출간 10년 후에 발행인은 800만 부를 넘어섰다고 발표한다. 폴 모내시가 텔레비전 드라마로 각색하자, 이 별 것 없는 로맨스, "통속 연속극 수백 편의 모델"의 판매는 1,200만 부를 넘어선다.[44]

세월이 흐르면서, 이 믿을 수 없는 수치들은 흔한 것으로 변해간다. 1956년, 프랑스 툴롱의 젊은 아가씨 시몬 샹죄는 안 골롱이라는 필명으로『천사들의 후작부인, 앙젤리크(*Angélique marquise des anges*)』의 모험 첫 권을 내놓는다. 서점가의 성공에 힘입어 영화화되자, 소설의 판매는 열 배로 증폭된다. 앙젤리크의 모험을 다룬 열세 권의 책은 전 세계에 걸쳐 1억 부 이상 팔린 것으로 알려져 있다.[45]

나중에 자세히 살펴보겠지만, 책과 영화의 제휴는 제2차 세계대전 전부터 일반화되었다. 그러나 20세기의 마지막 25년 동안 나온 메가 베스트셀러들은 그 제휴를 계속 이용하기는 하지만, 더는 그것을 필요로 하지는 않는다. 어떤 점에서 볼 때, 메가 베스트셀러의 놀라운 성공에 득을 보고, 그 성공을 연장하는 데 만족하는 것은 오히려 영화이다. 특히, 20세기 말에 열의로 가득한 어린 마술사, 베스트셀러의 진정한 마술사, 해리 포터의 출현으로 우리는 그 사실을 확인할 수 있다. 조앤 K. 롤링의 이 시리즈물로, 출판계는 그때까지 상상할 수 있었던 모든 것을 압도하는, 놀라서 뒤로 자빠질 정도의 수치에 도달한다.

베스트셀러의 역사에서 꼭 기억해야 할 날짜인 1997년 6월 30일에, 무명의 젊은 여성이 런던에서 전설의 첫 권『해리 포터와 철학자의 돌(*Harry Potter and the Philosopher's Stone*)』을 출간한다. 변변치 못한 초판 발행부수에도 불구하고, 서서히 성공의 조짐이 나타나기 시작한다. 그러자 미국 출판사 스콜래스틱은 재빨리 저자에게 10만 달러를 제공하고는, 보다 명료하고 독자의 취향에 잘 부합되는『해리 포터와 마법사의 돌(*Harry Potter and the Sorcerer's Stone*)』이라는 제목으로 그 책을 출판한다. 1998년 9월, 이 책은 처음부터 5만 부가 인쇄된다. 후속 에피소드들이 시리즈에 승리를 거두는 전설의 외양을 부여하면서, 책의 인기가 폭발적인 방식으로 확인된다. 2000년 7월 8일, 제5권『해리 포터와 불의 잔(Harry Potter and the Goblet of Fire)』이 영국과 미국에서 동시 출간될 때부터, 신간을 자정에 맞춰 발매함으로써 책의 출시를 절대 놓쳐서는 안 되는 파티와 놀이의 해프닝으로 만들고, 책 자체를 절대적인 '머스트(must)', 진정한 대량 소비품으로 만드는 등, 전에 없던 배급 방식들을 발명함으로써 포터 마니아를 최대한 활용한다. 이렇게 해서, 2005년 7월 16일에 발매된 시리즈 제6권『해리 포터와 혼혈왕자(Harry Potter and the Half-Blood Prince)』는 전 세계 출시 24시간 만에 900만 부가 팔려나간다.[46] 그처럼 짧은 기간에 그토록 어마어마한 양의 책이 팔린 적은 단 한번도 없었다. 책 판매를 그와 같은 방식으로, 그와 같은 규모로 시도한 적 역시 단 한번도 없었다.

그러나 이 기록도 오래가지는 못한다. 시리즈의 제7권이자 마지막 권인『해리 포터와 죽음의 성물(Harry Potter and the Deathly Hallows)』에 의해서 곧 깨지기 때문이다. 1,200만 부가 인쇄된 이 책은 2007년 7월 21일 발매 당일에 1,100만 부가, 미국에서만 830만 부가 팔린다.[47]

무한을 향해, 그리고 그 너머. 2008년 6월, 조앤 K. 롤링은 전 세계에 4억 부 이상을 팔았다. 이미 말했듯이, 작품의 마술적 성격을 드러내는 것 같은 이 수치는 조앤 K. 롤링처럼 되고 싶어하는 수없이 많은 독자들에게 책을 추가로 판매하기 위한 선전문구가 되기도 한다.

영국 여왕의 재산을 넘어선 그녀의 재산에서 보듯, 롤링 부인의 양적인 성공은 인쇄술의 발명 이후로 모든 선배들이 거둔 성공을 압도하는 것으로 보인다. 어쩌면 애거사 크리스티, 바버라 카틀랜드, 다니엘 스틸(혹은 윌리엄 셰익스피어) 같은 몇몇 작가들이 그녀보다 더 팔았을지도 모른다. 그러나 그들 중 어느 누구도 몇 권 안 되는 책으로, 그렇게 빨리, 그렇게 놀라운 수치까지 도달하지는 못했다. 마치 이 분야에서는 보다 세련된 기술과 점점 더 넓어지고 동질적으로 변해가는 독자층에 힘입어, 마지막에 오는 사람이 선배들의 기록을 깨는 것이 보장되어 있는 것처럼.

확실한 것은 이 분야에서는 한계가 없다는 사실, 그리고 어느 누구도 '언제, 누구에 의해서, 어떻게'는 예측할 수 없지만 "해리 포터"가 세운 기록도 언젠가는 깨질 것이라는 사실이다. 문학적 성공의 영광스러운 불확실성일까, 아니면 산업화가 거둔 위풍당당한 승리일까? 그것은 상황에 따라서 다르다.

2

성공의 시간

　많은 이들이 참조하는 클라이브 블룸의 저작에서, 저자는 베스트셀러를 "아주 **짧은** 기간에 놀라운 판매량에 도달한 책"이라고 정의한다.[1] 모든 문제는 '아주 짧은 기간'이라는 말을 어떻게 이해해야 하는지, 어떤 점에서 **성공의 시간**이라는 요소가 베스트셀러의 기준 중 하나로 간주될 수 있는지를 짚어보는 데 있다.

　우리는 앞서 "해리 포터" 마지막 에피소드의 판매촉진 전략팀이 시리즈 제7권의 판매가 **전 세계 동시 발매 첫날**에 1,100만 부에 도달했다고 알림으로써, 2007년 7월 21일 이 기념할 만한 하루 동안 시간당 몇 부, 분당 몇 부, 초당 몇 부가 팔렸다고 상세히 전함으로써, 이 논리를 끝까지 밀고 나갔다는 평가를 받았다고 말했다.

　우리는 이런 접근 방식의 한계들을 엿볼 수 있다. 어떤 책이 베스트셀러로 정의되려면, 발매 개시 후 첫 30초 동안 적어도 몇천 부가, 첫 30시간 동안에는 몇십만 부가 팔려야 할까? 사족이지만, 그토록 짧은 기간을 염두에 두는 것은 베스트셀러의 역사를 20세기의 마지막 몇십 년으로 축약시키는 결과를 가져온다는 점을 지적해두고 싶다. 왜냐하면, 아주 단순하게 따져서, 그 이전에는 그토록 짧은 기간 내에 그토록 어마어마한 양의 책을 인쇄하고, 배급하고, 판매할 수단이 없었기 때문이다.

　무엇보다 먼저 확인할 수 있는 것은 기준이 되는 기간의 절대적으로 임의적인 성격이다. 해리 포터의 광적인 팬들처럼 시간별로 말해야 할까? 아니면 일별, 월별, 연도별로? 제2차 세계대전 직후, 프랭크 모트는 출간 이후 10년 동안 그 나라 인구의 1퍼센트에 달하는 부수의 판매가 실현되었을 때, 그 책을 베스트셀러로 정의할 수 있다고 썼다.[2] 그러나 그는 냉철하게도 그 방법이 반드시 다른 것보다 나은 것은 아니라고 인정한다.

　반면에 확실한 것은 이 분야에서는 판매량을 계산하고, 어떤 책들이 가장 많이 팔렸는지 알기 위해서 기준이 되는 기간을 결정하기 위해서라도, 시간의 중요성을 인정해야 한다는 사실이다. 또 한 가지 확실한 것은 다른 시간성을 고려할 수도 있다는 것이다. 예를 들면, 월별, 연도별 베스트셀러, 나아가 10년, 세기의 베스트셀러에 관심을 가질 수 있다. 이 각각의 경우들은 복잡하고, 때로는 아주 놀라운 시간과 성공의 관계를 밝히는 데 한몫을 할 것이다.

**개화의
시간**　이러한 관계가 불러오는 첫 번째 질문은 개화(開花)에 관련된 질문이다. 어떤 책이 성공을 거두었다면, 그 성공은 언제부터 시작되었고, 그 책을 베스트셀러의 지위에 올려놓는 판매량에는 언제 도달했는가? 그 책이 서점에 출시된 시점과 아주 많은 수의 독자가 그 책을 인정하는 시점 사이의 시간 간격이 전혀 혹은 거의 없었는가? 아니면 반대로 아주 오랜 기간을 기다린 다음에야 성공을 거두기 시작했는가? 우리가 눈앞에 둔 책은 즉각적인 베스트셀러인가, 아니면 뒤늦은 베스트셀러인가?

즉각적인 베스트셀러

어떤 책이 **즉각적으로** 서점에 나오자마자 베스트셀러가 될 수 있다는 사실은 우리를 당황시킬 수 있다. 어떤 작품이 곧바로 대중의 흥미를 불러일으킬 때조차도, 그 책을 알리기 위해서는, 다시 말해서 그 책을 사게 만들기 위해서는 어느 정도의 시간이 필요하다. 하지만 이런 반론에는 책을 추상적인 방식으로, 개별적으로 고려한다는 결점, 그 책의 성공이 무엇보다 책이 출시되기 전에 이미 '작업되었을' 수도 있는 독자에게 달려 있다는 사실을 잊고 있다는 결점이 있다. 간단히 말해서, 이 반론은 즉각적인 베스트셀러가 (거의) 언제나 '미리 만들어진' —— 홍보를 목적으로 거의 기적인 것처럼 소개되는 경우도 포함해서 —— 베스트셀러라는 사실을 놓치고 있다.

가짜 기적 : 라마르틴의 『명상시집』

19세기 초에 나온 라마르틴의 『명상시집(Méditations)』이 그렇다. 사실 이 책의 성공은 저자 자신이 교묘하게 다듬은 전설로 믿게 만들고자 한 만큼 기적적이지 않다.[3]

사실들이 기만적이라는 것을 인정해야만 한다. 1820년 3월, 이름도 생소한 한 작은 출판사에서 문학계에서 부수적인 것으로 생각되는 장르, '낭만적 서정시'에 속하는 시 24편을 담은 작은 시집이 저자의 이름도 없이 출간된다. 마치 누군가 **워스트셀러**, 당시 사람들의 표현대로 하면 서점에서 찾는 사람이 없어 결국에는 손도 닿지 않는 가장 어두운

선반으로 쫓겨나고 마는 책 '로시뇰(rossignol)'의 모든 조건을 갖추려고 애를 쓴 것 같다. 이 소책자가 구매자들을 찾을 수 있으리라고 어떻게 상상할 수 있겠는가?

그런데 발매 다음날부터 사람들이 몰려온다. 시중에는 오직 그 책에 대한 이야기뿐이다. 왕이 직접 그에게 "멋진 축하의 말"을 해주었으며, 3월 29일에 그가 친구 애마르 드 비리외에게 전하는 것처럼, 시에는 전혀 무감각한 사람들을 포함하여 당대의 모든 위대한 인물들, "탈레랑, 몰, 무니에, 파스키에 같은 거물들이 그것을 읽고 암송한다."[4] 시인은 한마디로 이렇게 결론짓는다. 그것은 "전례가 없는 보편적인 성공"이다.[5] 장 도르메송도 이렇게 말한다. "그런 열광을 찾기 위해서는 『르 시드(Le Cid)』까지 거슬러올라가야 한다."[6] 초판 500부는 며칠 만에 동이 나고, 4월 초에 나온 2판 1,500부 역시 마찬가지이다. 줄줄이 이어진 7번의 재판이 단 1년 만에 그 작은 시집을 신비의 후광으로 둘러싸며, 그것을 역사상 첫 "즉각적인 베스트셀러" 중의 하나로 만든다. 하지만 그 사건은 "그렇게 갑작스러운 것도, 신비한 것도 아니었다."[7] 『명상시집』이 나타내는 문학적, 시적 혁명 이외에, 이 갑작스런 성공의 이면에는 긴 준비 과정과 교묘한 발매 작전이 있었다. 라마르틴은 몇 달 전부터 친구 비리외의 소개로 대귀족의 살롱들을 부지런히 드나들었고, 그곳에서 위대한 시인이라는 평판을 쌓았다. 영감과 기품이 넘치고, 잘생긴 데다 똑똑하고 젊은, 그의 희곡 『사울(Saül)』을 거부했던 코메디 프랑세즈의 늙은이들에게 진가를 인정받지 못한……요컨대, 그는 이미 유명한 인물이었고, 그의 시 원고들은 중요한 모든 장소에서 중요한 모든 인물들에 의해서 읽혔다. 그 시들을 훤히 외우고 있는 레카미에 부인, 리슐리외 공작의 누이인 몽칼름 부인, 그리고 브로글리 공작부인

댁에서. "나는 영향력 있는 인사들의 의견에 의해서 가능한 모든 보호와 격찬, 지지를 받고 있다네. 그 세계에서 사람들이 소위 내 재능에 대해서 나에게 보이는 열광의 물결을 도저히 감당할 수가 없네. [……] 내 시를 듣기 위해서 사람들이 날 초대하는 저녁 식사나 파티가 없는 날이 단 하루도 없다네." 라마르틴은 책이 출간되기 석 달 전에 한 친구에게 이렇게 쓰고 있다.[8] 말하자면, 폭발적인 성공을 위해서 모든 것이 준비되어 있었다. 『명상시집』이 누구 손에서 나왔는지 모르는 사람이 아무도 없는데도 저자 이름 없이 그 책을 낸 데에는 아는 사람들끼리 신호를 주고받는 당시의 유행을 좇는 것 외에는, 살짝 윙크를, 그리고 약간의 신비를 덧붙임으로써 발매 작전에 완벽을 기하는 것 외에는 아무런 목적도 없었다.

라마르틴 본인에 의해서 나중에 다듬어진 전설도 같은 방식에 따른다. '기적'이 있었다면, 그것은 책 출간 이전에, 낭만주의의 젊은 선구자에게 열광한 파리의 살롱에서 일어났다. 그 책이 서점가에서 거둔 놀라운 성공과 그 성공의 외관적인 느닷없음은 그 기적의 정상적인 연장에 지나지 않았다.

시리얼 베스트셀러

젊은 라마르틴이 재능, 수완, 특별한 매력을 발휘하여 왕정복고 초기에 생 제르맹 대로의 살롱들에서 준비했던 것이 20세기 말에는 출판 역학의 일부가 된다. 즉각적인 성공이라는 문제는 경제적으로나 문화적으로나 아주 의미심장한 현상, 시리얼 베스트셀러(serial best-seller)라는 현상을 부각시킨다. 1970년대 미국에서 주기적으로 판매순위 상위권에 오르는 반복적 베스트셀러들이 대거 출현한다.[9] 이 책들을 쓴 작가는 톰 클랜시, 메리 히긴스 클라크, 제임스 클라벨, 마이클 크라이턴, 프레더릭 포사이스, 제임스 A. 미치너, 허먼 우크, 로버트 러들럼, 켄 폴릿, 스티븐 킹, 다니엘 스틸, 재키 콜린스, 주디스 크란츠 등이다. 도처에 깔린 광고에 자극을 받아서 책이 서점가에 나오자마자 손에 넣기 위해서 달려가는 독자들, 시종일관 지조를 지키며 눈을 감고 책을 구입하는 독자들 덕택에 성공이 줄줄이 이어진다. 아직 잘 알려지지 않은, "자신의 독자를 가지지 못한" 작가가 쓴 책의 경우에는 시스템이 작동하려면 시간이 필요하다. 그래서 즉각적인 성공이 이해가 되지 않는 것이다. 그러나 시리얼 베스트셀러의 경우에는 시스템이 이미 가동되고 있다.

이런 사실은 오늘날 1970-1980년대 시리얼 베스트셀러의 연장이자 완성인 메가 베스트셀러의 역사에 의해서 확인된다. 『해리 포터와 죽음의 성물』을 다시 거론할 것 없이, 떠들썩하게 출시된 또다른 책을 예로 들 수도 있다. 2009년 9월 15일, 『로스트 심벌(The Lost Symbol)』이 출간되는데, 댄 브라운은 이 작품을 그때까지 8,000만 부가 넘게 팔린 『다빈치 코드(Da Vinci code)』의 후속편으로 소개한다.[10]

1997년 6월 30일 런던에서 출간된 조앤 K. 롤링의 첫 권, 『해리 포터와 철학자의 돌』(미국에서는 독자의 취향에 맞게 제목을 살짝 바꾸었다)은 1998년 12월 27일, 그러니까 1년 반이 넘게 걸려서야 마침내 신성불가침한 「뉴욕 타임스」의 "픽션 분야 베스트셀러 목록"에 올랐다. 당시이 책의 순위는 16위로 꼴찌였다. 그와는 반대로, 제2권은 첫 권이 거둔 쾌거에 힘입어 즉각적인 성공을 거둔다. 영국에서 1998년 7월 2일에 출간된 『해리 포터와 비밀의 방(Harry Potter and the Chamber of Secrets)』은 곧바로 베스트셀러 목록에 올라서 존 그리샴이나 톰 클랜시 같은 베스트셀러 목록의 베테랑 단골들을 멀찌감치 따돌렸고, 이듬해 6월 2일에 출간된 미국에서는 보름 만에 「뉴욕 타임스」 베스트셀러 목록에 올라서 금방 첫 권을 앞지른다. 댄 브라운의 경우에는,『로스트 심벌』과 『다빈치 코드』의 전격적인 출발(『다빈치 코드』는 2003년 4월에 출간되자마자 베스트셀러 순위 1위에 올랐다) 이전에 1998년의『디지털 포트리스(Digital Fortress)』나 2000년의『천사와 악마(Angels & Demons)』 같은 어느 정도의 성공을 거둔 몇 권의 소설들이 있었다는 점을 지적해야 한다.[11] 게다가『다빈치 코드』와 관련해서는, 그리스도와 마리아 막달레나의 후예에 대해서, 그리고 이 불편한 진실을 감추기 위해서 가톨릭 교회가 꾸민 수없이 많은 음모에 대해서, 댄 브라운 자신이 과학적 근거가 있는 것처럼 내세운 주장들이 불러일으킨 논란이 2003년에 서서히 군불을 지펴서, 이 책을 2004년의 세계적 베스트셀러로 만드는 데 상당한 역할을 했다는 사실을 강조할 필요가 있다.

뒤늦은 베스트셀러

몇 년, 나아가 몇십 년이 지난 다음에야 활짝 피어나는 뒤늦은 베스트셀러는 다른 종류의 질문들을 불러일으킨다. 놀라운 성공이 있기 위해서는, 뭔가가 변해서 그때까지 진가를 인정받지 못한 책을 어둠에서 꺼내야 하고, 가끔 아주 긴 세월이 지난 다음에라도 마침내 독자를 만나게 해주어야 한다.

뒤늦게 찾아온 이런 인기는 무엇보다 작가의 위상이 변한 결과이다. 작가가 갑자기 조명을 받으니, 그가 과거에 쓴 작품에도 관심이 쏠리는 것이다. 정치인들의 경우가 그렇다. 모든 것이 똑같은데도, 레닌의 글들은 10월 혁명 이후에,『나의 투쟁(Mein Kampf)』은 히틀러가 권좌에 오른 이후에, 샤를 드골이라는 이름을 가진 대령이 1930년대에 쓴『칼날 (*Le Fil de l'épée*)』은 프랑스 해방 이후에 더 많이 팔렸다. 문인들의 경우도 마찬가지이다. 위에서 거론했던 댄 브라운의 초기 소설인『디지털 포트리스』와『천사와 악마』는 첫 출간 때는 약간의 성공만을 거두었다가,『다빈치 코드』의 믿을 수 없는 성공으로 인해서 저자가 갑자기 무대의 전면으로 나오게 된 다음에는 그것들 역시 세계적인 베스트셀러가 된다. 보다 소박한 경우를 보면, 20세기 초에 발당스페르제는 르콩트 드릴이 아카데미 프랑세즈 회원으로 뽑히자, 그의 걸작『야만 시집 (*Poèmes barbares*)』이 단 일주일 만에 "지난 20년간 팔린 것보다" 더 많이 팔렸다고 말한다.[12]

그러나, 이것이 가장 흥미로운 경우인데, 저자의 위상이 전혀 변하지 않았는데, 객관적인 변화가 전혀 없는데, 단지 독자의 취향이 바뀌어 그때까지 무시했던 것에 갑자기 열광하는 바람에 뒤늦은 성공이 찾아오기도 한다. 그것은 취향과 유행의 불가사의이다. 그 현상은 언제나 존재해 왔으며, 비교적 까다로운 책에도 처음부터 대중을 염두에 두고 쓴 책에도 일어날 수 있는 일이다.

스탕달의 경우

1882년 7월,『라 누벨 르뷔(*La Nouvelle Revue*)』여름호에 날카로운 분석과 섬세한 직관으로 이미 주목을 받은 젊은 작가 폴 부르제가 "현대 심리학의 단평과 초상" 마지막 분량을 싣는다. 그는 일부 독자들이 놀랄지도 모르겠다며 곧바로 자신의 선택을 설명한다. 그는 이전의 글들에서처럼 당대의 위대한 인물들에 관심을 가지는 대신, "20대를 집정 정부 하에서 보냈고", 40년 전인 1842년 3월에 사망한 한 작가를 자세히 들여

다보기로 했던 것이다. 부르제는 이렇게 말을 잇는다. "날짜만을 따르면, 프랑스 걸작 소설 두 편에 스탕달이라는 필명으로 서명한 수수께끼 같은 인물은 [……] 우리와는 거리가 아주 먼 문학적 시기에 속한다. 하지만 아주 얄궂은 운명의 장난 탓에 [……] 이 나폴레옹의 병사는 우리가 언어조차 모르는 낯선 나라를 통과하듯, 전혀 이해받지 못하고 주목받지 못한 채 자신의 시대를 통과했다. 그는 많이 썼지만 거의 읽히지 않았다. 그를 잘 알고 높이 평가한 몇 안 되는 친구들조차 현재 점점 커져가고 있는 [……] 그의 사후 영광을 기대하지 않았다."[13] 이런 몰이해는 어디서 온 것일까? 부르제는 이렇게 설명한다. "[……] 그 작가가 1830년대에 소설을 출간하면서 맞닥뜨려야 했던 비방, 무관심에는 나름대로 이유가 있다. [……] 앙리 베일[스탕달]과 그의 동시대인들과의 관계는 『적과 흑(*Le Rouge et le Noir*)』의 쥘리앵 소렐과 동료 신학생들과의 관계와 같았다. 그는 그들의 환심을 살 수가 없었다. 그는 너무나 달랐다."[14]

실제로 그는 독자의 환심을 결코 사지 못했다. 스탕달 전문가 앙리 마르티노는 스탕달의 작품 세계에 바친 두꺼운 책에서 "스탕달이 쓴 책들의 역사"를 되짚으며 한심한 실패와 어긋난 희망의 연속, 저자와 그가 가지지 못했던 독자 사이의 몰이해만을 하나씩 제시하는 것처럼 보인다. 1815년 디도 출판사에서 1,000부를 찍은 『하이든, 모차르트, 그리고 메타스타시오의 생애(*Vies de Haydn, Mozart et Métastase*)』는 완전한 실패로 끝났다. 서점 측의 계산에 따르면, 10년 동안 127부밖에 팔리지 않았다.[15] 초판 재고의 제목 페이지를 바꾸고 표지에 스탕달이라는 필명을 넣어 1831년에 출간한 두 번째 판 역시 똑같은 운명을 겪게 된다. 1817년에는 『이탈리아 회화사(*Histoire de la peinture en Italie*)』가 출간되는데, 여전히 디도 출판사지만 이번에는 저자가 자비를 들인다. 이 책은

7년 동안 284부가 팔린다. 저자에게 이 저작은 그의 천부적인 엘리트주의와 아이러니가 묻어나는 체념을 동시에 드러내는, "행복한 소수에게"라는 유명한 문구를 남길 기회가 된다. "이것이 그 책의 모든 것을 설명하네." 1816년 9월 28일, 그는 크로제에게 이렇게 쓴다.[16] 이 말은 아마도 그가 쓴 모든 작품에 해당될 것이다. 아닌 게 아니라, 스탕달은『로마 산책(*Promenades dans Rome*)』과『파르마의 수도원(*La Chartreuse de Parme*)』말미에 이 "숙명적인 말"을 다시 쓴다. 1822년에 출간된『연애론(*De l'amour*)』의 완전한 실패는 워스트셀러라는 그의 신분을 확인해준다.

앙리 마르티노는 스탕달이 평생『연애론』을 자신의 주요 저서로 생각하게 된다고 말한다. "왜냐하면 그 책에서 그의 가장 소중한 생각들, 가장 내밀한 믿음들을 밝혔기 때문이다."[17] 그것은 몽지의 '아 라 리브래리 위니베르셀'에서 출간된 18절판(折版)의 작은 판형의 책 두 권에 스탕달이 걸었던 희망을 뜻한다. 하지만 이번에도 독자들은 그를 외면한다. 2년 후인 1824년, 그의 발행인은 40부밖에 팔지 못했다고 그에게 알리면서, 서점에서는 그 책들을 신성하다고 말하는데 "아무도 손을 대지 않기" 때문이라며 질책성 농담을 한다.[18] 상처를 입은 스탕달은 즉시 이렇게 대꾸한다. "몽지 씨가 우아하게 말하는 것처럼, 내 저작들이 신성한 것으로 남게 된다고 할지라도, 그 참담한 상황이『르 콩스티튀시오넬』사무실로 글[호의적인 비평]을 부탁하러 가는 것보다는 덜 굴욕적으로 보입니다." 그는 다른 사람들에게도 환멸에 찬 농담조로『연애론』한 판 전체가 배에 선적되었다고 말한다. 큰 비용을 들여 수출하기 위해서가 아니라 배의 균형을 잡는 선창 바닥짐으로 사용하기 위해서. 하지만 그는 내심 새로운 판을 생각하고 있었다. 비록 생전에 보지는 못하지만, 그는 새로운 판에 실을 세 편의 서문을 쓴다. 1826년, 1834년, 그리고 그가 사망한 해인 1842년에.

『연애론』은 왜 성공하지 못했는지 이해가 되는 당황스러운 작품이다. 그러나 사실 그것은 스탕달의 걸작인 『적과 흑』도 마찬가지이다. 그 소설을 출간한 1830년, 스탕달의 나이는 마흔이었다. 신중을 기해서, 초판을 아주 조금만 찍는다. 발행인인 르바바쇠르는 큰 판형으로 750부, 염가로 판매할 작은 12절판으로 750부를 예상했다. "너무나 냉소적이라서 충격을 받았다"고 말하는 사람들도 있지만, 이 책은 파리 비평계를 들썩이게 한다.[19] 간단히 말해서, 늘 그랬듯 "행복한 소수"는 그의 재능에 감탄하지만, 대중은 계속 까다롭게 군다. 그나마 9년 후 앙브루아즈 뒤퐁에 의해서 출간될 『파르마의 수도원』만은 약간의 성공을 거둔다. 1839년 4월 초에 1,200부를 찍은 책은 18개월 후에, 그러니까 1840년 9월 25일에 발자크가 그 유명한 72쪽짜리 서평을 『르뷔 파리지엔(*Revue parisienne*)』에 실어서 그 소설을 "관념 문학의 걸작"으로 정의함으로써 판매에 활력을 불어넣기 전에도, 거의 다 팔린다.

그러나 이런 실패의 연속도 미래에 대한 스탕달의 자신감에 흠집을 내지는 못한다. 작가는 자기 작품의 장래를 늘 확신했다. 아닌 게 아니라, 그 문제는 끊임없이 그를 사로잡는다. 심지어 다른 사람들에 대해서도 그랬는데, 스탕달은 1813년 3월의 일기에 샤토브리앙의 책들이 세기를 넘기지 못할 것이라고 거만하게 적고 있다. "1913년에는 그가 쓴 글들이 더는 사람들 입에 오르내리지 않을 것이라는 쪽에 걸겠다."[20] 그는 자기 자신의 글에 대해서도, 특히 1835년 『앙리 브륄라르의 생애(*Vie de Henry Brulard*)』에 똑같은 종류의 내기를 건다. "나도 복권을 함에 넣는다. 당첨은 이것으로 요약된다. 1935년에 읽히는 것."[21] 심지어 욕심을 내기도 한다. "나는 1880년에는 이해될 것이다."

그는 내기에 이겼을까? 그런 것 같다. 19세기 후반부까지 스탕달은 거의 무명으로 남아 있었다. 동시대인들이『파리의 미스터리』에 열광하는 동안 전반적인 무관심 속에서 그가 사망한 1842년과, 폴 부르제나 모리스 바레스 같은 몇몇 젊은 작가들이 그를 문학 분야에서 새로운 시대의 예언자로 만든 세기말까지도 그는 무명이었다.

그 두 시기 사이에는? 별 것 없다. 레옹 블룸은 1850년경에 프레보파라돌, 에드몽 아부, 히폴리트 텐과 같은 몇 안 되는 엘리트 제자들에게 스탕달을 읽게 했던 고등사범학교의 폴 자키네라는 선생의 열광을 떠올린다. 그러나 대중적인 성공과는 아직 거리가 멀다. 플로베르가 루이즈 콜레에게 스탕달 애호가들에 대해서 적의에 찬 편지를 쓴 것도 그 무렵이다. "나도『적과 흑』을 읽어봤는데, 글이 형편없고 성격과 의도들을 이해할 수가 없더군. 글깨나 읽는다는 사람들이 나와 같은 의견이 아니라는 것은 나도 잘 알고 있소. 하지만 글깨나 읽는 사람들이라는 것이 참 웃기는 계급 집단이라오. 아무도 모르는 자잘한 성인들을 가지고 있으니 말이오."[22] 1865년, 『19세기 백과대사전(*Grand Dictionnaire universel du XIXe siècle*)』이 간결한 문구로 질문을 해결해버린다. 스탕달? 그는 "위대한 작가의 재능도, 위대한 사상가의 재능도, 위대한 비평가의 재능도" 가지지 못했다고.

그러나 15-20년 후, 취향이 바뀐다. 1880년에는 성공할 것이라고 예언한 스탕달의 농담, 당시에는 "오만불손으로 충격을 주었던 [이 말이] 오늘날에는 하나의 예언처럼 사람들을 놀라게 한다"고 부르제는『라 누벨 르뷔』에서 지적한다.[23]

이런 반전의 이유들은 불가사의한 것으로 남아 있다. 심지어 레옹 블룸은 설명을 시도하기 전에 "기적"을 운운한다.[24] 폴 부르제는 반대 방향으로 거슬러올라가 소설가의 실패에 대한 관찰부터 시도한다. 자기 시대 사람들과 너무나 달랐던 스탕달은 "영혼의 몇몇 성향에 의해서 [그에게서] 가장 현대적인 감수성의 특징을 알아보는 우리의 동시대인들과 닮았다."[25] 사람들은 이제 40년 전에 세상을 뜬 이 만형, "진가를 인정받지 못한 어제의 작가"를 "특별한 사랑"으로 대하기 시작한다. 레옹 블룸은 스탕달의 "열렬한 팬"을 자처하고, 『뤼시앙 뢰방(Lucien Leuwen)』을 출간한 장 드 미티는 그의 "사제(司祭)"를 운운한다. 몇 년 후, 텐의 제자이자 부르제의 내밀한 친구이고, 그 자신이 스탕달의 추종자였던 샤를 모라스는 1880년, 1885년, 1890년의 "신기하고 눈부신 비약"을 상기시키고,[26] 스탕달이 샤토브리앙과는 반대로 "지성에 내기를 걸었다"는 사실에 주목한다.

"어떤 유형의 소설이 아주 의미심장하기 위해서는, 다시 말해서 그것이 자신과 유사한 다수의 존재들을 대표하기 위해서는, 반드시 창작에서 그 시대에 본질적인 사상이 주된 역할을 해야 한다."[27] 폴 부르제는 1882년에 이렇게 말한다. 그러나 문제가 되는 시대가 늘 그 소설이 출간된 시대인 것은 아니다. 스탕달이 즉각적인 성공을 누리지는 못했지만, 나중에 때가 되면 성공할 가능성이 컸던 것은 바로 이 때문이다. 1914년에 레옹 블룸은 이렇게 쓴다. "오늘날 그의 영광은 논란의 여지가 없다."[28] 그후로 무명인은 베스트셀러가 되었다. "성공이 비켜가는 불행한 작가들에게 위로가 되는 인물, 스탕달의 경우에서 무엇보다 놀라운 것은 그가 자기 시대에 맛본 실패와 우리 시대에 누리는 놀라운 성공 사이의 확연한 대비이다." 장 도르메송은 이렇게 결론짓는다.[29]

흔히 있는 불운

이런 유형의 불운, 눈부시지만 뒤늦은 성공은 어렵기로 정평이 난 작품들, 자기 시대의 독서와 이해 능력과는 매우 큰 격차가 나는 작품들에만 고유한 것으로 생각할 수 있다. 그러나 문학사는 정반대되는 경우도 보여준다. 단 한번도 자신의 책을 **행복한 소수**에게 바칠 생각을 해본 적이 없는 작가들 역시 이런 종류의 어려움을 겪었다.

프레데리크 다르, 일명 산 안토니오는 20세기 후반부에 가장 많이 읽힌 프랑스 작가일 것이다. 대략 2억 부가 팔렸으니,[30] 150-160권에 달하는 그의 소설 한 권당 평균 70-80만 부가 팔린 셈이다. 사실, 화려한 표지와 노골적인 제목(『마법에 걸린 창녀[*La Pute enchantée*]』, 『가터벨트를 위한 콘체르토[*Concerto pour porte-jarretelles*]』 등등)으로, 산 안토니오의 소설은 라 골루아즈 담배, 바게트, 2마력 오토바이처럼 프랑스적인 어떤 신화, 늘 존재해왔던 것이라고 믿고 싶은 문화적 풍경에 속한다. 하지만 거기서도 성공은 오랫동안 기다리게 만든다.

1940년대 말, 이미 본명으로 몇 권의 책을 출간한 프레데리크 다르는 상황을 호전시킬 방법을 모색하고 있었다. 미국적인 것이면 무엇이든 유행하던 시기였다. 스파이 활동이나 경찰 수사, 에로티즘과 폭력, 이 모든 것을 빠른 템포로 버무린 누아르 소설이 특히 인기였다. 프레데리크의 아내 오데트는 후에 이렇게 말한다. "우리는 궁지를 벗어나기 위해서 아이디어를 찾고 있었어요. 제가 프레데리크에게 피터 체니처럼 소설을 써보라고 권했죠. 그러자 그가 미국식 울림이 나는 이름을 찾기 시작했어요. 그가 미국 지도를 펼쳐놓고 손가락으로 찍었는데, 그것이 바로 산 안토니오라는 작은 도시였죠."[31]

1949년, 그는 이름 같지 않은 필명으로 『그의 몫을 정산해줘(*Réglez-*

lui son compte)』를 출간한다. 참담한 실패. 팔리지 않은 책들이 염가 특판장으로 넘겨진다. 산 안토니오는 완전히 망각 속으로 사라질 것처럼 보인다. 우연히 그의 소설을 읽게 된 플뢰브 누아르 출판사의 사장 아르망 드 카로가 다르에게 연락해서 다음 편을 주문한 그날까지는. 『아가씨들한테는 마음 접어(*Laisse tomber les filles)*』 역시 실패이다. 그런데 다행스럽게도 사장이 고집을 부린다. 1953년 프레데리크 다르는 계속 주문을 받아서 그에게 네 편을 더 써준다. 서서히 성공의 조짐이 보이기 시작한다. 곧, "발행부수가 훌쩍 날아올라 5만 부에 도달한다."[32] 산 안토니오는 그렇게 성공가도를 내달리기 시작한다. 10여 년 후, 『산 안토니오가 본 프랑스 역사(*L'Histoire de France vue par San Antonio)*』는 몇 개월 만에 100만 부가, 지금까지 250만 부가 팔려나갔다.

이 경우에는 어긋난 기간이 짧아서 5-6년밖에 되지 않지만, 가끔은 훨씬 더 긴 때도 있다.

1984년 "30년 이상 약간은 주변적이고 진가가 전혀 알려지지 않은 유령으로 지내다가" 누아르 소설의 총아가 된 인물[33] 레오 말레를 둘러싸고 잘나가는 출판사 사장들, 파리의 문인 모임들, 온갖 아카데미들이 부산을 떠는 동안, 『리르(*Lire)*』지의 기자가 그의 집 초인종을 누른다. 『파리의 새로운 미스터리(*Nouveaux Mystères de Paris)*』에 등장하는 탐정 네스토르 뷔르마를 탄생시킨 저자는 일흔다섯 살로, 20년 전부터 샤티용 수 바뇌에 위치한 한 임대 아파트 8층에 거주하고 있다. 구겨진 트렌치코트를 걸친 그는 자기 자신을 대상으로 삼는 만큼 더욱 신랄한 유머를 담아, 글쓰기를 그만둔 다음에야 자신을 찾아온 문학적 영광의 이상한 반전에 대해서 자문한다. "사람들은 아마 내가 이미 죽은 줄 알았을 겁니다. 프랑스 작가에게는 늘 그것이 장점이죠. 그러니 살아 있다는 것을 부인하세요. [……] 하지만 너무 표가 나지는 않게요. 독자들이 몰려올 수도 있으니까. 프랑스에서는 죽어야만 해요. 그런데 그것이 쉽질 않죠. 죽는 것이 안 되면 절대 나서지 말라고 예술가들에게 권하고 싶군요. 전원에 처박혀서 아무것도 하지 말고 빈둥거리라고요. 난 그렇게 해서 유명해졌어요. [……] 절필을 한 후에야 마침내 나 자신을 작가로 생각하게 되었죠. [……] 그래서 아양을 떨고, 대가인 척하고, 다른 사람들이 피아노를 조율하듯 대담들을 조율하죠. 엉뚱한 음은 전혀 없어요. 난 이미 그 범죄의 광적인 애호가가 되어버렸으니까."[34] 이 음악광은 인정을 받기 위해서 한참을 기다려야만 했고, 인기를 그리 오래 누리지도 못했다. 1996년 3월, 샤티용 수 바뇌의 임대 아파트에서 황소 뿔 파이프에 에워싸인 채, 말레는 이번에는 정말로 죽었으니까.

지속의 시간

문제는 늦게라도 태어나는 데에 있는 것이 아니라, 지속되는 데에 있다. 베스트셀러들, 혹은 적어도 그들 대다수의 비극은 금방 시효가 끝나서, 마치 존재하지 않았던 것처럼 목록과 기억에서 지워져버린다는 데에 있다. 이 점에 대해서 앙드레 지드는 이렇게 말했다. "나는 모두의 의견이 모아지는 책들이 오래 살아남을 것이라고 생각하지 않는다."[35] 아마도 1902년에 300부를 찍었고, 몇 년 후에 그가 그 책을 읽은 독자는 7명밖에 없다고 털어놓은 『배덕자(L'Immoraliste)』를 염두에 두고 한 말인 듯하다.[36]

오래 살아남은 책들, 그것들이 **롱셀러**(스테디셀러)가 된다. 물론 이 두 범주는 구분이 되기는 하지만, 특별한 몇몇 경우에는 겹쳐질 수도 있다.

문학의 시효에 대하여

그녀의 '공식 사이트'는 영광의 타이틀처럼 곧바로 그것부터 알린다. "프랑스에서 75권의 베스트셀러가 출간되었고, 28개 언어로 번역되어 47개 국가에서 5억6,000만 부 이상이 팔린 다니엘 스틸은 세계에서 가장 대중적이며 가장 많이 읽힌 현대 작가이다. 1980년 이후로 그녀의 소설은 「뉴욕 타임스」 베스트셀러 목록 상위권에 주기적으로 이름을 올리고 있다. 그녀는 광고와 홍보 분야에서 경력을 쌓은 다음 글을 쓰기 시작했고, 그 즉시 아주 충실하고 꾸준히 증가하는, 모든 계층과 모든 연령대에 걸쳐 있는 어마어마한 독자층의 마음을 사로잡았다."[37]

전문가들에 따르면, 프랑스에는 『마음의 이름으로(*Au nom du coeur*)』(1972)라는 제목으로 번역된 그녀의 첫 소설 『고잉 홈(*Going Home*)』에 그녀의 모든 작품을 관통하는 주제와 스타일이 이미 나와 있다고 한다. 텔레비전 드라마로 치면, 일종의 시범 프로그램인 셈이다. 유명한 스타일리스트(다니엘 스틸이 주머니 속처럼 훤히 꿰고 있는 분야) 질리언은 이혼녀이자, 눈에 넣어도 아프지 않은 딸을 가진 엄마이다. 그녀는 "샌프란시스코의 매력적인 사진 작가 크리스와 뜨거운 열정을 나눈다."[38] 불행하게도 크리스가 바람을 피우고 모든 책임을 거부하는 바람에, 질리언은 뉴욕으로 가서 정착하게 된다. 그녀는 거기서 우연히 듬직한 남자 고든을 만나게 되고, 고든은 기다렸다는 듯 그녀의 연인이 된다. 그러나 "맨해튼에서 화려하고, 신나고, 예상치 못한 사건들로 가득한 삶을 영위하면서도"(이런 삶과 늘 정확하게 일치하지는 않는 일상을 사는 여성 독자들을 염두에 둔 안배이다), "질리언은 크리스를 잊지 못한다"(그럴 줄 알았다). "곧 그녀가 결정적인 선택을 해야 하는 순간이 온다"(이 또한 그럴 줄 알았다). 요컨대, 이 소설에는 다니엘 스틸이 다루는 큰 주제들, 즉 사랑, 열정, 행복, 부, 이별, 재회가 이미 모두 나와 있다.

그것들이 그녀에게 즉각적이고, 끊임없이 쇄신되는 성공을 보장해준다. 도도한 풍모, 정복자의 자신만만한 미소, 흠잡을 데 없는 헤어스타일, 아이 넷에 다섯 번의 이혼 경력을 가진 다니엘 스틸을 센티멘털 베스트셀러의 여왕으로 만들어놓을 성공을. 그녀는 세상에서 가장 많이 읽힐, 또한 가장 빨리 잊힐 책들을 썼다. 마치 그녀가 쓴 작품들의 운명이 "유행은 지나가는 것이다"라는 장 콕토의 말을 예시해주는 것인양.

다니엘 스틸이 영광을 누린 시기는 1980년대부터 1990년대 말까지이다. 1983년과 1998년 사이에, 그녀는 『퍼블리셔스 위클리』가 집계한 미국 베스트셀러 10위 목록에 29번이나 이름을 올린다. 1994년, 1997년, 1998년에는 세 권의 책을 동시에 올려놓기도 한다. 아닌 게 아니라, 여왕은 올림푸스 사(社)에서 1946년에 출시된 낡은 타자기 자판 앞에서 하루 20시간을 보내는, 그래서 매년 큰 아이 셋을 생산해내는 지독한 일벌레라는 평판이 나 있다. 대부분 초판 발행부수가 100만 부에 육박할 정도이니, 판매량은 어마어마하다. 평균이 700만 부 언저리라고 하니, 책을 내놓을 때마다 대박이다.

대박, 그리고 추락. 왜냐하면 모두가 사고, 더는 아무도 사지 않으니까. 아주 단순하게, 사람들이 그 다음 책, 방금 나온 책, 그것도 똑같은 테마, 똑같은 어조, 똑같은 주제를 담고 있는 책을 사러 달려가니까. 이 점에 대해서 멕시코 소설가 로베르토 플리에고는 이렇게 지적했다. "베스트셀러의 목숨은 파리 목숨보다 더 못하다. [……] 그것이 시장의 법칙이다. 신속성을 특징으로 하는 베스트셀러는 두번 다시 거들떠보지 않게 되는 생산품이다."[39] 전형적인 예를 들어보자. 1993년에 출간된 『배

니쉬(*Vanish*)』(전조적인 제목이다)는 그해 베스트셀러 10위 순위에서 6위에 올랐다. 2010년, 이 책은 인터넷 사이트 아마존 닷컴 판매순위 1,037,434위를 차지했다. 이 정도면 결정적인 증거는 아니어도, 최소한 의미심장한 지표는 될 수 있을 것이다. 한 권만 읽어도, 모든 것을 읽은 셈이다. 안 봐도 뻔한 것이다. 그 책들이 팔리는 것이 바로 그 때문이라면, 그것들이 잊히는 것 역시 그 때문이다. 법률 용어로는 그것을 '쇼즈 드 장르(chose de genre)'라고 부르는데, 이는 손해 없이 같은 성질의 다른 것으로 교체될 수 있는 물건들을 가리킨다. 베스트셀러들은 계속 이어지고, 서로 닮았다. 성공을 설명하는 것이 짧은 생명도 설명한다.

그러나 다른 유형의 베스트셀러들은 시간의 마멸(磨滅)에 좀더 잘 저항하는 것처럼 보인다.

같은 인물들이 등장해서 연작에 내적인 일관성을 부여하고, 이야기를 처음부터 다시 읽도록 새로운 독자들을 이끄는 **시리즈**가 어느 정도는 그렇다. 이미 거론한 시험 기간, 그러니까 1980-2000년 사이에 출간된 진 아우얼의 선사시대 소설, 『대지의 아이들(*Earth's Children*)』의 운명이 그렇다. 1985년과 1990년 사이에 시리즈 중 두 권이 베스트셀러 목록 정상에 올랐는데, 당시에 125만 부를 찍은 두 번째 책 『머나먼 여정(*The Plains of Passage*)』이 2010년 9월에도 아마존 닷컴 판매순위 120,000위 부근에 올라 있었다. 같은 시기에 나온 다니엘 스틸의 책들과는 비교할 수 없을 정도로 나은 성적이다. 대성공을 거둔 또다른 시리즈, 톰 클랜시의 『잭 라이언(*Jack Ryan*)』에 대해서도 같은 지적을 할 수 있을 것이다. CIA를 위해서 분석가로 일하는 명석한 대학교수의 파란만장한 모험은 거액의 예산을 들여 영화로 제작됨으로써 대중의 압도적 지지를 받았다. 1986년과 1998년 사이에 시리즈 중 여덟 권이 베스트셀러 10위 목록에 오른다. 그 책들은 오늘날에도 50,000위와 130,000위 사이를 오가며 나름대로 선방하고 있다.

저항의 또다른 경우로는, 이름만 바꿔가며 같은 악보를 끊임없이 연주하지 않고, 자신의 작품 세계를 건설하는 느낌을 주는 작가들을 들 수 있다. 1980년과 2000년 사이에 베스트셀러 10위에 22번이나 이름을 올려놓으며 다니엘 스틸을 바짝 추격한 스티븐 킹이 그렇다. 그의 책들은 그후로도 오랫동안 계속 읽히고 있다. 사실 몇 권의 책이 침체를 겪고 있기는 하지만, 25년이 지난 후 다니엘 스틸처럼 재앙적인 순위까지 밀린 책은 단 한권도 없다. 대부분이 꾸준히 팔리고 있고, 『미저리 (*Misery*)』(1987)나 1986년의 압도적 베스트셀러였던 그 무시무시한 『그것(*It*)』은 진정한 성공작으로 남아 있다.

이런 사실 확인은 21세기 초의 메가 베스트셀러들과 관련하여 또다른 질문을 낳는다. 시효의 소멸은 해리 포터나 댄 브라운의 주인공인 로버트 랭던의 모험에도 타격을 입힐까? 어느 정도로? 그것은 스테파니 메이어의 젊은 뱀파이어들의 잇몸도 결국에는 누렇게 물들이게 될까? 이 작품들이 실현한 어마어마한 판매량은 시간의 공격으로부터 그들을 보호해줄까, 아니면 반대로 싫증과 다른 것으로 넘어가려는 욕망을 가속화시킬까? 언제나 깜짝 놀랄 소식을 예비해두는 미래만이 대답해줄 것이다.

"늘 즐거움을 주는 것은 아니지만, 장수(長壽)는 하나의 기준이다." 프레데리크 다르는 1983년에 이렇게 선언했다. 이 산 안토니오의 창조자에 따르면 한 권의 책이 시간을, 여러 세기나 몇십 년을 가로지르는 것은 그 책이 다름 아닌 문학에 속한다는 것을 보여준다. "그것은 거의 확실한 증거이다."[40]

이때 베스트셀러는, 적어도 몇몇 경우에서는 롱셀러(스테디셀러)로 바뀌는, 다시 말해서 시간을 벗어나는 경향이 있다.

베스트셀러 혹은 롱셀러

너무나 긴 여행

1931년 12월, 의사 데투슈는 그가 "나의 곰", "나의 괴물"이라고 부른 것에 마지막 손질을 한다. 그것은 그가 "몇 년을 바쳐" 작업한 "일종의 소설"이다. 그는 "어떻게 되든 간에" 한번 읽어봐주었으면 좋겠다며 그 것을 갈리마르 출판사에 보낸다.[41] 요컨대, 아직 루이 페르디낭 셀린이 라 불리지 않은 그 사람은 후에 『밤 끝으로의 여행(*Voyage au bout de la nuit*)』이 될 소설의 성공 가능성에 큰 자신이 없었던 것으로 보인다.

이듬해 6월, 원고를 여러 출판사에 보내놓고 셀린은 신중하게 친구 조제프 가르생에게 이렇게 털어놓는다. "출간하는 것과 성공하는 것은 완전히 별개의 문제일세."[42] 몇 년 후, 그는 그 첫 책을 낼 당시에는 아주 소박하고 범속한 야망밖에 없었다고 말한다. "집세라도 낼 수 있었으면 했습니다. 그것이 전부였죠! 그리고 혹시나, 자그마한 방이라도 하나 마 련할 수 있을까……."[43] 따라서 출간 초기 약간 힘든 시기가 지난 후 책이 날개 돋친 듯 팔려나가자, 그는 그야말로 깜짝 놀란다. 그 성공은 프랑스 문학의 황금시대에 흔히 그랬듯, 12월 6일자 「악시옹 프랑세즈 (*L'Action française*)」에서 "거칠고, 가끔은 상스러운 문체 때문에 많은 이들이 불쾌해하지만, 원색적이고 놀라운 작품"이라며 그의 책을 찬양한 레옹 도데의 열광적인 서평 덕분이었다.

공쿠르 아카데미 회원이었던 도데의 지지에도, 셀린은 공쿠르 상을 수상하지 못하고 르노도 상으로 만족해야 한다. 그러나 그 수상 실패의 명백한 부당함, 그 주변에서 풍기는 담합과 조작의 구린 냄새가 『밤 끝으로의 여행』의 판매에 불을 붙인다. 그해 말, 인쇄소 세 곳이 수요를 만족시키기 위해서 밤낮으로 돌아간다.

셀린은 상상도 하지 못한 엄청난 성공과 마주하게 된다. 그는 타고난 염세적 성격 때문에 그 성공이 오래가지 않을 것이라고 추측한다. 12월 말, 그는 르네 놀드에게 이렇게 쓴다. "유행이 계속될지 어디 두고 보자고. 나는 좀 의심스럽네. 급격한 출발, 갑작스런 정지."[44] 1933년 그가 드노엘에게 다시 말했듯이, 그는 갑작스러운 성공이 책의 미래를 망친다고 생각한다. "모든 것이 잊히듯, 『밤 끝으로의 여행』도 잊힐 겁니다. 다른 것들보다 좀더 빨리 잊힐까봐 두렵습니다."[45] 그에게 베스트셀러란 본래 오래갈 수 없는 것이었다.

그러나 루이 페르디낭 셀린은 출간 후 10개월이 지났는데도 "곰"이 아주 잘 버티고 있는 것을 확인하게 된다. 판매량이 줄어들지 않자, 그것이 서서히 그의 생각을 바꾸어놓는다. 1934년 9월, 그는 『밤 끝으로의 여행』의 영국 발행인인 존 마크스에게 보낸 편지에서 프랑스에서는 책이 매월 700-1,000부씩 "여전히 잘 팔리고" 있다고 말한다. 그러면서 논리적으로 볼 때 여기서 일어나고 있는 일이 그곳에서도 일어날 것이라고 추측한다. "네덜란드에서 『밤 끝으로의 여행』이 참패"했을 때도 네덜란드 발행인을 다독일 요량으로 같은 논리를 편다.[46] "너무 낙담하지 맙시다. 책이 어느 정도 버텨준다면, 매우 안정적으로 팔리고 있는 프랑스의 경우를 보건대, 당신의 네덜란드 판도 반드시 일어설 가능성이 클 것 같습니다."[47]

이후로, 셀린은 성공이 반드시 일시적인 것이라고 생각하지 않는다. 『밤 끝으로의 여행』의 성공이 곧 망각 속에 묻힐 것이라고 믿지 않는다. 실제로 12년 후인 1946년 12월, 독일 점령기 동안 보인 태도 때문에 배척을 당해서 스위스 발행인을 찾고 있던 셀린은 자신의 첫 소설을 성공이 보장된 "진정한 고전"으로 묘사한다.[48] "저에게는 **지금 당장** 매일 먹는 빵처럼 팔려나가는 [……] 그리고 프랑스어를 사용하는 모든 곳에서 **영원히**(그 자신이 이렇게 강조한다) 팔려나갈 책 세 권이 있습니다. 『밤 끝으로의 여행』, 『외상 죽음(*Mort à crédit*)』, 『기뇰스 밴드 I(*Guignol's band I*)』가 그것이죠. 이 책들은 금보다 더한 가치가 있습니다. 『밤 끝으로의 여행』은 출간된 이래 전 세계에서 대략 120만 부가 팔려나갔죠. [……] 세계 문학사를 통틀어서 유일하다고 생각되는데, 저는 책의 홍보를 위해서 단 한 푼도 쓸 필요가 없었습니다. [……] 그럼에도 『밤 끝으로의 여행』이 드노엘 출판사에서 매달 600-800부씩 꾸준히 나가고 있어요. 제가 저와 함께 일할 발행인에게 제공하는 것은 절대적 가치를 가진 연금입니다." 그리고 이제, 셀린 자신이 "요리의 비밀"이라고 부른 설명이 나온다. "의무적인 것이 되어버린 책보다 나은 것은 아무것도 없습니다. 『밤 끝으로의 여행』이 그렇죠. 말하자면 식료품 같은 겁니다. 그 책은 『춘희(*La Dame aux camélias*)』(알렉상드르 뒤마)나 『방앗간 소식(*Les Lettres de mon moulin*)』(알퐁스 도데)과 비슷합니다. 언젠가는 읽지 않을 수가 없죠."[49]

의무적인 것이 되어버린 책, 고전에 대한 멋진 정의이다. 의무적인 책, 그리고 그런 것으로 오래토록 남을 책. 이렇게 해서, 베스트셀러는 롱셀러로 바뀌게 된다.

베스트셀러에서 롱셀러로

『밤 끝으로의 여행』이 유일한 경우는 아니다. 천만의 말씀이다. 역사를 살펴보면, 미래의 '고전'이 대번에 독자들을 매료시키고 대중적인 성공을 거두는 일이 부지기수이다. 17세기에는 『돈키호테』와 『르 시드』가 그랬고, 18세기에는 『캉디드(Candide)』와 『로빈슨 크루소(Robinson Crusoe)』가 그랬으며, 19세기에는 『레미제라블(Les Misérables)』이 그랬다. 셀린의 『밤 끝으로의 여행』이 독자들의 인정을 받은 시기에, 다른 책들 역시 베스트셀러에서 롱셀러로 넘어갔다. 1947년 6월에 2만2,000부를 찍은 알베르 카뮈의 『페스트(La Peste)』는 그해 가을 10만 부를 돌파하고, 오늘날까지 프랑스에서 400만 부를,[50] 전 세계에서 1,200만 부를 넘어선 것으로 알려져 있다. 『페스트』가 나오기 1년 전인 1946년 4월, 갈리마르 출판사는 멋진 장래가 약속된 얇은 책, 3년 전에 뉴욕의 출판사 레이널 앤드 히치콕이 냈던 앙투안 드 생텍쥐페리의 『어린 왕자(Le Petit Prince)』를 출간한다. 1930년대 말에 이미 유명했던 저자는 1944년에 영웅적인 죽음을 맞이한다. 이런 사실은 책의 판매에 전혀 해가 되지 않는다. 사실 정반대이다. 즉각 베스트셀러가 된 『어린 왕자』는 여러 집계에 따르면 180개 언어로 번역되어, 8,000만-1억4,000만 부가 팔린 것으로 알려져 있다. 프랑스에서만 아직도 매년 25-35만 부가 팔리고 있다.[51]

베스트셀러와 롱셀러의 결합은 유일하지는 않지만 예외적인 것이다. 위에서 언급한 여러 이유들 때문에 대부분의 베스트셀러는 금방 잊히고 마는 반면, 많은 '고전'은 출간 당시에는 그리 큰 호응을 얻지 못했다.

역사상 『성서(Bible)』 다음으로, 애거사 크리스티나 마오쩌둥보다 더 많이 읽힌 윌리엄 셰익스피어의 책들이 그랬다. 16세기가 끝나갈 무렵,

저자의 이름도 없이 출간된 셰익스피어의 희곡들은 성공적으로 공연되지만 잘 팔리지는 않는다. 그중 첫 작품인 『티투스 안드로니쿠스(*Titus Andronicus*)』는 1594년에 출간되었는데, 1600년과 1611년에 재판을 찍은 후로 세기 내내 더 이상 분리된 판으로는 출간되지 않는다. 그의 작품 중 가장 유명한 『로미오와 줄리엣(*Romeo and Juliet*)』, 『헨리 5세(*King Henry V*)』, 『햄릿(*Hamlet*)』도 한정된 방식으로, 보통 두세 번 정도만 재출간된다. 드문 예외 중의 하나가 『리처드 3세(*Richard III*)』인데, 1597년에 출간되어 1622년까지 5번이나 재판을 찍는다. 1623년에 첫 출간된 전집 역시 비싼 가격과 1,500부를 넘지 않는 발행부수 때문에 대중적 성공과는 거리가 멀었다. 이로 인해서 17세기에는 이후로 전집이 3개의 판밖에 나오지 않는다. 끝으로, 국외에서 셰익스피어는 오랫동안 제대로 평가를 받지 못한다. 17세기에 독일어와 네덜란드어로는 번역되지만, 프랑스어로는 한번도 번역되지 않는다. 볼테르의 『영국 편지(철학 서간)(*Lettres anglaises*)』(1734)가 나오고 나서야 사람들이 관심을 가지기 시작하고, 그로부터 30년 후 뒤시의 번역본이 나오고 나서야 그의 책들을 읽기 시작한다. 앤드루 머피는 이렇게 쓰고 있다. 1664년에 셰익스피어 탄생 100주년을 기념하여 그때까지 출간된 그의 책을 모두 모아보았다면 150이라는 아주 보잘 것 없는 수치에 도달했을 것이고, 탄생 200주년인 1764년에 다시 했다면 500이라는 수치를 얻었을 것이지만, 1864년에 다시 했다면 도저히 다 셀 수가 없었을 것이라고. 아닌 게 아니라, 18세기 말에서 19세기 중반 사이, 고전 중의 고전이 되어버린 셰익스피어의 책들이 교과서 쪽으로 새로운 판로를 찾은 영국과 미국에서 셀 수 없이 많은 판들로 쏟아져나오기 시작한다.[52] 1964년에는 그의 책을 쌓으면 구름에 닿을 정도였다. 셀린이 말한 것처럼, 의무적인 것이 되어버린 책보다 나은 것은 아무것도 없다. 그러나 세상에서 가장 많이 읽힌 저자, 40억 부의 책을 판 사람이 되기 위해서 셰익스피어는 300년이라는 긴 세월을 기다려야만 했다.

3
베스트셀러의 지리학

프랑스의 루이 13세가 스페인의 전능한 펠리페 3세의 딸 안 도트리슈와 혼인한 1615년, 세르반테스는 전 유럽의 교양인들이 오래 전부터 손꼽아 기다려온 『돈키호테』 2부를 출간하기로 결심한다. 그는 그 기회를 이용해서 10년 전에 출간된 그의 책 1부에 대한 독자들의 예외적인 심취를 아이러니를 섞어가며 상찬(賞讚)한다. 3장에서 산초로부터 자신의 이야기가 세상에 파다하게 돌아다닌다는 사실을 전해들은 슬픈 얼굴의 기사는 겉멋만 든 젊은 멋쟁이, 살라망크에서 곧장 달려온 기사 지망자 삼손 카라스코를 맞아들인다. "사람들이 내 이야기를 지어냈다는 것이, 그 저자가 회교도 무어인이고 박식한 사람이라는 것이 사실인가?" 돈키호테가 이렇게 묻자, 삼손이 대답한다. "너무나 분명한 사실인지라, 저는 그 이야기가 오늘만 해도 1만2,000부 이상 인쇄된 것이 확실하다고 봅니다. 포르투갈, 바르셀로나, 발렌시아에서도 그 이야기를 인쇄한 것이 그 증거지요. 그뿐만이 아닙니다. 앙베르에서도 인쇄를 하고 있다는 소문이 돌고 있습니다. 그 이야기를 번역하지 않는 국가나 언어는 없다고 저는 굳게 믿습니다." 그러자 돈키호테가 말한다. "덕이 높고 걸출한 사람이 누릴 수 있는 가장 큰 기쁨 중 하나는 생전에 좋은 평판을 얻고, 모든 언어로 칭송받으며, 자신이 쓴 책이 인쇄되어 널리 알려지는 것이지."[1]

인용된 수치들은 분명히 순전한 판타지인 반면, 세르반테스의 걸작이 대번에 국제적 명성을 누렸던 것은 사실이다. 1605년 여름에 리스본에서 발행된 그 책은 페루, 플랑드르, 이탈리아로 퍼져간다. 1612년, 토머스 셸턴이 첫 영어 번역본을 내놓고, 2년 후에는 프랑스 왕의 통역관 세사르 우댕이 프랑스어 번역본을 내놓는다. 이 버전이 출간될 때, 루브르 궁전에서 사람들은 "돈키호테 발레"를 춘다. 이 책은 프랑스인들을 매료시키고, 반세기 동안 13차례나 다시 찍혀 나온다. 이번에는 다른 베스트셀러로 넘어가보자. 『돈키호테』의 프랑스어 번역본은 1635년 프랑스와 도트리슈 가문 사이에 전쟁이 발발했음에도 불구하고 스페인풍의 유행을 활발하게 유지함으로써, 아마도 또다른 세계적 성공작인 코르네유의 『르 시드』를 탄생시키는 데 모종의 역할을 했을 것이다. 1637년 초, 이 희곡이 공연되었을 때, 반응은 즉각적이고 열광적이었다. 펠리송은 후에 이렇게 말한다. "[그 작품이] 궁정과 관객들로부터 얼마나 열렬한 박수를 받았는지 상상하는 것은 어려운 일이다. 그들은 지치지도 않고 그 공연을 보고 또 봤다."[2] 그해 1월 18일, 배우 몽도리는 장 루이 귀에 드 발자크에게 이렇게 쓴다. 『르 시드』에 "파리 전체가 홀리고 말았다네."[3] 곧, 프랑스 전체가, 전 유럽이 홀리게 된다. 3월 23일에 인쇄된 『르 시드』의 성공은 너무나 전격적이어서, 그해에 큰 판형과 작은 판형으로 나온 두 판이 모두 고갈되고 만다. 몇십 년 후, 위대한 코르네유의 먼 조카뻘인 퐁트넬은 코르네유가 "슬라보니아어와 터키어를 제외한 유럽의 모든 언어로 번역된 『르 시드』를 서재에 보관했다. 독일어 번역본, 영어 번역본, 플랑드르어 번역본도 있었는데, 플랑드르어 번역본은 얼마나 꼼꼼한지

시구를 하나씩 그대로 옮겨놓았다. 이탈리아어 번역본도 있었는데, 가장 놀라운 것은 스페인어 번역본이었다. 스페인 사람들은 원본이 자기네 것이면서도 그 복제품을 다시 자기네 언어로 옮기기를 원했다."[4]

몇 년의 간격을 두고 나온 이 두 편의 쌍둥이 성공작은 베스트셀러의 역사 지리학이라고 부를 수 있는 것에 대한 몇몇 소중한 정보를 제공한다. 우선, 그것들은 베스트셀러의 세계화가 아주 일찍 시작되었다는 것을 보여준다. 이 점에서, 『돈키호테』와 『르 시드』에 토머스 모어, 에라스뮈스, 라블레, 몽테뉴와 같은 저명한 선배들이 있었던 만큼 더욱더 그렇다. 특히 16세기에는 고전들과 더불어 가장 잘나가는 동시대인들의 저작을 활발하게 번역하고 퍼뜨렸다. 요컨대, 이런 베스트셀러의 국제화는 처음부터 존재했다. 나중에 가서 더욱 가속화되었을 뿐이다.

그러나 세르반테스와 코르네유가 거둔 대성공은 즉각적으로 인지되지는 않는 문제의 또다른 측면, 형태와 양상이 시대뿐 아니라 장소에 따라서 다양하게 나타나는 이런 세계화의 불평등하고 불규칙한, 더 정확하게 말해서, **비대칭적인** 특성을 엿보게 해준다.

일찌감치 시작된 세계화

몇 년 전에 발표된 시론 『문예의 세계 공화국 (*La République mondiale des lettres*)』에서 파스칼 카사노바는 다른 많은 활동 영역에서와 마찬가지로 세계 문학도 강자의 법칙에 의해서 지배된다는 것을 보여주고자 했다.[5] 사실, 나머지 세계에 영향력을 행사하고 그들의 문학적 생산품을 강요하는 것은 원래부터 정치적으로 지배력을 가진 국가들이었다. 16세기에는 스페인, 17세기에는 프랑스, 18세기에는 영국, 그리고 20세기에는 미국이 그렇다.

로빈슨에서 베르테르로

철학 쪽에서 빛의 세기(18세기)를 주도한 것은 프랑스였지만, 소설 쪽은 아무래도 영국이다. 세기말에 가서는 스펙트럼이 넓어지기는 했지만, 이쪽 반구에서 저쪽 반구로 넘어가며 세계적으로 널리 읽힌 것은 무엇보다 영국의 책들이다.

길을 연 것은 한 여행기이다. 대니얼 디포가 1719년 4월 25일에 출간한 『로빈슨 크루소』 말이다. 소설은 드넓은 공간, 도덕적 순수함, 자유를 갈구하는 대중의 욕망에 부응하여 아주 적절한 시기에 나온다. 영국 문화를 아주 잘 아는 텐은 절묘한 표현으로 그 사건을 묘사한다. "그 책의 출현은 땅에 파묻힌 민중의 목소리 같은 것이었다."[6] 영국에서 『로빈슨 크루소』는 즉각 엄청난 성공을 거두어, 발행인인 윌리엄 테일러에게 떼돈을 안겨주고, 해적판이나 요약본 혹은 축약본의 형태로 밀매되거나 행상들에 의해서 시골로 퍼져나간다. 그 인기가 정말 대단해서, 대니얼 디포가 살아 있을 때 이미 재치 넘치는 한 해적이 자신의 배에 '로빈슨 크루소'라는 이름을 붙인다.[7] 그리고 당연히 『로빈슨 크루소』는 지체 없이 국경과 대양들을 넘는다. 미국에서 그 책이 거둔 성공은 전설적이다. 벤저민 프랭클린은 나중에 미국이야말로 로빈슨의 나라라고, 그의 갈망, 노력, 꿈, 철학이 자신이 대변하는 이주자들의 그것과 정확하게 일치한다고 선언한다. 그러나 이 소설의 인기는 유럽 대륙에서도 하늘을 찌를 듯하여, 당시 프랑스와 독일처럼 너무나 달랐던 국가들도 포함되었다.

독일에서 폭발적인 인기를 촉진시킨 것은 물론 개척자 정신이나 청교도적 행동주의는 아니다. 그것은 오히려 여행기의 유행, 어쩌면 그 전에 성공을 거두었던 다른 여행기, 가끔 '로빈슨 이전의 로빈슨'으로 묘사되기도 하는 그리멜스하우젠의 『모험가 짐플리치시무스(*Der abenteuer-liche Simplicissimus*)』(1669)에 대한 기억 때문일지도 모른다. 대니얼 디포의 소설은 1720년에 이미 독일어로 번역되어, 여러 신문과 잡지들로부터 만장일치의 열광적인 환영을 받는다. 그리고 이듬해에 벌써 6번째 판을 찍는다. 다른 곳에서와 마찬가지로, 독일에서도 그 책은 셀 수 없이 많은 후손을 낳는다. 할레의 서점들에서 『독일의 로빈슨(*Robinson allemand*)』이, 1722년에는 『작센의 로빈슨(*Robinson saxon*)』이, 1723년에는 『슐레지엔의 로빈슨(*Robinson silésien*)』이 버섯들처럼 자라난다. 1779년에 출간된 요하임 하인리히 캄페의 『아이들의 재미와 교육을 위한 새로운 로빈슨(*Robinson der Juengere : Zur Angenehmen Und Nutzlichen Unterhaltung Fur Kinder*)』역시 원작에 대한 기억에 힘입어 국제적 성공을 거두게 된다. 약간은 장황한 『에밀(*Émile*)』(장 자크 루소)의 철학으로 가득한, 모든 것을 박탈당해서 하나부터 열까지 자기 손으로 다시 건설해야 하는 이 루소적이고 추론적인 로빈슨은 1783년에 프랑스에서 번역되어 소개된 후 대성공을 거둔다. 9년 후 혁명이 한창일 때, 프랑스 입법의회는 자유와 평등이라는 대의에 봉사한 공로로 캄페에게 명예 프랑스 시민의 자격을 부여한다. 캄페도 독일어 제7판 서문에서 자신의 작품이 프랑스어와 영어뿐만 아니라, 네덜란드어, 덴마크어, 이탈리아어, 스페인어, 그리스어, 크로아티아어, 체코어, 그리고 선한 신부들 혹은 유럽 언어를 전혀 알지 못하는 사람들을 위해서 심지어 라틴어로 번역됨으로써 자신이 진정한 세계시민이 되었다고 자화자찬하고 있다. 여기서도 모든 것이 세계화를 강화하는 데 공헌하고 있다. 캄페의 『아이들의 재미와 교육을 위한 새로운 로빈슨』이 프랑스에서 엄청난 반향을 불러일으킬 수 있었던 것은 물론 1720년에 판 에펜이 번역하고 젊은 세대들이 즐겨 읽었던 원작 덕분이다. 유럽에서『로빈슨 크루소』가 유행처럼 번지지 않은 것은 이베리아 반도뿐이었는데, 이교적이고 반교황적인 그 소설이 위험하다고 판단한 종교재판소의 감시 때문이다.

로빈슨이 대성공을 거둔 지 고작 7년 만에, 또다른 영국 소설 조너선 스위프트의『걸리버 여행기(Gulliver's travels)』가 다시 같은 현상을 일으킨다.

『로빈슨 크루소』가 나오기 전에는 비교적 잘 알려지지 않은 자유기고가였던 대니얼 디포와는 달리,『걸리버 여행기』를 썼을 때 스위프트는 이미 유명 인사였다. 1704년에 출간된 그의『통 이야기(A Tale of a Tub)』는 네덜란드어로 번역되었고,『문예 공화국 소식』에서 호평을 받았다. 1721년, 이 묘한 작품은 한 해 전에『로빈슨 크루소』의 훌륭한 번역본을 내놓았던 판 에펜이 다시 프랑스어로 번역해서 큰 성공을 거두게 된다. 1734년에 블랙리스트에 오른 것이 이 책의 성공에 상당한 역할을 한다. 검열만큼 한 작품의 유행에 효과적인 것도 없다. 이렇게 해서『통 이야기』는 25년 만에 6번이나 다시 찍게 된다.[8]

영국에서는『걸리버 여행기』가 1726년 10월 28일에 익명으로 출간되었지만, 그 저자를 모르는 사람은 아무도 없었다. 이 추가적인 장난도 대중의 흥미를 돋우는 데 단단히 한몫을 했다. 11월 8일에 스위프트의 친구 아버스넛은 그에게 "모든 사람들이 걸리버를 손에 쥐고 있네"라고 쓴다.[9] 특히 그 책을 너무나 좋아한 황태자가. 초판이 다 팔리는 데는 일주일, 그리고 그것이 나머지 세상에 알려지는 데는 몇 주로 충분했다. 12월에는『유럽 문학사(Histoire littéraire de l'Europe)』에, 이듬해 2월에는『주르날 데 사방(Journal des savants)』에 소개된다. 이즈음에 헤이그와 파리에서 첫 프랑스어 번역이 착수된다. 파리에서는 기요 데퐁텐 신부가 1727년 4월에 번역을 마치는데, 이 책이 출시되자마자 거둔 성공은 관찰자들을 경악하게 한다. 1727년『르 메르퀴르 갈랑(*Le Mercure galant*)』은 "정신없이 팔리고 있는" 이 책에 장장 12쪽을 할애한다. 그해 7월, 기요 데퐁텐 신부는 두 번째 판의 책 한 부와 함께 스위프트에게 보낸 편지에서 자신의 번역본이 팔리고 있는 "놀라운 속도"에 대해서 자축한다. 끝으로, 8월에는『뉴 메모어스 오브 리터러처(*New Memoirs of Literature*)』가 영국 독자들에게 이 놀라운 성공 소식을 전한다. 영국의 이 베스트셀러는 단 4개월 만에 세계적인 베스트셀러가 된다. 1800년 이전에 유럽에서 100개 이상의『걸리버 여행기』판본이 나온다.[10] 그리고 프랑스에서만 왕정복고 시대와 1920년대 사이에 나온 판본이 약 180개에 이른다. 마치 베스트셀러라는 것은 본래 국경을 모르는 것처럼.

16세기와 17세기에 이미 확인할 수 있었던 현상이 18세기에 점점 더 확연하게 드러난다. 이 점에 대해서, 폴 도탱은 대니얼 디포에 의해서 시작된 경향, 그가 현대의 특징이라고 판단한 경향, "대중 문학을 엘리트들이 소중히 여기는 작품의 수준까지 끌어올리고, 문인들에게 대중의 취향을" 강요하는 경향을 상기시켰다.[11] 그에 따르면, 이런 움직임은 1740년에 출간된 서간체 소설『파멜라 혹은 보상받은 미덕(*Pamela, or Virtue Rewarded*)』으로 눈물을 유행시킨 리처드슨에 의해서 결실을 맺고, 곧 올리버 골드스미스의『웨이크필드의 목사(*The Vicar of Wake-field*)』로 성공시대를 맞는다.

이런 세기의 대성공은 영국적인 것이기도 하지만, 프랑스적인 것이기도 하다. 장 자크 루소의『신 엘로이즈(*La Nouvelle Héloïse*)』가 리처드슨이 사망한 해인 1761년에 출간되어 골드스미스의 모델이 된다. 곧 이 소설이 감상적인 장르에서『파멜라 혹은 보상받은 미덕』의 뒤를 잇는다. 사람들은 그 소설을 읽으며 눈물을 찔끔거리고, 서로 포옹을 하고, 끝내 울음을 터뜨린다. 그것도 온 세상에서. 독일에서는 1765년부터, 러시아에서는 1769년 이후에, 하지만 영국과 아일랜드에서는 1761년부터. 여주인공의 이름을 줄리에서 엘로이자로 슬쩍 바꿔놓은 윌리엄 켄릭 버전은 그 첫해에만 두 개의 판을 찍고, 1776년 번역자가 사망할 때까지 5번에 걸쳐, 그리고 1780-1790년대에도 주기적으로 찍혀 나온다.[12]

18세기의 마지막 25년 동안 변하는 것은 『젊은 베르테르의 슬픔(*Die Leiden des jungen Werther*)』의 세계적 성공에 힘입은 세계화 영역의 확장이다. 1774년 독일 라이프치히에서 가을 책 시장이 열렸을 때, 서점 주인 바이간트는 한 무명 작가, 프랑크푸르트에 자리잡은 괴테라는 젊은 변호사가 쓴 짧은 소설을 판매한다. 그런데 갑자기 기적이 일어난다. 독일뿐만 아니라 그때까지 "독일어로 된 소설 문학의 불가능성"을 확신했던 전 유럽에서, 사람들이 오직 그 책 이야기만 한다.[13] 토마스 만에 따르면, 그것은 "사람이 거주하는 모든 땅에서 급격히 확산된 도취, 열병, 황홀"이었다. 그것은 "마치 화약통에 불똥이 떨어져 그때까지 속박되어 있던 힘들이 일시에 해방되는 갑작스런 폭발 같았다."[14] 돌연, 오로지 그 책 덕분에, "독일 문학이 떠들썩하게 문예의 세계 공화국 무대에 올랐다."[15] 1778년 1월, "열광에 찬 어조로 읽는 이를 지나치게 피곤하게 한다"며 그 책을 비추천한 「파리 신문(*Journal de Paris*)」처럼 인상을 찡그리는 사람들도 있었지만,[16] 영국이나 독일과 마찬가지로 프랑스 대중은 **질풍노도**의 출발점이 된 그 사랑과 죽음의 이야기에 열광한다. 신기하게도 1776년 『젊은 베르테르의 슬픔』이 최초로 프랑스어로 번역된 곳은 바로 1992년 유럽연합 조약이 서명되고 발효된 마스트리흐트에서 **베르테**(Werther)라는 성을 가진 한 발도파 스위스 사람에 의해서였다.

그후 10년 동안, 그 소설은 세 차례 다시 번역되고, 네 번째 번역은 대혁명 중에 나온다. 그러나 그 소설이 프랑스에서 거둔 성공의 증거 중에서 가장 최고의 것은 줄줄이 나온 판본의 수로, 20년 동안 최소한 18개가 나왔다. 그리고 유쾌한 일은 아니지만, 이 소설 때문에 전염병처럼 번진 '낭만적 자살'도 그 증거가 되겠다. 농담을 즐겨하지 않는 스탈 부인에 따르면, 당시 젊은이들은 세상에서 가장 아름다운 여자보다 베르테르 때문에 더 많이 목숨을 버렸다고 한다.[17] 또한 괴테는 전 유럽에 "『젊은 베르테르의 슬픔』을 쓴 유명한 작가"로 남게 된다. 그 스스로는 역겨워하며 "청춘의 고통을 온 세상에 퍼뜨린 그 정신 나간 페이지들"을 저주할 정도로.[18]

다양화

베르테르 마니아에 의해서 1774년 이후에 시작된 세계화의 영역 확대는 다음 세기에도 계속된다. 프랑스와 영국 외에도 독일, 미국 혹은 러시아에서 온, 점점 더 많은 저자들이 서로 만나기 때문이다.

19세기에 정치적, 경제적, 군사적으로 힘의 절정기를 누린 영국은 문화적으로도 지배적인 국가였다. 영국에서 베스트셀러가 된 작품은 전 세계에서 열광적으로 읽혔다. 1832년 트란실바니아 여행에 나선 한 영국인은 헝가리 오지 너지세벤에 있는 한 서점의 먼지 덮인 진열창 앞에서 깜짝 놀라 걸음을 멈춘다. 사람들이 흔히 '북쪽 지방의 마법사'라고 부르는 역사소설의 챔피언이자 대가인 월터 스콧 경의 판화 초상이 그곳에 턱 하니 자리를 잡고 있었던 것이다. 서점으로 들어선 여행객은 그곳에 진열된 **모든 책**이 독일어나 프랑스어로 번역된 스콧의 책이라는 것을 알고는 입을 다물지 못한다. 그가 자신이 얼마나 놀랐는지를 말하자, 서점 주인은 서툰 프랑스어로 아주 정중하게 설명한다. "발테르 스코트 경은 유럽을 통틀어 가장 유명한 분입니다."[19] 이런 감정은 1820년대와 1830년대에 폴란드, 러시아, 프랑스뿐만 아니라 멕시코 혹은 과테말라에서도 발견할 수 있는 것이다. 독자들을 끄는 매력을 보건, 동료 소설가들에게 끼친 영향력을 보건, 많은 점을 고려할 때 19세기는 월터 스콧의 세기였다고 말할 수 있을 것이다.

그러나 그 세기는 디킨스나 빅토르 위고의 것이기도 했다.

문학의 세계화라는 관점에서 볼 때, 『레미제라블』은 사실 하나의 의미심장한 단계라고 할 수 있다. 천재적 혁신이라고도 할 수 있는데, 그 소설은 위고의 단호한 요구에 따라 프랑스에서 출시되기 전에 9개 언어로 번역되어, 1862년 4월과 5월에 브뤼셀, 파리, 런던, 라이프치히, 마드리드, 밀라노, 퍼스, 리우데자네이루에서 동시에 출간된다. 분명히 이것은 "유례가 없는 규모의 세계적, 문학적 사건"이라고 프랭크 모트는 지적한다.[20] 그 책이 6월에 출간된 미국에서는, 염가서적을 전문으로 하는 뉴욕의 발행인 G. W. 칼턴의 선택이 아주 적절했던 것으로 드러난다. 그는 전 5권을 단돈 2달러에 내놓고, 홍보를 위해서 미국에서 한번도 본 적이 없는 규모의 대대적인 광고 캠페인을 펼친다. 남북전쟁에도 불구하고 성공은 따놓은 당상이다. 특히 스스로를 "리 장군의 불쌍한 부하들(Lee's miserables)"이라 칭한 남부군 병사들에게 큰 인기를 얻는다. 그리고 『바람과 함께 사라지다』의 스칼렛은 그것을 가장 좋아하는 책 중의 하나로 꼽는다. 『레미제라블』은 1862년 한 해에만 5만 부 이상이 팔린다.

그 시기에 문학적 세계화의 무대에 새로 오른 작가들은 미국에서 온 이들이다. 우리는 앞선 한 장에서 노예제도에 반대하는 해리엇 비처 스토의 『톰 아저씨의 오두막』이라는 특별한 소설을 다루었다. 1852년에 출간된 이 소설은 영국을 거쳐 전 유럽을 점령한다. 프랑스에서는 경쟁 관계에 있는 세 일간지, 에밀 드 지라르댕의 「라 프레스」, 「르 시에클 (Le Siècle)」, 그리고 체제편향적인 보나파르트파 신문인 「르 페이(Le Pays)」가 동시에 연재 형식으로 이 소설을 싣는다. 더욱 놀라운 것은 1852년과 1853년 사이에 서로 경쟁한 『톰 아저씨의 오두막』 번역본의 수가 11개나 되었다는 사실이다("19세기 프랑스 출판연감에서 유일한 경우이다"[21]). 이와 더불어 1853년 1월에 『톰 아저씨의 오두막』을 각색 한 두 편의 연극이 무대에 오르고, 그해 여름까지 절찬리에 공연된다. 이것은 프랑스에서만 일어난 예외적인 현상이 아니다. 1852년에 벌써 아우크스부르크의 한 신문이 "누가 아직 그 책을 읽지 않았는가?"라고 물은 독일에 비하면, 오히려 잠잠한 것처럼 보인다. 독일어 번역본은 적어도 16개, 서로 다른 판본이 75개나 나온 이 책을 어느 누가 아직 모를 수 있겠는가?[22] 『톰 아저씨의 오두막』은 총 40여 개 언어로 번역 된다. 이것은 당시 어디에서도 볼 수 없는 기록이었다.

그러나 그에 앞선 몇십 년 동안 다른 미국 소설들이 이미 세계적인 성공을 거두었다. 예를 들면, 1820년대에 『마지막 모히칸(The Last of the Mohicans)』의 저자인 제임스 페니모어 쿠퍼는 "미국의 월터 스콧" 이라는 별명으로 자주 불렸다. 프랑스에서는 스콧과 쿠퍼의 전집이 번 역자(오귀스트 장 바티스트 드포콩프레)도 같고, 그것들을 같은 판형으 로 출간한 발행인(고슬랭)도 같으며, 심지어 독자들까지 같아서, 별 어 려움 없이 스코틀랜드 이야기에서 신세계 이야기로 넘어갔다. 쿠퍼의 책은 워싱턴 어빙의 『그라나다 정복기(A Chronicle of the Conquest of Granada)』에 서문을 쓴 사람의 말을 거짓말로 만들기에 충분한 성공을 거둔다. 그는 1865년에 "미국 문학은 프랑스에서 별로 잘 알려지지도 않았고 별 인기도 없다"고 썼다.[23]

1852년, 작가 샤를 몽슬레는 『톰 아저씨의 오두막』을 거론하며 비처 스토 부인의 소설은 "또 하나의 트로이 목마로, 미국의 침략을 담고 있다"고 선언한다.[24] 사실, 그 침략은 특별히 미국적인 것이 아니라 국제적인 것이다. 테오도르 드 비제바가 1886년에 출간한 한 연구, 「프랑스 문학에 가해진 러시아인들의 침략」에서 확인하고 있듯이(이 연구에서 이 유명한 비평가는 "러시아 작품들을 번역해서 출간하려는 파리 발행인들의 열의는 1886년에 주된 현상이었던 것처럼 1887년에도 틀림없이 주된 문학적 현상이 될 것"이라고 예고한다[25]), 이 시기부터 미국이든, 영국이든, 독일이든, 러시아든 서점가에서 큰 성공을 거둔 작품들은 곧바로 나머지 세계로 수출된다. 오직 속물근성만이 문제되는 이 세기말에 비제바는 이것이 저것을 설명할 수도 있지 않을까 하고 자문한다. 예를 들면, 그는 20년 동안 프랑스인들에게 무시를 당했던 투르게네프가 러시아 열풍이 그를 최고의 지위로 밀어올린 이후로는 갑자기 도서관과 유행의 첨단을 걷는 살롱에서 없어서는 안 될 장식품이 되어버린 사실을 확인한다. 러시아적인 모든 것은 찬탄할 만하다. **패셔너블한 독자들**은 필요할 경우 "상트페테르부르크의 달력이나 전화번호부마저 열정적으로 읽을 준비가 되어 있을 것"이라고 비제바는 비꼰다.[26]

완수

20세기 초, 러시아와 스칸디나비아에 이어 대중을 열광시킨 것은 한 폴란드 소설, 헨리크 시엔키에비치의 『쿠오 바디스?(*Quo Vadis?*)』이다.

1895년과 1896년에 신문연재 형태로 출간된 이 소설은 곧 영어로 번역되어 미국에서 엄청난 성공을 거둔다. 사람들 말로는 40만 부가 팔렸다고 한다.[27] 1897년에는 러시아어와 불가리아어 번역본이 나오고, 그 이듬해에는 독일어, 이탈리아어, 이어서 아르메니아어, 덴마크어, 포르투갈어 번역본이 나온다. 프랑스에서 발행인을 찾는 데 약간의 어려움을 겪은 『쿠오 바디스?』는 1900년 6월 19일 나탕송 형제의 르뷔 블랑슈에서 나온다.

저자가 완전히 무명이며 폴란드인에다가 발음할 수 없는 이름을 가졌어도 상관없었다. 프랑스인들은 2년 전 독일인과 이탈리아인들이 그랬던 것처럼 그 소설에 푹 빠져든다. 한 달도 채 되지 않아서 10만 부가 팔린다. 1901년 5월에는 쇄당 500부의 비율로 총 300쇄에 도달한다. 1902년, 르뷔 블랑슈가 최종적으로 문을 닫았을 때는 20만 부 이상이 팔려나간 상태였다. 1년 반 동안 '시엔키에비치 열풍'은 그야말로 대단했다. 처음에는 미온적이었던 비평계가 나중에는, 레옹 블루아의 말에 따르면, 그 "흔해빠진 이야기"가 불러일으키는 집단적 광기에 불편한 심기를 드러냈음에도 그랬다.[28] 당시 폴 발레리는 앙드레 지드에게 이렇게 쓴다. "저런 농담들이 아직도 통하는 것이 참 신기하오." 하지만 그 "농담들"에는 독자가 좋아할 만한 모든 것이 들어 있었다. 그 주제는 졸라 식의 자연주의에서 달짝지근한 것으로 바뀌었고, 외국산이라는 사실은 작품에 이국적인 면모를 부여해서 대중의 속물근성을 간질여주었다.

이제 대단한 성공작들은 어디로든 수출될 수 있었다. 1913년 노벨 문학상을 수상한 벵골 시인 라빈드라나트 타고르의 작품들처럼 서구의 것이 아닌 것까지 포함해서. 요컨대, 세계화는 거의 거스를 수 없는 대세가 된다. 1886년에는 러시아인들, 1894년에는 스칸디나비아인들, 1900년에는 폴란드인들, 1945년 이후에는 미국인들, 프랑스 비평계가 이 침략자들에 대해서 품은 적의도 대중이 유행하는 책을 사기 위해서 몰려드는 것을 막지는 못한다.

국가사회주의 독일에서도 관제 언론이 "홍수처럼 밀려드는 외국 작품들"을 격렬하게 배척하지만, 독자들의 행동에는 전혀 영향을 미치지 못한다. 1937년 함부르크와 라이프치히에서 출간된 마거릿 미첼의 소설 『바람과 함께 사라지다』는 36만6,000부가 팔려서 체제의 공식적인 베스트셀러들이 실현한 수치에 근접한다.[29]

세계대전 이후에는 미디어의 급부상, 출판 그룹의 국제화, 또한 취향과 독자의 획일화가 이런 경향을 더욱 공고히 한다. "해리 포터" 제6권 출시에 맞춰 2005년에 나온 한 서평에서 잔 드 메니뷔스는 이 슈퍼 베스트셀러가 지구촌 곳곳에서 구름 같은 독자들을 동원한 "세계화의 첫 책일 수도 있을 것"이라고 지적했다.[30] 사회학자 이자벨 스마자를 인용하면, 이 소설의 전 지구적 성공은 그 책이 펼치는 "지극히 연맹 결성적인 상상력"에서 기인한다. 조앤 K. 롤링은 "문화를 사용 가능한 모든 요소의 거대한 혼합"으로 인식함으로써, "모든 다름을 통합시킬 세계의 가치들"을 전면에 내세움으로써, "일관성 있는 전체 속에서 다양한 문화에서 온 요소들을 소화시킬 줄 알았다." 다름을 통합시킨 것일까, 아니면 가장 작은 공통분모를 작품화한 것일까? 1년 전, E. 마르살라는 훨씬 더 비판적인 방식으로 "모든 사람들이 똑같은, 취향의 세계화를 알리는 무시무시한 증상[……]"을 고발했다. 그는 덧붙인다. "비극은 세계적인 해리 포터화가 획일화 과정의 걱정스러운 신호일 뿐만 아니라 가장 위험한 벡터 중의 하나이기도 하다는 사실이다. [……] 한 베스트셀러의 독자가 많으면 많을수록, 그것은 어떤 유형의 준거와 취향, 정치적으로 그리고 지적으로 올바른 것의 기준에 정확하게 맞춰진 가치들을 강요하게 될 것이다. 요컨대, 베스트셀러는 세계화의 집행자, 다시 말해서 당사자들 자신이 받아들이고, 원하고, **돈을 지불하는** 만큼 더욱더 극단적인 세계적 균등화의 가장 효과적인 도구가 될 것이다."[31]

잔 드 메니뷔스의 지적으로 돌아오면, 『해리 포터』는 물론 "세계화의 첫 책"일 뿐만 아니라 가장 특징적인 책들 중의 하나이고, 21세기 초에 다른 메가 베스트셀러들이 증언하는 움직임이 완수되었다는 하나의 신호이다.

비대칭적인 세계화

베스트셀러들에 의해서 강요된 세계화는 아주 일찍부터 시작되었지만, 그럼에도 불구하고 비대칭적이다. 문예 공화국의 체제는 모든 책이 동일한 권리를 가지고, 동일한 기회를 누리는 평등 지향의 민주주의와는 거리가 멀다. 간단히 말해서, 여기에 있느냐 저기에 있느냐, 지구촌의 어느 지점에 있느냐에 따라서 세계화의 의미는 달라진다.

프랑스의 예외

프랑스는 외국에서 성공한 책의 수용, 프랑스에서 성공한 책의 수출, 본국에서 진가를 인정받지 못한 외국 작품들의 발굴이라는 서로 다른 세 가지 측면에서 확인할 수 있는 비대칭을 아주 잘 나타내는 것처럼 보인다.

프렌치 키스

1999년, 파스칼 카사노바는 시론 『문예의 세계 공화국』을 내놓으며 문학의 "세계화, 산업화, 상품화라는 위험"에 맞서 다른 나라들보다 잘 무장되어 있는 프랑스가 아직 "약간"은 저항을 하고 있는 것처럼 보인다고 지적했다. 그녀에 따르면, "프랑스의 문학적 공간은 세상에서 가장 자율적이다. 역사적 이유들로 인해서, 세계의 경제적, 정치적 법칙들로부터 가장 독립적인 프랑스는 문학이 가장 많은 수의 사람들에게 가장 중요한 것이었던 곳이다."[32]

실제로는, 슈퍼 베스트셀러에 관해서는, 이 저항력이 매우 한정된 것으로 드러난다. 사실 파스칼 카사노바의 지적은 엄청난 히트작의 경우에는 프랑스도 세계 여느 나라와 별반 다르지 않다는 것을 여실히 보여 준 『다빈치 코드』, 『트와일라잇(Twilight)』, 『밀레니엄(Millennium)』이전에 나온 것이다. 이 경우, 세계화는 일률적인 것으로 보인다. 라신과 샤토브리앙의 조국도 문맹에서 겨우 벗어난, 그래서 고유한 문학적 전통이 없는 나라들보다 나은 것이 전혀 없다.

반면, **평범한** 베스트셀러의 경우, 프랑스는 여전히 세계 곳곳에서 대성공을 거둔 작품일지라도 함부로 미래를 낙관할 수 없는 별개의 곳으로 인식되고 있다.[33]

이것은 이미 여기저기서 마주칠 기회가 있었던 프랑스만의 독특함이다. 『쿠오 바디스?』는 아르메니아보다는 1년, 불가리아보다는 3년 늦은 1900년에야 프랑스에 소개되었다. 『바람과 함께 사라지다』는 당시에 비평가 클로드 루아가 말한 대로, "미국인 300만 명을 매료시킨 소설"은 조심하는 것이 좋다는 이유로 스톡 출판사에서 거절을 당한 후, 결국 1939년에 가서야 갈리마르 출판사에서 출간되었다.[34] 마치 양키 대중을 열광시켰다는 이유 하나만으로도, 작품의 질과 프랑스인들처럼 수준 높은 독자들이 거기서 찾을 수 있을 흥미에 대해서 의심의 눈길을 던지기에 충분하다는 듯한……전형적인 프랑스적 오만함이 드러난다.

몇십 년 전, 전 세계에서 유명했지만 프랑스에서만은 무명이나 다름없었던 독일 소설가 카를 마이도 같은 운명을 겪었다. 1842년에 태어난 카를 마이는 1870년대 말에 여행과 서부 이야기를 전문으로 하는 대중소설가로서 경력을 시작한다. 그는 특히 두 명의 주인공, 아파치 추장 비네토우와 그의 친구이자 화자인 올드 섀터핸드를 창조하여 1875년에서 1910년 사이에 출간된 20여 편의 책에 등장시킨다. 그들이 벌이는 모험은 세계적인 성공을 거둔다. 33개 언어로 번역된 그 모험들은 독일어권 1억 부를 포함해서 총 2억 부가 팔렸다고 한다. 알베르트 슈바이처, 아인슈타인, 아돌프 히틀러까지 팬으로 만든 이 놀라운 성공은 카를 마이를 역사상 가장 많이 읽힌, 그리고 가장 많은 언어로 번역된 독일 작가 중 하나로 만든다.

그러나 그의 세계적 명성은 프랑스 국경에서 멈춰버린다. 물론 프랑스어로 번역되지 않아서가 아니다. 정반대로 그를 최초로 번역한 것이 프랑스이다. 1881년에 그의 소설 중 하나인 『사막을 지나서(*Durch die Wüste*)』가 『르몽드(*Le Monde*)』지에 연재 형태로 실렸다. 카를 마이는 그것을 기회로 전문 번역가 마리 쥘리에트 샤루아, 일명 J. 드 로샤이와, 카를 마이를 "훨씬 더 기독교적이고 고유한 독창성을 가진 또 한 명의 쥘 베른"으로 간주하는 종교서적 전문 발행인 알프레드 맘을 찾아내기까지 한다.[35]

번역가와 발행인은 찾았지만, 독자는 찾지 못했다. 어디서나 성공을 거둔 작품이 왜 프랑스에서는 통하지 않았을까? 어쩌면 여기서 1870년의 굴욕*을 아직 삭이지 못한 프랑스인들의 애국적 반응을 읽어야 할지도 모른다. 독자들은 게르만족의 미덕을 모두 갖춘 젊은 독일 기사를 닮은 올드 섀터핸드는 말할 것도 없고, 프러시아 병사들을 닮은 아메리카 인디언을 불신했다. 이 가설을 뒷받침이라도 하듯이, 제1차 세계대전 이후에는 출간 리듬이 조금 더 빨라진다. 마치 그 이후로는 적과 타협하지 않고도 비네토우에게 열광해도 된다는 듯이. 하지만 1918년 이후에도 프랑스에서 카를 마이의 판매 실적은 초라하다 못해 거의 비밀에 가까울 정도이다. 그 몇 년 전, 총 일곱 권으로 구성된 기념비적인 책 『삽화가 든 새 라루스 백과사전(*Nouveau Larousse illustré*)』은 그를 소개조차 하지 않았다.

프렌치 터치

설명하기 어려운 방식으로, 세계적인 성공을 거둔 책들이 프랑스에서 죽을 쑤는 반면, 다른 곳에서는 전혀 주목을 받지 못한 책들이 프랑스에서 명성을 얻기도 한다.

이 역시 새로운 것은 아니다. 게다가 반드시 걸작이 그렇게 되는 것도 아니다. 이 점에 대해서 비교문학자 페르낭 발당스페르제는 이렇게 말했다. "오늘날 가장 구석진 곳에 처박힌 우리 고본장수들의 책 상자 속에서 고이 잠들어 있는 수많은 송아지 가죽 장정 책들이 증명하듯, 게스너가 프랑스에서 누린 영광은 독일에서 그가 쌓은 지위와 운을 훨씬 능가하는 것이었다."[36] 17세기 초에 이미 피에르 벨은 르네상스 시대의 프랑스인들이 카디스의 주교 안토니오 데 게바라와 그의 『왕자들의 시계(*L'Horloge des princes*)』(1529)에 안겨준 영광에 분개했다(벨은 그

---

* 보불전쟁에서 프랑스가 패한 것을 뜻한다/역주

책을 끔찍한 위조품이자 역사적 예술에 대한 모욕으로 간주했다).

그러나 본국에서 제대로 대접을 받지 못한, 이렇게 발굴된 작품들의 수준이 아주 높은 경우도 더러 있다. 이런 측면에서 프랑스는 메아리를 일으켜 전 세계에 울려퍼지게 할 수 있는 방처럼 보인다. "미국에서 별 것 아닌 에드거 포는 프랑스를 위해서 위대한 인물이 되어야만 합니다." 1852년 보들레르는 생트뵈브에게 이렇게 쓴다. 자크 카보는 그 임무가 완수되었다고 말한다. "프랑스에서 누린 과장된 영광은 19세기 미국의 멸시를 상쇄시키면서 포를 자신의 조국에서 살아남을 수 있게 해주었다."[37] 한 세기 후, 미국에서 거의 무명에 가까웠던 윌리엄 포크너가 갑자기 유명해진 것은 사르트르가 그를 그의 세대에서 가장 위대한 작가로 꼽은 후였다.

이런 예는 넘쳐난다. 1980년, 호르헤 루이스 보르헤스는 "프랑스에 많은 것을 빚졌다[……]"고 털어놓았다. "프랑스 사람들은 내 책을 읽고, 거리에서 날 알아봅니다. 내가 아르헨티나에서 알려진 것도 프랑스 덕분이에요. 왜냐하면 부에노스아이레스는 굉장히 속물적인 도시거든요. 내 나라 사람들은 파리 사람들이 내 책을 읽는다는 사실을 안 순간부터 내 책을 읽기 시작했어요."[38] 이것은 기대 밖의 성공을 독자들의 높은 수준과 프랑스어 그리고 프랑스어가 그들의 작품에 불어넣어준 "추가분의 영혼" 덕분으로 돌리는, 쿤데라, 윌리엄 스타이런, 에른스트 윙거 같은 주요 작가들에게서도 들을 수 있는 고백이다. 윙거는 『대리석 절벽 위에서(Auf den Marmorklippen)』에 대해서 독일어 본이 숲을 떠올리게 한다면, 앙리 토마의 눈부신 프랑스어 번역본은 정원을 떠올리게 한다고 말했다. 스타이런도 프랑스에서 뜨거운 환영을 받고 무척 놀랐다고 말하면서, 그 공을 놀라울 만큼 수준 높은 번역자들의 협조 덕으로 돌렸다.[39] 보르헤스의 경우에는 자신이 쓴 원본보다 번역본이 더 낫다고 말하기까지 했다. "내 텍스트들은 번역이 되면 더 나아지는데, 이렇게 계속 번역이 되다 보면 결국에는 몇몇 도서관에 꽂혀 있어도 될 만한 것이 되지 않을까 싶다."[40] 계몽의 길로 들어선 유럽이 기꺼이 볼테르의 언어로 자신을 표현하던 시대, 리바롤이 베를린 아카데미 연단에 서서 "프랑스어의 보편성에 관한 강연"을 하던 시대, 18세기를 떠올리게 하는 말이다.

프렌치 플롭(실패)

'예술, 무기, 법의 어머니'인 프랑스는 대부분 국외에서도 대단한 성과를 거둔 많은 베스트셀러들을 낳았다. 프랑수아즈 사강은 그녀의 소설이 대양 저 너머에서 그녀를 유명하게 만들어줄 것이라는 점쟁이의 점괘를 듣고 나서야『슬픔이여 안녕(Bonjour tristesse)』원고를 정서(正書)해서 쥘리아르 출판사로 가져가기로 결심했다.[41] 예언은 정확한 것으로 드러났다. 1955년 사강은 미국 베스트셀러 10위 목록에 오르고, 1956년에도 두 번째 소설『어떤 미소(Un certain sourire)』로 베스트셀러 10위 안에 든다. 1958년,『슬픔이여 안녕』은 프랑스에서는 80만 부가 팔리지만, 미국에서는 100만 부를 넘기고, 20개 언어로 번역되었다.

그러나 언제나 이런 결과가 나오는 것은 아니다. 몇 년 전 미국에서 완전히 실패한『착한 여신들(Les Bienveillantes)』이 보여주듯이, 파리에서 성공을 거두었다고 해서 다른 곳에서도 열렬한 환영을 받을 수 있는 것은 아니다.

2006년, 바르셀로나에 거주하고 프랑스어로 글을 쓰는 미국인이자 프랑스인 조나탕 리텔이 쓴 대하소설『착한 여신들』이 이런저런 상을 휩

쓴 후에 아카데미 프랑세즈 소설 부문 그랑프리와 공쿠르 상까지 꿰찬다. 당연히 판권을 사려는 사람들이 몰려들고, 책 판매는 그해 70만 부를 넘어선다.[42] 2008년 2월, 1,400쪽에 달하는 독일어 판은 초판 12만 부를 찍는데, 대부분이 예약 판매로 소진된다.[43] 지식인 SS 대원 막시밀리안 아우에의 자기 만족적인 고해라는 소설의 주제가 촉발시킨 떠들썩한 논쟁에 책은 정신없이 팔려나가고, 악의 평범함이라는 주제가 엄청난 반향을 불러일으켜 또다른 논란을 불러온다. 스페인에서도, 이탈리아에서도 사정은 마찬가지이다. 미국의 대형 출판사 중 한 곳인 하퍼콜린스의 대표 조너선 버냄은 100만 달러에 육박하는 거액을 주고 이 소설의 판권을 사들인다. 버냄으로서는 이 프랑스의 베스트셀러가 모든 기록을 갈아엎을 것이라고 믿을 만한 몇 가지 이유가 있다. 초판 15만 부를 찍은 영어판『착한 여신들(The Kindly Ones)』은 2000년 3월 1일에 시판에 들어간다.

그러나 얼마 지나지 않아 하퍼콜린스는 뭔가 예상한 대로 진행되지 않는다는 것을 깨닫는다. 떠올리고 싶지 않은 주제, 내용의 어려움, 어마어마한 두께 때문일까? 아니면 아주 단순하게 한 아웃사이더, 1947년 독일에서 출간된 한스 팔라다 소설의 번역본『누구나 홀로 죽는다(Every Man Dies Alone)』와의 경쟁 때문일까? 사실, 팔라다의 소설은 분량이 훨씬 적은 데다(겨우 450쪽)『착한 여신들』을 에워싸고 있는 불안한 애매성 없이 반(反)나치적인 입장을 명백하게 드러낸다는 장점을 가지고 있다. 게다가 우연히도 리텔의 책과 팔라다의 책은 같은 날 출시된다. 이번에도 다윗이 골리앗과의 싸움에서 승리를 거둔다. 비평계로부터 날선 비판을 받은『착한 여신들』의 판매는 출시 후 5개월 동안 1만7,000부를 넘지 못한다. 출판계에서 일어난 일종의 타이타닉 호 침

몰이라고 할 수 있다. 반면에 초판 1만5,000부를 찍은 팔라다의 책은 4만 부 이상이 팔려나간다.[44] 이듬해, 영국에서 원제에 더 가까운 제목 『베를린에서 홀로(*Alone in Berlin*)』로 출간된 이 책은 '깜짝 베스트셀러'가 되어 3개월 동안 10만 부 이상, 그해에 25만 부가 팔린다. 『착한 여신들』이 죽을 쑤고 있는 동안.

1980년대 초에 "미국 대중의 마음을 움직이는 프랑스인은 몇 명 없는 것으로 보인다"고 지적한 클로드 세르방 슈레베르에게 소설가 윌리엄 스타이런은 "프랑스의 영향은 무엇보다 지성계에서 이루어진다. [……] 나는 카뮈가 오클라호마에서 모든 판매기록을 깨기를 기대하는 것은 합리적이지 않다고 생각한다"고 대답했다.[45] 25년 후, 디디에 자코브는 노벨 문학상 수상작을 다루는 기사를 쓰며 제목을 이렇게 붙인다. "그런데 미국에서 르 클레지오를 아는 사람이 있기나 한가?" 그는 미국에서 번역된 르 클레지오의 소설이 다섯 권밖에 되지 않는데, 그것도 모두 네브래스카 대학교 출판부나 코네티컷 주에 있는 커브스톤 프레스라는 소형 출판사에서 출간되었다고 밝혔다.[46] 이처럼, 바다 이쪽의 베스트셀러들이 바다 저쪽에서는 죽을 쑤기도 한다. 앞에서 이미 말했던 것처럼, 문학의 세계화는 전혀 균일하지 않다. 앞선 세기에도 그랬지만, 21세기에도 마찬가지이다.

한쪽으로 기운 저울

미국의 예가 그것을 확인시켜준다. 지난 세기에 세계에서 가장 큰 베스트셀러 생산국이 된 미국은 동시에 국외의 성공작들을 점점 덜 환영하는 것처럼 보인다.

대량생산

문화적인 측면에서 오랫동안 미국은 식민 지배를 받는 상황에 처해 있었다. 1794년에 필라델피아에서 출간된 후 수십 년 동안 무려 200번이나 재판을 찍은 미국 최초의 베스트셀러,[47] 병사에게 유혹 당하고 버림받는 아가씨의 이야기인『샬럿 템플, 진실 이야기(*Charlotte Temple, A Tale of Truth*)』는 대혁명 때 쫓겨난 앵글로 아메리칸 수재녀 로슨이 영국에서 써서 1791년에 런던에서 먼저 출간된 소설이었다. 19세기 초에 이미 일급 작가들이 등장하기는 했지만, 그들은 영국이나 유럽 쪽을 선망의 눈초리로 바라보지 않을 수 없었고, 미국에서는 제한적인 성공밖에 얻지 못했다. 늘 동포들에게 이해받지 못한다는 느낌을 받았던 에드거 포에 대해서 보들레르는 "그의 작업은 그를 겨우 살아갈 수 있게 해주었다"고 썼다. 그러나 그것은 충분하지 못해서 그는 "극복할 수 없는, 구역질이 나는 어려움에 끊임없이 시달렸다."[48]

세기 후반부에 들어서 인구가 빠르게 증가하고 출판계의 산업화가 시작되면서, 상황은 현저하게 달라진다. 20세기 초부터 상황이 완전히 역전되어 야심을 품은 프랑스 발행인들이 오히려 베스트셀러를 만드는 방법을 배우기 위해서 미국으로 건너간다. "베스트셀러"라는 용어가 1880년 말에 미국에서 창작의 공공연한 목표를 지칭하기 위해서 만들어진 것도 우연이 아니다. 당시 유럽에서는 작가들이 돈 앞에서는 숫처녀처럼 내숭을 떨거나 점잔을 빼며 저주받은 삶을 운운하고 있었다.

20세기에 들어서자, "현대 대중문화의 산실"[49]인 미국은 엄청난 성공작, 특히 500만, 1,000만, 1,500만 부씩 팔려서 문학적 세계화의 첨병역할을 하는 '슈퍼 베스트셀러'의 고국이라는 지위를 확립한다. 이 책들은 아주 드문 몇 권을 제외하고는 모두 앵글로색슨계에서 나온 것이다.

1950년부터 모든 장르를 통틀어 1,000만 부 이상 팔린 책이 대략 80권 정도 된다. 이 세계적 수상자 명부에 오른 책 중에 포르투갈어로 쓰인 책이 한 권(파울로 코엘료의 『연금술사[*O Alquimista*]』), 독일어 한 권, 이탈리아어 한 권, 스웨덴어 한 권(혹은 두 권), 일본어 두 권, 스페인어 세 권, 중국어가 너덧 권이다. 나머지는 모두 영어로 쓰인 책들이다. 간단히 말하면, 20세기 후반부에 출간된 슈퍼 베스트셀러 중에서 4분의 3이 앵글로색슨계이다. 지나는 길에, 1950년 이전에 출간된 슈퍼 베스트셀러도 영어로 쓰인 책의 비율이 두 배 많았다는 사실을 지적해두자. 말하자면 앵글로색슨계의 헤게모니는 1950년 이전에 시작되었고, 그후로 점점 더 압도적으로 변해가고 있다.

일방적 보호주의

이런 상황은 두 가지 사실을 내포한다. 한편으로 세계화에서 영어가 점점 더 강세를 보인다는 사실이고, 다른 한편으로 다른 곳에서 대성공을 거둔 것이라고 할지라도 외국의 책에 대해서 미국 국경이 점점 더 굳게 닫히고 있다는 사실이다.

미국에서 살고 있는 게르만계 인구가 상당함에도 불구하고, 20세기에 이 나라에서 베스트셀러가 되었던 독일어 소설은 손에 꼽을 정도였다고 존 서덜랜드는 지적한다. 굳이 꼽자면, 에리히 마리아 레마르크의 『서부전선 이상 없다(*Im Westen nichts Neues*)』(1929), 비키 바움의 『그랜드 호텔(*Menschen im Hotell*)』(1931), 팔라다의 책 한 권, 프란츠 베르펠의 책 두 권, 그리고 끝으로 쥐스킨트의 『향수(*Das Parfum*)』(1986) 정도이다. 반면에 미국의 베스트셀러 목록에는 토마스 만의 『부덴브로크가의 사람들(*Buddenbrooks*)』도, 국제적으로 어마어마한 성공을 거두었지만 영어로는 번역된 적이 없는 테오도어 크뢰거의 『잊힌 마을(*Das vergessene Dorf*)』도, C. W. 세람의 『신, 무덤, 학자(*Götter, Gräber und Gelehrte*)』(1949)도, 심지어 대중적으로 큰 성공을 거둔 베르기우스나 콘살리크의 작품들도 등장하지 않는다.

프랑스인들도 거의 비슷한 처지에 있다. 루이 에몽(캐나다 소설 『하얀 처녀지』로), 생텍쥐페리, 프랑수아즈 사강, 시몬 보부아르 같은 몇몇 작가가 고군분투하고 있는 정도이다. 사실, 비영어권의 어떤 국가도 이런 적자를 면치 못한다. 미국 베스트셀러 목록에서는 이탈리아인 몇 명, 히스패닉 몇 명, 러시아인 세 명(나보코프는 영어로 쓴 소설 『롤리타 [*Lolita*]』 때문에, 파스테르나크와 솔제니친은 미국인들이 냉전의 맥락 속에서 주로 애국심이나 소련에 대한 적개심 때문에 사주었기 때문에) 을 겨우 꼽을 수 있다. 전체적으로, 20세기에 매년 미국 베스트셀러 10 위 안에 든 소설 중에 비영어권은 30여 권, 영어권은 대략 180권, 나머지는 모두 **미국산(made in USA)**이다.

이 수치들은 두 개의 보충적인 지적을 떠올리게 한다.

우선 외국 소설, 특히 비영어권 소설에 대한 미국 대중의 반감은 새로운 것이 아니다. 2008년, 노벨 아카데미 종신 사무국장 호라스 엥달은 이 문화적 고립주의를 공개적으로 비난했다. "그들은 충분히 번역하지도 않고, 세계 문학의 큰 대화에 참여하지도 않습니다."[50] 그러나 미국인들이 충분히 번역하지 않는 것은 외국에서 일어나는 일에 관심이 거의 없기 때문이다. 몇몇 표피적인 변동이 있기는 했지만, **20세기 초부터 늘 그래왔다.** 1900년과 1918년 사이에는 어떤 비영어권 소설도 베스트셀러 10위 목록에 들지 못했다. 그 다음 20년 동안에도 겨우 예닐곱 편밖에 없다. 다시 말해서, 세기의 첫 40년 동안은 전체적으로 평균 이하이다.

1940년대에는 무엇보다 프란츠 베르펠이나 숄럼 아시 같은 중복 수상자들 덕분에 외국 소설이 7권이나 목록에 오르고, 1950년대에도 7권이 이름을 올린다. 그러나 하늘이 맑게 개는 이 시기는 아주 잠깐이다. 1960년대부터 수치는 또다시 세기 초와 비슷해진다. 문이 다시 닫힌 것이다.

두 번째 지적. 이런 무관심은 특히 픽션에 대해서 더 뚜렷하게 나타나는 것으로 보인다. 반면에 수적으로는 훨씬 더 적지만 세상에 대해서 열려 있는 독자들이 찾는 논픽션의 경우에는 이 현상이 훨씬 덜하다. 1920년대에 이탈리아인 조반니 파피니의 『그리스도 이야기(*Storia di Cristo*)』는 1923년, 1924년, 1925년, 3년 연속 베스트셀러 목록에 오른다. 앙드레 모루아도 셸리, 디즈레일리, 바이런의 전기 덕분에 세 차례, 독일 에세이스트 에밀 루트비히는 괴테와 링컨의 전기 덕분에 두 차례, 그리고 놀랍게도 미국 대중이 전혀 관심을 가지지 않을 듯한 아나톨 프랑스에 대한 장 자크 브루송의 회상(1925)도 목록에 오른다. 그러나 여기서도 개방은 잠시뿐이다. 비영어권 에세이도 1960년대에 픽션에서 확인된 자폐의 움직임에 타격을 입어 이 시기부터는 목록에서 사라져버린다.

주변부의 세계화?

세계화가 이루어지고 있다면, 그 주역은 그 움직임에서 상당히 벗어나 있다. 미국에서 베스트셀러 목록에 오르는 외국 작품은 점점 더 드물어지고, 그 방어벽을 뚫기는 점점 더 어려워진다. 2009년에 한 기자가 지적했던 것처럼, 벨기에 출신으로 **매년 프랑스 베스트셀러 목록에 이름을 올리는** 아멜리 노통브가 마침내 미국 첫 그랜드 투어를 하는 데 무려 17년이 걸렸다. 그녀의 발행인 알뱅 미셸은 이 철통같은 요새의 문을

무너뜨린 것을 무척이나 자랑스러워했다.[51]

　그래도 가끔 깜짝 놀랄 만한 일이 벌어지기도 한다. 최근에는 스웨덴 작가 스티그 라르손의 기념비적인 누아르 소설『밀레니엄』이 그랬다. 비영어권 문화에 대해서 거의 미국만큼이나 폐쇄적인 영국에서, 2009년 1월에『불을 가지고 노는 소녀(The Girl Who Played with Fire)』[52]라는 제목으로 번역 출간된 시리즈의 제2부가 곧 베스트셀러 목록의 상위에 오른다. 미국에서도 사람들이 광기, 중독, 사회 현상에 대해서 이야기하고, 전혀 망설임 없이 스웨덴 작가의 3부작을 존 러카레이의 위대한 소설들과 비교한다. 이 시리즈의 미국 발행인은 2011년 4월에 전자책만으로 무려 300만 부를 팔았다. 역사적인 기록이다.「데일리 익스프레스(Daily Express)」에 따르면, 3부작을 통틀어 2,700만 부가 팔렸는데, 그중 영어 버전이 2,200만 부로, 2010년에만 1,500만 부가 팔렸다고 한다. 스티그 라르손이 죽기 전에 자신의 책을 출판해줄 영어권 발행인을 필사적으로 찾아다녔다고 하니, 참 아이러니한 일이다.

　그러나 제비가 보인다고 봄이 온 것은 아니다.『밀레니엄』의 성공으로 시작된 스칸디나비아 붐에도 불구하고 장벽들은 아직 남아 있다. 2011년 3월,「USA 투데이(USA Today)」의 한 기자는 세계적인 성공을 거둔 스웨덴 작가 헤닝 만켈이 쿠르트 발란더 형사의 애매모호한 수사 시리즈를 무려 3,000만 부나 팔았지만, 미국은 단 한번도 정복하지 못했다고 지적했다.

　요컨대, 베스트셀러의 세계지도는 여전히 앵글로색슨계 국가들이 그리고 있다.

제2부

저자,
베스트셀러를 어떻게 만드는가

우리는 독자에게 복권, 증권, 도박, 경마 등에서 돈을 따는 방법을 가르쳐주겠다고 주장하는 책들로 책장을 가득 채울 수도 있을 것이다. 그런데 적어도 40년 전부터는 '베스트셀러를 어떻게 만드는지'를 가르쳐주는 책들도 거기에 추가해야 할 것 같다.

"해리 포터"를 쓴 작가가 영국 여왕보다 더 큰 부자가 된 만큼, 많은 사람들이 보기에 베스트셀러란 복권만큼 신속하지는 않지만 잠재적인 장래성은 더 큰, 일확천금을 손에 쥐는 또 하나의 방법이기 때문이다. 그러나 이런 책들은 하나같이 신빙성이 떨어진다. 복권에 당첨되는 비결을 알고 있다면, 어떻게 해야 하는지를 설명하는 싸구려 책자나 쓰고 앉아 있지 않을 것이고, 자신의 비밀을 발설하는 멍청한 짓은 하지 않을 테니까. 마찬가지로, 베스트셀러를 어떻게 만드는지 아는 사람이라면, 스스로 그것을 쓸 것이다. 부득이한 경우, 탬 모스맨처럼 『모든 베스트셀러의 일곱 가지 전략(*Seven Strategies in Every Best-Seller*)』을 서술할 수도 있겠지만,[1] 1946년의 마르터 매케나[2]나 2002년의 호스트 A. 멜러[3]를 본떠, 자신의 조리법을 자세히 알려주는 요리사처럼 행동하는 것은 심히 수상쩍은 일이다. 멜러처럼, 비결은 "오랜 세월에 걸친 연구"라고 선

언한다고 하더라도 말이다. 어쨌거나, 베스트셀러를 어떻게 만드는지
아는 사람이라면, 그것을 혼자 만들 수는 없다는 것도 알 것이다. 특히
20세기에는. 저자 혼자서는 결코 성공을 일궈낼 수 없다. 과거에도 그랬
던 적은 없을뿐더러, 이제는 독자와 맺어지기 위해서 발행인, 미디어,
그리고 경우에 따라서는 국가와 법정에까지도 기대야 하므로 그러기가
더 어렵다.

4
작가와 성공

19세기 말, 파리 문인협회 회원들은 그 신망 높은 단체가 저녁 식사를 주최할 때마다 성공한 작가들에 대해서 경멸감을 토해내는, 키 작고 예의바른 신사와 어김없이 마주쳤다. 에르네스트 벵자맹은 "먹고 살기 위해서 쓰는 글은 살아남지 못한다"고 중얼거렸고, 그 말을 무척 자랑스러워했다. 물론 그는 그가 쓴 글로는 초라하게도 살 수 없었을 것이다. 『시적인 철야(*Veillées poétiques*)』, 『성녀(*La Sainte*)』, 『병든 가슴(*Coeur malade*)』, 『그녀를 구하기 위해서(*Pour la sauver*)』 등등은 단 두 권을 제외하고는 어느 것도 재판을 찍는 행운을 누리지 못했으니까.

그러나 벵자맹은 자신의 말에 귀를 기울이는 사람들에게 진정한 문인은 "절대적인 무사무욕(無私無慾)의 상태에서 문예를 그 자체로서 열정적으로" 사랑하는 사람이라고 선언하며 불운에 맞서 잘 버텼다.[1] 이 '예술을 위한 예술'의 숭배자는 "구역질 나는 성공의 강도질이 자행되고 있다"고 울분을 토했다.

거기서, 성공은 그 부산물을 얻는 자의 명예를 실추시킨다고, 진정한 작가는 그런 것 따위는 거들떠보지도 않는 자라고 결론짓는 데까지는 단 한걸음밖에 되지 않는다. 세기말에 "책을 찍은 판의 수에 따라 한 작품의 가치를 재는" 문인들의 "역겨운 토론"에 치를 떨고, 아무리 소중한 책이라도 그것이 "주로 [……] 건달과 바보들로" 구성된 대중을 유혹하게 된다면 기꺼이 포기할 각오가 되어 있다고 말하는 『거꾸로(À rebours)』의 주인공과 같은 몇몇 사람이 그 걸음을 결연하게 내디뎠다.[2]

위스망스가 『거꾸로』를 출간한 해인 1884년, 베를렌은 『저주받은 시인들(Les Poètes maudits)』에서 말라르메, "성공과 영광을 몹시 싫어해서 그 두 바보짓거리를 철저히 무시하는 것처럼 보였던" 트리스탕 코르비에르, 그리고 "심지어 코르비에르보다 그것들을 더 혐오해서 아예 시를 출간하지 않으려고 했던" 랭보에게 경의를 표한다.[3] 코르비에르, 랭보, 말라르메는 "한 사람은 무명으로, 다른 한 사람은 반쯤 무명으로 남고, 나머지 한 사람은 진가를 인정받지 못한다." 천재성에도 '불구하고'가 아니라, 그 천재성 **때문에**. 대단히 '세기말적인' 이 만신전에서 진정한 시인은 **워스트셀러**, 성공에 손을 빌려주는 것을, 대중과 조금이라도 연루되는 것을 거부하는 자이다. 다른 작가들은 돈을 위해서 예술과 사상을 배신한 매문가(賣文家)에 지나지 않는다.

오랫동안 몇몇 그룹을 지배하게 될 이 문학관은 연구의 실마리들을 마구 뒤섞어 적절한 접근을 원천적으로 차단하는 결과를 낳는다. 이 문학관은 작가 역시 **읽히기를 욕망하는 사람**이라는 사실을 감춘다. 그리고 독자의 환심을 사려는 자와 그것을 위해서 모든 것을, 특히 자기 자신을 포기할 각오가 되어 있는 자를 혼동하는 경향이 있다. 요컨대, 이 문학관은 팔린 책의 부수 외에는 크게 공통점이 없는, 성공한 작가와 산업적 베스트셀러 제조자를 구별하지 않는다. 마지막으로 이 문학관에 따르면, 성공이라는 것은 일시적이며, 한 번 성공했다고 해서 영원히 성공하

는 것도 아니고, 랭보와 말라르메가 사후에 증명하듯, 한 번 실패했다고
해서 언젠가 성공을 하지 말라는 법도 없다.

작가와 제조자

설익은 포도

지혜로운 사람들은 성공 따위에 관심이 없다고 주장하
는 작가들을 경계하라고 가르친다. 대부분 그런 작가들은 눈독을 들이
던 탐스러운 포도송이를 도저히 딸 수 없자, 귀를 축 늘어뜨린 채 그
포도는 설익고 맛이 없을 것이라고 투덜거리며 가버리는 우화의 여우를
흉내낸다. 친구 알베르 심에게 "문학적 영광이 한낱 연기에 지나지 않는
다고 아무리 말해봐야 소 귀에 경 읽기라네"라고 말했지만 그 영광을
얻지 못해 고통스러워했으며, "심지어 그로 인해서 점점 더 힘들어한"
가엾은 에르네스트 벵자맹이 그랬다.[4]

이것은 플로베르 같은 위대한 작가들마저 사로잡았던 흔한 감정이다.
실제로 플로베르는 성공(타인의 성공)을 맹렬하게 비난한다. 1852년 11
월, 『톰 아저씨의 오두막』을 읽기 시작했을 때, 플로베르는 그의 정부
(情婦) 루이즈 콜레에게 "그 책에 대해서 안 좋은 편견"을 가지고 있다
고 털어놓는다. "문학적인 질만이 그런 성공을 가져다주는 것은 아니라
오. 어느 정도의 연출력, 만인의 언어를 쉽게 말하는 능력에다 그날의
열정, 그 순간의 문제들을 슬쩍슬쩍 건드리는 기술이 더해지면 아주 크
게 성공할 수 있다오."[5] 며칠 후, 『톰 아저씨의 오두막』을 읽은 플로베
르가 판결을 내린다. 그가 "따분하기 짝이 없는 젊은 아낙"으로 상상한
비처 스토의 소설은 그에게 오직 "시사성이 있다"는 사실 때문에 놀라운
성공을 거둔 "편협한 책"일 수밖에 없었다. 1855년, 그는 루앙의 친구

루이 부이예에게 이렇게 쓴다. "그것이 바로 크고 작은 성공의 비밀일세." 해리엇 비처 스토가 엄청난 성공을 거둔 것은 "평등주의 마니아"를 철저히 활용할 줄 알았기 때문이다. 요컨대, 대중이 몹시 좋아한다는 것 자체가 "그 책이 변변치 않다는 것을 말해주는 결정적인 증거"이기 때문에 대중적으로 큰 성공을 거둔 것은 본래 의심스럽다.[6] 다시 말해서, 멍청이들은 그들에게 맞춤한 것을 찾는다.

그러나 플로베르가 대중적 성공에 대해서 정말 그렇게 생각했을까? 사실, 그는 자신의 책 한 권 한 권의 운명에 노심초사한다. 『보바리 부인(Madame Bovary)』이 출간되었을 때, 그는 처음에는 성공을 의심하다가 검찰이 그 소설을 외설로 기소하자 1857년 1월 동생 아실에게 보낸 편지[7]에서 몹시 기뻐한다. "이런 상황에서도 『보바리 부인』은 성공을 이어가고 있어. 음란한 이야기가 되어버렸거든. 모든 사람들이 읽었고, 읽고 있고, 읽고 싶어해. 내가 받은 박해 때문에 수많은 사람들이 나한테 호의를 보이고 있어." 그해 5월, 플로베르는 부이예에게 "『보바리 부인』이 아주 잘 팔리고 있다"고,[8] 쥘 뒤플랑에게는 벌써 "1만 5,000부가 팔렸다"고 알린다.[9] 1862년, 플로베르는 『살람보(Salammbô)』에 대해서도 똑같은 불안과 관심을 드러낸다. 그는 로르 드 모파상에게 이렇게 쓴다. "기뻐해주게나, 내 『살람보』가 세상을 잘 헤쳐나가고 있다네. 발행인 말로는 이번 금요일에 두 번째 판을 찍는다는군. 크고 작은 신문들이 내 이야기를 하고 있네. 말도 안 되는 소리들이지. [……] 보게! 문학적 영광이란 것이 이런 거라네. [……] 아무려면 어떤가. 난 아주 제한적인 독자들을 위한 책을 썼고, 그 독자들이 그 책에 큰 관심을 보이고 있네. 서점의 신에게 축복을!"[10]

그런데 분위기가 바뀐다. 1874년, 투르게네프가 『성 앙투완의 유혹

(*La Tentation de saint Antoine*)』이야기를 꺼내며 "대중은 그의 독자가 아니라고" 한탄하자, 플로베르는 슬픔에 젖어 이렇게 대답한다. "큰 성공은 『살람보』 이후로 날 떠났소. 내 가슴에 남은 것은 [5년 전에 출간된] 『감정교육(*L'Éducation sentimentale*)』의 실패라오. 사람들이 그 책을 이해하지 못한 것이 난 너무나 놀랍소."[11] 그리고 그것은 오래토록 그를 슬프게 한다. 1879년, 이번에는 발행인인 샤르팡티에에게, 부당한 만큼이나 충격적인 이 실패 때문에 자신이 "독자들에게 앙심을 품게 되었다"고 털어놓는다.[12]

이 명백한 모순에서 어떤 가르침을 얻어야 할까? 먼저, 모든 작가에게 성공을 추구할 권리가 있다는 것을 플로베르가 인정하고 있다는 점, 그리고 그가 비난하는 것이 성공 그 자체가 아니라 몇몇 사람들이 그것을 얻기 위해서 바칠 각오가 되어 있는 터무니없는 대가라는 점이다.

독자를 찾아서

플로베르는 여기서 그가 유명한 선배 문인들과 의견을 같이하는 주제를 다시 다루고 있다. 비난받아야 할 것은 성공이 아니라, 그것에 이르는 방식이다.

그것은 태양왕 루이 14세 치하에서 부알로가 이미 12음절 시구 형태로 주장한 것이다.

심각한 것에서 부드러운 것으로, 재미있는 것에서 준엄한 것으로,
시를 통해서 가벼운 목소리로 건너갈 줄 아는 자, 행복하여라!
하늘이 사랑하고, 독자들이 애지중지하는 그의 책은

바르비에 서점에 가면 늘 구매자들에게 에워싸여 있다.[13]

진정한 문학적 성공은 나쁜 작가들을 멀리하는 독자의 관심으로 표현
된다.

> 독자들은 우리를 따분하게 만들려고 태어난, 늘 단조로운 어조로
> 염불을 읊는 것 같은 그 저자들의 책을 거의 읽지 않는다.[14]

사나운 풍자가인 부알로는 인쇄되자마자 식료품을 싸는 포장지로 전
락할 운명에 처해진 것처럼 보이는 작품들을 이렇게 조롱한다.

> 몇 달 동안 활짝 피어났던 자신의 책이 나중에는
> 둘둘 말려 무게로 팔리는 것을 본 사람이 과연 몇인가!
> 당신은 잠시 당신의 글들이 대단하게 평가받는 것을
> 이 손 저 손 거쳐 도시를 돌아다니는 것을 볼 수 있으리,
> 그러다 먼지가 잔뜩 묻어 땅에게도 무시를 당하며
> 뇌프제르맹과 라 세르의 식료품 가게로 흘러드는 것도.[15]

식료품 가게 혹은 먼지, 나쁜 책들의 운명은 그런 것이다. 진정한 작
가는 자신의 책을 그 운명에서 벗어나게 할 줄 안다.

약 1세기 후의 영국에서 만년에 글쓰기의 광기에 사로잡힌 로런스 스
턴이라는 이름을 가진 평범한 시골 목사 역시 그것을 잘 알고 있다.

1759년 1월, "스턴이 『트리스트럼 섄디(*Tristram Shandy*)』의 첫 장을
여는 그 유명한 문장을 쓰기 위해서 잉크병에 거위 깃털 펜을 담근 그날,

그에게 남은 생은 고작 10년이었지만, 그 10년은 문학적 영광으로 가득 채워질 것이다."[16] 그의 전기를 쓴 앙리 플뤼셰르는 이렇게 말한다. 소설이 구체화되자, 스턴은 곧 자신이 어느 누구도 본 적이 없는 책, 전대미문의 이상한 걸작을 쓰고 있다는 것을, 그리고 그 책이 성공을 거두리라는 것을 깨닫는다. 5월 23일, 그는 소설 사본에 환희에 찬 쪽지를 첨부하여 런던의 발행인 로버트 도즐리에게 보낸다. "책은 팔릴 것입니다." 그는 그것을 추호도 의심하지 않는다.

작가의 이런 자신감에도, 도즐리는 망설인다. 그러자 스턴이 그에게 타협안을 제시한다. 책은 요크에서 인쇄하되, 도즐리는 런던에서 책을 받아서 마치 그가 발행인인 것처럼 판매하기로. 독자들의 반응을 보고, 그것에 기초해서 다음 협상에 임하기로. 스턴은 반응이 폭발적일 것이라고 확신한다.

가장 놀라운 것은 그가 틀리지 않았다는 점이다. "고대하던 베스트셀러"[17]의 운명은 스턴이 원했고, 예상했고, 준비했던 그대로가 된다. "유럽 소설의 얼굴을 영원히 바꿔놓는" 책, "문학적 폭탄",[18] 『트리스트럼 샌디』는 1759년 12월 말에 요크 소재 존 힝스맨의 서점에서, 그리고 며칠 후에는 런던의 도즐리 서점에서 시판된다. 교묘한 신작 발표로 궁금증을 증폭시킨 덕에, 사람들은 그전 해에 자신의 첫 작품 『정치 로맨스 (A Political Romance)』가 공공장소에서 불태워지는 것을 지켜본 그 별종 성직자가 이번에는 과연 어떤 책을 썼을까 하고 궁금해한다. 사람들이 서점으로 몰려간다. 요크는 그 책에 관한 이야기로 떠들썩하고, 단 이틀 만에 200부가 팔려나간다.

"스턴은 성공을 차지했다. 책의 독창성이 너무나 놀라워 요크 사람들의 모든 기대를 능가했다. 런던의 독자들 역시 저자가 감히 기대조차

하지 않았을 속도로 책을 사갔다."[19] 1760년 1월에 쓴 편지에서 커티스 박사에게 털어놓은 것처럼, 스턴이 그것을 기대하지 않았을지는 몰라도, 미리 계획하기는 했다. "나는 먹고 살기 위해서가 아니라 유명해지기 위해서 그 책을 썼소."[20] 원고를 탈고하자, 저자는 그것을 알리기 위해서 동분서주한다. 1760년 2월, 이 무명의 작가를 라블레와 세르반테스에 비교하고, 역사상 가장 많은 사람들이 읽을 것이라고 예언한 『런던 매거진(*London Magazine*)』을 본떠, 런던의 유력 잡지들이 그 책을 다룬다. 곧, 그 소설은 전례가 없는 인기를 누린다.[21] 스턴이 그것을 직접 확인하는데, 어느 날 아침 신분을 감추고 도즐리 서점을 방문한 그가 『트리스트럼 샌디』를 찾자, 점원은 완전히 지친 말투로 설사 금값을 쳐준다고 해도 그 책은 런던에서 단 한 권도 구할 수 없을 것이라고 대답한다. 그날 오후, 그는 이미 다시 판을 찍을 준비를 하고 있던 도즐리와 새로운 계약을 놓고 협상을 시작한다. 표지를 인기 판화가 윌리엄 호가스의 그림으로 장식한 새 판이 4월에 출간되고, 1760년에만 3개의 다른 판이 줄줄이 나와서 날개 돋친 듯 팔려나간다. 이듬해에 나온 프랑스어 번역본도 마찬가지이다. 열광은 세계적이고, 유행이 모든 계층과 장르를 휩쓴다. 원작을 모방하고 연장하고 반복하는 책들이 쏟아져나오는 가운데, 독자들은 그 책에서 영감을 받아서 텃밭, 부채, 카드 놀이의 이름을 짓는다. 스턴은 내기에 성공했다. 한마디로, 출세를 한 것이다. 우리는 그를 통해서 베스트셀러를 만들기 위해서는 그것을 원하는 것만으로는 충분하지 않지만, 그것도 도움이 된다는 사실을 깨닫게 된다. 그리고 그런다고 반드시 걸작이 나오지 않는 것은 아니라는 사실도.

몇십 년 후, 전설과 서신을 통해서 자신의 책의 미래에 아주 관심이 많았다는 것을 알 수 있는 발자크의 경우도 비슷하다. 1831년 7월, 발자크는 발행인 고슬랭에게 자신이 『나귀 가죽』의 "성공을 철저히 준비했다"고, 레카미에 부인이 그녀의 유명한 살롱에 와서 "그 소설을 한 번 읽어달라"고 요청했다고, 그렇게 해서 "우리는 생 제르맹 대로를 독자들로 북적대게 만들 것"이라고 쓴다.[22] 예언은 실현된다. 피에르 바르베리에 따르면, "성공은 순식간이었고, 전반적이었으며, 이론(異論)의 여지도 없었고, 이론도 없었다. 많은 서평이 군소 신문들뿐만 아니라, 언론의 모든 주요 기관지에 실렸다. 『나귀 가죽』은 일대 사건이었다."[23]

발자크도 물론 책 판매에 관심이 많았다. 그렇다고 그것을 위해서 어떤 대가도 기꺼이 치를 정도는 아니었다. 1829년 11월, 『결혼의 생리학(Physiologie du mariage)』 원고를 가능한 한 빨리 넘겨달라고 요구하는 발행인 르바바쇠르에게 보낸 편지에서, 그는 자신의 행동노선을 분명히 밝힌다. "내 안에는 잘못을 행하지 못하게 막는 나도 모를 뭔가가 있습니다. 그것은 책에 미래를 부여하는 일이지요. 화장지로 만들거나 도서관에 꽂히는 걸작으로 만들거나."[24] 더 많이 팔기 위한 것이라고 할지라도, 절대 타협할 수 없는 원칙들이 있었다. 그는 1835년 『세라피타(Séraphîta)』와 관련하여 카스트리 공작부인에게 그 말을 반복한다. "이것은 작업이 끔찍할 만큼 힘들었던 책입니다. [……] 하지만 이제 며칠 후면 모든 것이 말해질 겁니다. 제가 크게 성장하거나, 파리 사람들이 저를 이해하지 못하거나. 그들은 일반적으로 조롱으로 이해를 대신하니, 제가 바라는 것은 먼 훗날의 뒤늦은 성공뿐입니다."[25]

그렇지만 털을 결의 반대 방향으로 쓰다듬을 수는 없다. 이 점에 대해서 피에르 바르베리는 이렇게 지적했다. "어쩌면 우리는 『인간 희극(La Comédie humaine)』에서 사람들이 그들에게 기대하는 음악을 연주하는 가짜 예술가들에게 충분한 중요성을 부여하지 않았을지도 모른다."[26] "부르주아지의 입맛에 맞게 빵을 만들었던"『라 라부이외즈(*La Rabouil-leuse*)』의 피에르 그라수는 레지옹도뇌르 훈장을 받고 지방에서 밀려드는 주문에 정신을 못 차린다. 거칠 것 없는 그라수의 신분 상승은 성공이 얼마나 비루할 수 있는지를 보여준다.

사실, 진정한 재능을 가진 작가의 마땅한 성공을 축하하고 돈을 밝히는 작가들을 조롱하는 것, 부알로가 쓴 것이 바로 그것이다.

> 돈에 굶주려,
> 그들의 아폴론을 서점 주인에게 저당 잡히는,
> 그리고 숭고한 예술을 돈벌이 직업으로 삼는.[27]

그러나 베스트셀러 생산자들이 몰두하는 것이 바로 그것 아닐까?

베스트셀러 만들기

사실대로 말하면, 베스트셀러 제조자와 진정한 작가를 구분짓는 경계들은 때로 불분명해 보인다. 우리는 스턴에 대해서 그의 목적이 오직 "어떤 대가를 치르더라도" 팔리는 책을 쓰는 데 있었다고 말할 수 있었다.[28] 그리고 생트뵈브는 산업 문학을 생산했다고 발자크를 비난했다. 하지만 앙심과 질투 등 모든 것을 고려해야만 한다. 제조자를 특징짓는 것은? 그것은 그가 생산 기술을, 그가 만들었다는 것을 증명하는 제작법을 사용하며, 자신의 개성을 희생시켜가면서까지 그것에 따른다는 점이다. 스턴이나 발자크에게 그렇게 했다고 비난할 수는 없어도, 특히 고객을 놓치지 않기를 원한다면 코드를 함부로 어겨서는 안 되는 몇몇 부수 장르에서, 과거와 현재의 많은 베스트셀러 제조자들이 그렇게 하지 않았다고 말할 수는 없을 것이다.

장밋빛 인생

이런 사실은 이야기의 얼개가 늘 똑같은 감상소설 '로망 로즈(roman rose)'의 경우에 특히 뚜렷해 보인다. 예를 들면, 피에레트 상탱은 이렇게 지적한다. "델리의 소설을 펼칠 때, 우리는 찾는 것을 찾게 될 것이라고 확신한다."[29]

오빠와 누이, 라 로지에르의 마리 프티장과 프레데리크 프티장이 함께 사용한 필명인 델리(Delly)는 20세기 초에 이런 제조법의 "현대적" 형태를 개발한다. 아베빌의 한 인쇄소에서 자비를 들여 처녀작 『섬광 (L'Étincelle)』(1905)을 낸 이후로, 델리는 성공가도를 달린다. 1908년, 고티에 출판사에서 『추방된 여인(L'Exilée)』, 『우월한 여인(Une femme supérieure)』을 출간한 이후로, "늘 똑같은 이야기를 하는" 소설을 매년 두세 권씩 낸다.[30] 만남, (일반적으로 제삼자, 질투심에 사로잡힌 경쟁자, 탐욕스러운 사촌, 출신이 불분명한 관능적인 꽃뱀이나 바람둥이의 계략에 의해서 야기된) 이별, 재회, 그리고 물론 이야기 말미의 행복, 시련을 이겨냈기 때문에 오래 지속되고, 결혼으로 인정되었기 때문에 합법적인 행복.[31] 이것이 거의 언제나 상류사회에서 전개되는 이야기의 교훈이다. 여성 독자들은 책값으로 낸 돈만큼의 보상을 요구한다.

판매 결과는 놀라울 정도이다. 1930년에 플롱 출판사에서 출간된 『노예……혹은 여왕(Esclave…… ou reine)』은 113번째 판까지 찍었고, 탈랑디에 출판사에서 나온 『마음의 적들(Cœurs ennemis)』은 1928년 첫해에만 20만 부가 팔렸다. 이듬해 플라마리옹 출판사에서 출간된 『풍요와 궁핍(*Une misère dorée*)』은 1941년에 514쇄에 도달했다.

1947년 마리 프티장이 사망하자, 「프랑스 수아르(*France-Soir*)」는 이 사실을 일면에 대서특필한다. "세상에서 가장 많은 책을 판 작가 델리, 세상을 뜨다." 약간 과장된 기사이기는 하지만, 그래도 델리가 수천만 부의 책을 팔아치움으로써 대중에게 먹히는 작법을 개발한 것은 사실이다. 이 작법은 바버라 카틀랜드라는 기발한 여성이 영국 취향으로 각색하여 역사상 가장 많이 팔린(계산에 따르면, 전 세계에 걸쳐 7-10억 부가 팔렸다고 한다) 베스트셀러 시리즈 중 하나를 탄생시키게 된다.

출발점은 바버라 카틀랜드가 1920년에 썼지만 1925년에야 출간하는 소설 『그림 퍼즐(*Jig-Saw*)』이다. 이 책의 뒤표지에는 앞으로 그녀에게 엄청난 성공을 가져다줄 이야기의 구조가 요약되어 있다. "런던에서 가장 화려한 사교계에 첫발을 들여놓는 한 젊은 여성이 마주치게 되는 시련과 유혹에 관한 이야기. 새로운 자유에 취하고 모험을 사랑하는 그녀는 불가피하게 정신적, 육체적 타락을 겪으며 불행을 맛보게 되지만, 행운과 선량한 기질 덕분에 결국에는 평화와 행복을 찾게 된다."[32]

바버라 카틀랜드는 나중에 이렇게 설명한다. "내 첫 소설은 어마어마한 성공을 거두었다. 여섯 차례에 걸쳐 다시 찍은 그 소설은 5개 언어로 번역되었다. 이 첫 시도가 성공을 거둔 후, 나는 생활비를 벌기 위해서 진지하게 글을 써보기로 마음먹었다."[33] 훌륭한 선택이었던 것으로 보인다. 그녀는 무려 723편이나 써낼 테니까. 그것도 매번 다이애나, 헨리에타, 세실리아, 로자나, 레나, 외제니아, 이름에 'a'가 들어가는 수백 명의 아가씨들, 즉 "한 남자의 가슴에 진정한 사랑을, 육체적인 동시에 정신적인 사랑을 일깨워줄 수 있는, 부드럽고, 정 많고, 솔직한 여주인공들"

을 전면에 내세우면서.[34] **주의사항** : 이 작법은 적절한 균형을 유지해가 며 매번 똑같이 되풀이되어야 한다. 그러면 모든 것이 가능해진다.

할리퀸 시리즈가 산업적인 방식을 보다 노골적으로 드러내며 채택한 것이 바로 이 작법이다. 여기서도 판매량은 현기증이 날 정도로 어마어 마하다. 할리퀸 시리즈는 전 세계에 걸쳐 약 5,000만 명의 여성 독자(구 매자의 98퍼센트가 여성이다)에게 매년 2억 부가량이 팔리고 있고, 언 론에도 미디어에도 소개되지 않으며 전통 서점에서는 거의 찾아볼 수가 없지만, 베스트셀러 목록에는 늘 올라 있다. 이것이 감상소설 로망 로즈 의 세계적 리더, 할리퀸 시리즈의 결산표이다. 비결은? 델리나 바버라 카틀랜드처럼, 여기서도 시리즈 발행인의 공식 사이트에 "전설적"이라 고 묘사된 신성한 작법이 비결이다.[35] "침울하고 신비로운 남자 주인공, 부드럽고 낭만적인 여자 주인공, 그리고 **해피엔딩**의 보장. [……] 현대 의 요정 이야기라 할 수 있는 이 소설에는 벨벳처럼 부드러운 눈길을 가진 아랍 족장, 오만하고 용감한 의사, 물러설 줄 모르는 스코틀랜드 전사, 혹은 매력적인 왕자 같은 사장님들이 등장해서 부드럽고 낭만적 인 여자 주인공들을 사랑에 빠뜨린다." 여성 독자들은 끊임없이 새로운 것을 요구하지만, 모든 것이 깜짝 놀랄 일 없이, 무엇이 어떻게 돌아가 는지 뻔히 알 수 있는 진부한 도식에 따라야 한다. 그들은 꿈꾸기를 원 한다. 편안하게 앉거나 누워서.

그 결과, "여성 독자 두 사람 중 한 사람은 살아오면서 할리퀸을 한 번쯤 읽었다고 말한다. 소녀든 주부든, 독신자든 워킹 걸이든, 모든 세대 에 걸쳐서, 모든 사회적, 직업적 범주에 속하는 여성들이 할리퀸을 읽는 다. 그들 모두는 매력적인 왕자님을 꿈꾼다는 공통점을 가지고 있다." 그들이 좋아하는 시리즈의 책을 펼치면 확실히 꿀 수 있는 꿈 말이다. 이 책들은 1964년 이래로 『성서』에 버금가는 부수가 팔렸다. 시인이 말했듯, 사랑은 영원히 사랑일 것이다. 그리고 그것은 언제나 책을 팔리게 할 것이다.

브라운 씨의 작법

생존해 있는 거물급 베스트셀러 생산자 중의 하나인 댄 브라운은 이 메커니즘을 완벽하게 이해했다. 물론 그가 좋아하는 장르는 바버라 카틀랜드와는 다르고, 문학과 여타 분야에 대해서 그가 내세우는 주장도 훨씬 더 뚜렷하다. 그러나 여기서도 한 권만 읽어도 다른 책들의 내용을 충분히 짐작할 수 있다. 왜냐하면 이야기의 뼈대가 변함이 없으니까. 매번, 존경스럽고 너무나 친절한 인물, 『디지털 포트리스』(1998)의 스트래스모어, 『천사와 악마』(2000)의 벤트레스카 추기경, 『다빈치 코드』의 리 티빙 경이, 반전에 반전을 거듭한 끝에 책의 말미에 가서 우리가 알게 되는 것처럼, 보통 무시무시한 계획을 실현하기 위해서 괴물 같은 살인자(벙어리 저격수, 가학적인 아랍인, 혹은 백피증[白皮症]에 걸린 수도사)를 고용한 극악무도한 사람, 악의 현현(顯現)으로 드러난다. 그에 맞서, 모든 운동을 다 잘하고, 여러 언어에 능통하며, 머리가 비상한 미국 대학교수가 그 못지않게 지적이면서도 대단히 섹시한 미녀를 대동하고 다니면서 위기에 처한 세계를 구한다. 독자들을 파리, 스페인, 이탈리아로 데리고 다니면서 관광도 시켜주고, 까마득한 옛날부터 감춰져온 바티칸의 지하, 오푸스데이의 진짜 얼굴, 또는 그리스도와 마리아 막달레나의 후손에 대한 놀라운 비밀도 밝힌다. 매 작품은 마치 의식처럼 완전한 **해피엔딩**, 악에 대한 선의 승리, 죽어 마땅한 악인들의 참혹한 최후, 그리고 청교도적인 독자를 자극하지 않기 위해서 세부 묘사를 하지는 않고 살짝 암시만 주는 화끈한 섹스 장면으로 마무리된다. 말하자면, 1960년 대에 이언 플레밍에게 떼돈을 안겨준 007 시리즈의 작법과 크게 다르지 않다. 그것이 성공을 설명해주지는 않지만(다른 많은 사람들이 이미 시도했지만 확실한 결과를 얻지 못했다), 적어도 댄 브라운이 그 작법을 바꾸지는 않을 것이라는 예상은 하게 해준다. 산 안토니오를 만들어낸 프레데리크 다르는 솔직하게 인정한다. "광맥을 찾은 순간부터는, 좋아, 빌어먹을, 가는 거야."[36] 아니, 가기보다는 그곳에 머문다.

은총을 잃은 자들

작가는 아주 정당하게 성공을 원하고 추구할 수 있다. 심지어는 덜 정당하지만 성공을 위해서 자신의 재능과 개성을 희생할 수도 있다. 하지만 그가 성공을 얻은 후에 그것을 잃고 마는 경우도 종종 있다. 이 경우, 작가는 몇몇 사람이 숙명처럼 묘사하는 몹시 힘든 상황에 처하게 된다. 아주 젊은 나이에 『아시아 사람들(The Asiatics)』(1935)로 세계적인 유명세를 얻었다가 지속적으로 소설을 내는데도 불구하고 거의 잊히다시피 한 프레더릭 프로코슈는 이렇게 말했다. "미국에서 첫 성공의 나이를 넘겼는데도 계속 유명하거나 더 유명해지는 사람을 보는 것은 매우 드문 일이다."[37]

사실, 여기서도 유행을 거스르는 것처럼 보이는 몇몇 뚜렷한 예외들이 존재한다. 물론, 우리는 여기서 위에서 언급한, 독자를 사로잡아 매번 그가 익히 알고 있는 영역으로 데려가는 어떤 효율적인 작법에 매달리는 베스트셀러 제조자들을 떠올리게 된다. 이 **시리얼 베스트셀러**들이 메트로놈처럼 일정한 주기를 두고 어김없이 책을 내는 만큼 더더욱 그렇다. 프레데리크 다르는 1년에 네 권, 다니엘 스틸은 세 권, 아멜리 노통브의 경우는 8월 말에 딱 한 권을 내지만, 비평계가 독설을 퍼붓건 침묵을 지키건, 큰 판형으로는 적어도 20만 부, 포켓판으로는 그 세 배가 확실하게 팔린다. 요컨대, 이 분야에서 숙명이란 존재하지 않는다. 그러나 확실한 것 역시 없다. 성공은 절대 저절로 얻어지지 않는다. 어느 누구에게도 그런 적은 없었다. 먼 과거로 거슬러올라가지 않아도, 문학의 역사는 20세기에 시들 수 있는 것처럼 19세기에 늙어갈 수도 있었다는 것을 보여준다.

19세기에 늙어가기

1889년, 쥘 베른은 세계적으로 유명했다. 바로 그해에 아주 영악한 뉴욕의 여기자, "탱탱의 모험"의 주인공 같은 넬리 블라이가 『80일간의 세계일주』의 기록을 깨려고 시도하기도 했다. 그녀가 다니는 신문사 「더 월드(The World)」가 그 원정을 재정적으로 지원하고, 여기자의 업적을 매일 전했다. 쥘 베른의 소설과 그가 창조해낸 영웅들, 네모 선장, 해터러스 선장, 사이러스 스미스 혹은 미셸 스트로고프를 훤히 꿰고 있는 신문 독자들에게 즐거움을 주기 위해서.

그러나 쥘 베른의 첫 베스트셀러 『기구를 타고 5주간』(1863)이 대성공을 거둔 지 25년이 지난 그 즈음에, 독자들은 슬슬 싫증을 내기 시작한다. 고전이 되어가고 있는 초기의 걸작들은 계속 읽지만, 유명한 노인네의 신작들은 읽는 둥 마는 둥이다. 이 신작들이 그를 유명하게 만든 작품들의 수준에 확실히 못 미치는 만큼 더욱 그렇다. 영국의 지배에 대항해서 싸우는 캐나다 이주 프랑스인들의 이야기인 『이름 없는 가족(Famille-sans-nom)』(1889)과, 일말의 양심도 없는 투기꾼들이 북극의 풍부한 지하자원을 손에 넣기 위해서 지구의 자전축을 바꾸려고 시도하는 『뒤죽박죽(*Sens dessus dessous*)』(1889)은 발행인 피에르 쥘 에첼이 쥘 베른을 안심시키기 위해서 세기말에는 모든 책이 그렇다고, 사람들이 더는 책을 읽지 않는다고 덧붙이면서 그에게 알려주는 것처럼, 잘 팔리지 않는다.[38]

유령이라도 나올 것 같은 고딕풍의 배경과 기술적 발명들이 마구 뒤섞이는 음산한 『카르파티아 성(*Château des Carpathes*)』처럼 부인할 수 없는 성공작들도 몇 편 있지만, 전반적인 무관심이 계속된다. 1895년, 부유한 금리 생활자가 알제리에서 벌이는 가벼운 희극풍의 모험들을 다룬 『클로비스 다르당토르(*Clovis Dardentor*)』는 1901년의 『장 마리 카비둘랭의 모험(*Les Aventures de Jean-Marie Cabidoulin*)』이나 그 이듬해에 나온 『킵 형제(*Les Frères Kip*)』와 마찬가지로, 극히 소수의 독자들밖에 읽지 않는다.

영광을 누리던 작가가 후에 이런 실패를 겪는 것은, 언제나 최신작이 작가가 가장 좋아하는 작품, 그가 재능을 잃지 않았다는 것을, 여전히 뭔가 대단한 것을 할 수 있다는 것을, 간단히 말해서 여전히 살아 있다는 것을 보여주는 작품인 만큼, 그에게는 더욱 고통스러운 일이다. 그 당시 나폴리의 젊은 팬 마리오 투리엘로와 주고받은 서신을 보면, 쥘 베른은 우울과 현실부정 사이를 오락가락한다. 1894년, 그는 이렇게 쓰고 있다. "『놀라운 여행들(*Les Voyages extraordinaires*)』이 예전보다 더 팔리는지 덜 팔리는지 난 모른다네. 난 일단 책으로 나온 것은 전혀 신경을 안 쓰거든. 난 광고를 싫어하네."[39] 이듬해, 투리엘로가 베른에 대한 연구에서 그의 신작들이 더는 구매자를 찾지 못하고 있다고 밝히며 자신의 글을 피에르 쥘 에첼에게 보내고 싶어하자, 노작가는 에첼이 자신의 대표 작가가 독자들에게 버림받았다는 사실을 결코 받아들이지 않을 것이라고 신랄하게 대꾸한다. 그리고는 이렇게 덧붙인다. "그것이 사실이 아닌 만큼 더더욱. 출판업이 위기를 겪고 있는 프랑스에서 이전에 나온 엄청난 수의 책 덕분에 문제의 작가[쥘 베른 자신]가 그나마 불평을 늘어놓을 것이 가장 적은 작가 중의 하나인 만큼 더더욱 말일세."[40]

그러나 쥘 베른은 한탄에 한탄을 거듭한다. "내가 기대를 걸었던 책들, [……] 독자들이 그것을 원치 않는다. 기운이 빠지는 일이다. 사실, 늘 인기를 얻을 순 없다! 그것은 나도 알고 있다.……"[41] 그리고 1893년 그가 로버트 셰라드 기자와 대담을 가졌을 때, 기자는 "망쳐버린 삶을 후회하는 고해, 두번 다시 돌아오지 않을 것에 대해서 노인이 내쉬는 한숨 소리"를 듣는 느낌을 받는다.[42] 잊힌 자의 회한을…….

한때 몹시 좋아했던 작가에게 대중 독자가 이처럼 싫증을 내는 것은 아주 흔한 일이다. 몇십 년 전에도 이와 비슷한 재앙이 그 세기에 대중적으로 가장 인기 있었던 프랑스 작가 중의 한 사람인 서정시인 베랑제에게 일어났다. "그는 너무 오래 있었다. 사람들이 그에 대해서 너무 많은 말을 했다." 생트뵈브는 『누보 렁디(*Nouveaux lundis*)』에서 베랑제에 관해서 이렇게 지적했다.[43] 사람들은 베랑제에 대해서 아주 진지하게, 프랑스가 나폴레옹에게서 자신을 알아본 후에 그를 통해서 강생(降生)했다고, 1815년부터 그가 사망한 1857년까지 그의 시는 "그 위에서 우리의 역사가 돌아가는 굴대"였으며, 그가 "40년 동안 우리의 운명을 움직이게 했다"고 쓰기까지 했다.[44] 이 모든 과도함, 역겨울 정도로 진하게 퍼진 향, "그것이 결국에는 지겹게, 짜증나게 만든다"고 생트뵈브는 말한다. 베랑제가 소원해 마지않았던 제국 체제에서 온갖 영예를 누린 해인 1852년부터 인기가 눈에 띄게 꺾이더니, 그가 사망한 후에는 그 움직임이 가속화되어, 한때의 승승장구와 확연히 대비되는 대폭락의 양상을 보인다. 그의 동시대인이었던 르구베는 이렇게 표현한다. "그보다 더 높은 곳에서 추락한 시인도, 그보다 더 낮은 곳으로 추락한 시인도 없을 것이다."[45]

이런 희생자는 아주 흔하다. 쥘 베른 다음으로는, 레옹 블루아가 특유의 독설로 "그의 유순한 산문은 혐오스러운 빨판으로 예술을 경멸하는 부르주아에게서 매년 50만 프랑씩 쪽쪽 빨아들인다"고 비꼬았던 조르주 오네의 차례이다.[46] 사실, 오네는 믿을 수 없는 성공을 거두었다. 1882년에 올렌도르프 출판사에서 출간된 『철공소 주인(Le Maître de forges)』은 4년 만에 226번째 판이 나왔다. 당시에 그가 내놓은 소설들 『세르주 파닌(Serge Panine)』, 『사라 백작부인(La Comtesse Sarah)』 등등은 수십만 부씩 팔린다. 그러나 20세기 초부터는 전혀 팔리지 않는다. 그가 연속적으로 써내는 책들은 서점 한쪽 구석에 처박힌다. 동료 작가들의 미움과 질투를 샀던 오네는 자신의 독자들에게 잊힌 채 1918년에 세상을 떠난다.

20세기에 시들기

이런 종류의 좌절이 "이전 시대", 책과 출판의 산업화 이전 시대에 고유한 것은 아니다. 20세기에도 이전 시대에 그랬던 것처럼 아주 쉽게 시든다. 독자들의 싫증으로부터 안전한 사람은 아무도 없다. 가장 위대한 작가들조차도.

스콧의 불행

젊은 프랜시스 스콧 피츠제럴드는 자신의 별을 믿었다. 겨우 스물세 살, 아직 아무것도 출간하지 않은 그는 스크리버너 출판사에서 일하던 자신의 발행인 맥스웰 퍼킨스와 나중에 『천국의 이면(*This Side of Paradise*)』(1920)이 될 작품의 초안에 대해서 이야기한다. 그는 자신의 첫 소설이 성공작이 될 것이라고 아주 자신만만한 태도로 발행인을 안심시킨다.[47] "내 책은 분명히 돌풍을 일으킬 겁니다."[48] 실제로, 모두가 놀라워하는 가운데, 『천국의 이면』은 5만 부 이상이 팔려 베스트셀러가 되고, 그해 12월에는 『더 북맨(*The Bookman*)』이 집계한 베스트셀러 순위 1위에 오른다. 피츠제럴드는 대중의 환호를 받는다. 비평계도 너무나 매력적이고 전도유망한 이 소설가에게 칭찬을 아끼지 않는다. 그의 야심 또한 만만치 않다. "난 지금껏 존재한 가장 위대한 작가 중 하나가 되고 싶어." 그는 측근들에게 이렇게 털어놓는다.[49] 1924년, 그는 퍼킨스에게 새 책 『위대한 개츠비(*The Great Gatsby*)』를 "어느 누구도 쓴 적이 없는 미국 최고의 소설"이라고 말한다.[50] 그는 그 책이 이전 책보다 훨씬 더 낫다고 판단한다. 거기서 지극히 상식적인 추론이 나오게 된다. 『위대한 개츠비』가 『천국의 이면』보다 그 정도로 나은 책이라면, 이번에는 판매가 상상을 초월할 것이다. "8만 부 정도로 생각합니다만, 제가 틀릴 수도 있죠."[51] 그는 분명히 실제 결과는 그보다 훨씬 더 나을 것이라고 생각했다. 3년 전, 스타인벡이 30만 부를 팔지 않았는가? 하지만 몇 주 후, 피츠제럴드는 경악을 금치 못하며 베스트셀러 목록에 책이 출시된 그 주, 고작 일주일밖에 머물지 못한 『위대한 개츠비』의 실패를 확인하고는 이제 7만 5,000부밖에 기대하지 않는다. 1925년 4월, 마침내 환상에서 깨어난 그는 퍼킨스에게 이렇게 쓴다. "알려주세요, 판매가 사점(死點)에 도달했습니까?" 그리고 12월에는 거의 비참한 어조로, "『위대한 개츠비』가 완전히 잊혔나요? 당신도 그 이야기를 하지 않는군요. 2만5,000부는 팔렸나요? 전 감히 그 정도도 기대하지 않습니다."[52] 발행인은 답변이 없다. 한 달 후에도 그는 똑같은 사람에게 똑같은 질문을 던진다. 2만5,000부? 실제로 『위대한 개츠비』는 2만 부밖에 팔리지 않는다.[53]

사교계 생활과 사랑의 소용돌이에 휩쓸린 피츠제럴드는 스스로를 다독이며 발행인에게 책임을 전가하려고 시도한다. 책의 실패를 자신의 반대에도 불구하고 발행인이 고집한 책의 제목 탓으로 돌린 것이다. 그러고는 다시 공격에 나선다. 이번에는 통해야만 한다. 『밤은 부드러워(Tender is the Night)』는 반드시 성공을 거둘 것이다. 그는 퍼킨스에게 이렇게 설명한다. 『위대한 개츠비』는 "저도 모르게 이야기가 길어졌고, 오직 남자들에게만 흥미가 한정되었습니다. 이번 신작은 정반대로 여성적인 작품이지요."[54] "오늘날 소설 세계를 지배하는 것은 여성들입니다." 그들이 소설을 읽고, 구매한다. 간단히 말해서, "상상의 작품들이 아직 대중의 사랑을 받고 있기만 하다면, 저는 이번 책이 뭔가를 해낼 것이라고 생각합니다." 그러나 불행하게도, 비평가들은 입에 침이 마르도록 칭찬을 해대는데도, 독자들은 계속 까탈을 부린다. 1934년 11월, 피츠제럴드는 퍼킨스에게 영국에서는 언론의 지지에도 불구하고 "판매가 아직 1,000부에도 이르지 못했습니다"라고 알린다. 바람 한 점 없는 잔잔함. 작가는 희망을 간직하려고 애쓴다. 1935년 4월, 마치 자신을 안심시키려는 듯 그는 이렇게 선언한다. "이런 책은 이것을 땅에 묻기 바쁜 사람들이 예언하는 것처럼 그렇게 쉽게 죽지 않는다." 그러나 그도 너무나 명백한 사실은 받아들이지 않을 수 없다. 겨우 1만 부를 넘긴 『밤은 부드러워』는 "절반의 재정적 실패"이다. "나는 팔리지 않는 유일한 베스트셀러 작가인가?" 실제로, 1930년대 말에 사람들은 1920년의 "마블러스 보이(Marvellous boy)"를 완전히 잊은 것처럼 보인다. 1937년에 그의 작품을 읽고자 했던 그의 정부(情婦), 여기자 데이지 그레이엄은 할리우드 서점에서 그의 책을 단 한 권도 찾지 못한다.

사실 그를 괴롭히는 불안은 다른 것이다. 돈이 부족할까봐 불안한 것은 전혀 아니다. 이미 습관이 되었으니까. 잊힐까봐 불안한 것이다. "그토록 많은 것을 준 후에, 너무나 부당하게도 완전히 사라지다니!" 퍼킨스에게 보낸 마지막 편지들 중의 하나에서 그는 이렇게 외친다.[55] 1940년, 그의 사후에 출간된 『최후의 대군(The Last Tycoon)』은 그해 3,268부가 팔렸다.[56]

그 사라짐은 최종적인 것이 아니지만, 잊힌 댄디가 세계적 베스트셀러가 되기 위해서는 전쟁이 끝날 때까지 기다려야 한다. 죽은 지 5-6년이 지난 후 새파랗게 젊었을 때 생각지도 못하고 걸었던 대성공의 길을 다시 걷기 위해서는.

버림받은 자들

망각은 위대한 작가들뿐만 아니라 단순한 베스트셀러 제조자들도 덮친다. 그 희생자들 가운데에는 밥 모란을 창조한 샤를 드비즘, 일명 앙리 베른도 있다.

주인공 밥 모란은 주요 독자층, OSS 117은 너무 천박하고 제임스 본드는 너무 야하다고 생각하는, 좋은 교육을 받고 자란 젊은이들이 좋아할 만한 모든 것을 갖추고 있다. 밥 모란은 파리 이공과 대학을 졸업한 수재로, 스포츠형으로 짧게 자른 머리, 산전수전 다 겪은 멋진 얼굴, 거기에다 어떤 시련도 극복해내는 비행사의 경험과, 시리즈의 첫 권 『지옥의 계곡(*La Vallée infernale*)』에서 무시무시한 피그미족 네그리토들과 비열한 에메랄드 밀매꾼들이 쳐놓은 최악의 함정에서도 벗어날 수 있는 무술 지식을 갖추고 있다. 1953년 12월에 출간된 이 책은 즉각적인 성공을 거둔다. 첫 권에 이어 1954년에 줄지어 나온 『침몰한 갤리선(*La Galère engloutie*)』, 『포세트의 흔적을 쫓아서(*Sur la piste de Fawcett*)』, 『불의 발톱(*La Griffe de feu*)』, 『하늘의 공포(*Panique dans le ciel*)』, 『해적의 유산(*L'Héritage du flibustier*)』은 금맥의 풍부함을 확인시켜준다. 멋진 비행사의 새로운 모험들은 각각 초판 6만 부를 찍었고, 대개 20만 부 이상이 팔려서 총 4,000만 부가량의 판매를 기록한다. 그러나 1978년, 밥 모란의 발행인인 벨기에인 마라부의 파산으로 이 시리즈는 사양길로 접어든다. 25년 동안 142권, 독자들은 피곤해한다. 앙리 베른은 이 발행인에서 저 발행인으로, 샹젤리제 서점에서 아셰트 출판사로, 비블리오테크 베르트에서 플뢰브 누아르로, 끝내는 주로 구간을 다시 찍고 신간은 가뭄에 콩 나듯이 내는 영세 출판사 아낭케로 전전한다. 그러나 운이 이미 다했다. 2005년 앙리 베른도 "판매가 더는 예전 같지 않다"고 인정한다.[57] 한 권당 8,000부가량으로, 주로 향수에 젖은 중장년층, 1960년대 초에 사춘기를 보낸 독자들이 사는 것이다. 아무리 팔팔하다고 해도, 80대 노인에게 계속 청소년들을 유혹해보라고 요구할 수 있을까? 그리고 거꾸로, 아득한 시절, 인도차이나가 프랑스 땅이었던 시절에 큰 성공을 거두었던 할아버지가 쓴 책에 열광하지 않는다고 21세기의 10대를 탓할 수 있을까?

5

사기꾼들의 소설

1599년, 스페인이 세계를 호령하던 시절의 마드리드에서 마테오 알레만의 악당소설『구스만 데 알파라체(*Guzmán de Alfarache*)』가 독자들을 열광시킨다. 1602년, 온 세상이 그 소설 이야기로 떠들썩하자 돈 냄새를 맡은 발렌시아의 변호사 후안 마르티는 소설에서 예고된 2부를 자기가 출간하기로 마음먹는다. 마르티는 아무 망설임 없이 소설의 제목, 장르, 문체, 등장인물들을 그대로 차용해서 마테오 루한 데 사야베드라라는 필명으로 1부가 닦아놓은 탄탄대로를 대담하게 나아간다. 실제로, 이듬해에 발렌시아와 살라망크, 그리고 그 다음해에 브뤼셀에서 출간된 모작(模作)은 원조소설이 불러일으킨 붐을 타고 승승장구한다. 단단히 화가 난 알레만이 1604년에 마침내 (진짜) 2부를 출간해서 후안 마르티를 침묵하게 만들 때까지는.

이 속임수는 몇 년 후에 세간을 더욱 떠들썩하게 만든 성공작, 세르반테스의『돈키호테』를 대상으로 똑같이 행해진다. 1605년에 출간된『돈키호테』는 대번에 시대를 뒤흔드는 베스트셀러가 된다. 그리고 이 책 역시 알레만의 책처럼, 머지않아 나올 2부를 예고한다. 이번에는 유혹이 더 크다. 그래서 1614년에 타라고나에서 아베야네다의 학사학위 소지자 알론소 페르난데스가 쓴 『재기발랄한 향사(鄕士) 라만차의 돈키호테 제 2부(*Segundo Tomo del Ingenioso Hidalgo don Quijote de la Mancha*)』가 출간된다. 이 필명 뒤에는 『돈키호테』의 성공을 이용하는 동시에 저자의 평판을 망가뜨리려는, 로페 데 베가의 친구들이 숨어 있었던 것으로 보인다. 알레만이 그랬던 것처럼, 세르반테스도 강력하게 반발해서, 그 이듬해에 마침내 진짜 2부를 내놓는다. 물론, 이후에 모작은 자취를 감춘다. 이 책은 18세기에 가서야 다시 출간되는데, 전혀 예상치 못한 뒤늦은 성공을 거두게 된다.[1]

원작과 거의 동시에 출현하는 모작들은 성공작이 불러일으키는 유혹이 어느 정도인지를 보여준다는 점에서 베스트셀러의 역사가에게는 큰 흥밋거리이다. 마치 진정한 문학과 병행하여, 남의 성공을 이용해먹고, 아무도 몰래 잔치 음식을 슬쩍하려고 시도하는 어둠의 문학이 존재하는 것처럼.

가장 신기한 것은 성공하거나 그것을 이어가기 위해서 무엇이든 할 각오가 되어 있는 몇몇 베스트셀러 작가들 역시 그런 종류의 속임수에 빠져든다는 사실이다. 자기 이름을 내걸고 다른 작가들에게 일을 시키거나, 동료 작가의 아이디어를 훔치거나, 다른 사람의 신분을 빌리거나, 허구를 사실인 것처럼 유포시키는 유명 작가도 셀 수 없이 많다.

기획자   독자를 속이는 첫 번째 방법은 책의 저자로 되어 있는 사람이 그 책을 직접 썼다고 믿게 만드는 데에 있다.

그것은 그렇게 자명한 것이 아니다. 실제로 팀을 이루어 혹은 작업실에서 공정을 나누어 작품을 생산하면서도, 그것을 쓰거나 그리거나 연출한 것으로 알려진 사람의 이름만 후대에 전해지는 예술들이 존재한다. 차이는 협조자들이, 예를 들면 영화의 엔딩 크레딧에서처럼, 일일이 거명되느냐 아니냐에 있다. 어떤 영화감독도 자기 혼자 거대한 스펙터클 영화를 만들었다고 주장한 적은 없다. 그런 주장을 해봤자 아무도 믿지 않을 테니 당연한 일이다. 책의 경우, 속임수는 대개 거짓말로, 저자가 "피고용자들"을 거명하는 것을 "잊는" 생략에 의한 거짓말로 시작된다. 그리고 가끔, 국회의원에 당대표를 지낸 현직 장관이 실제로는 대여섯 명의 손을 동원해놓고도, 과거 위대한 인물의 기념비적인 전기를 아무 도움 없이 자기 혼자 직접 썼다고 사방팔방 떠들고 다닐 때는 행동에 의한 거짓말로. 이 거짓말쟁이는 **초인**으로 분장해야 하고, 헤라클레스의 일정(이것저것 다 하기 위해서 하루 세 시간 이상은 안 잔다는 등)을 만들어야 하며, 누구든 자신의 천재적 능력을 의심하는 자는 법정에 세우겠다고 협박해야 한다. 사실, 그가 내세울 수 있는 유일한 핑계거리는 많은 사람들이 그보다 앞서 그런 짓을 했다는 사실이다. 일반 문학사, 특히 베스트셀러의 역사에는 이런 사기꾼들이 넘쳐난다.

대필(代筆)에 관하여

사람을 고용해서 책을 쓰게 하는 데에는 적어도 두 가지 훌륭한 이유가 있을 수 있다. 천문학적인 양을 생산해야 하거나, 독자들이 눈을 감고 사는 바람에 그의 이름으로는 어떤 것을 내놓아도 팔릴 정도로 유명하거나.

책을 내는 것이 그들이 누리는 명망의 주요한 요소일 뿐만 아니라 경우에 따라서는 짭짤한 수입원이 될 수도 있다고 생각하는 미디어계, 스포츠계, 정치계의 몇몇 유명 인사들의 경우가 그렇다. 불행하게도 이 경기장, 투표함, 스크린의 왕자들이 늘 읽힐 만한 글을 쓸 능력, 시간, 마음을 가지고 있는 것은 아니다. 이때, 해결책은 이미 나와 있다. 돈을 받고, 유명인이 자기 이름으로 서명을 할 수 있도록 책을 써주는 '대필자(nègre)'의 도움을 받는 것이다.

대필은 아주 오래 전부터 존재했다. 예를 들면, 18세기에 허풍쟁이 공작이나 엉뚱한 귀부인들은 당시 사람들이 '염색업자'라고 부르던 사람에게 풍자시, 소네트, 심지어 코미디 한 편을 구입해서는 사교계에서 자기가 쓴 것이라고 빼기고 다녔다. 속는 사람이 아무도 없는데도 그랬다. 그러나 현대에 와서는 대필의 외연이 전에 없이 확장되었다. 2007년, 소피 드무시는 오늘날 출간되는 책의 20퍼센트는 대필자가 쓴 것으로 봐도 무방할 것이라고 말했다.[2] 베스트셀러가 폭발적으로 늘어난 것도 이와 연관이 있다고 봐야 할 것이다. 문학적 허영심 너머에 큰돈을 만질 희망이…….

뒤마 상사(商社)

1845년, 생트뵈브가 『르뷔 데 되 몽드』에 산업 문학을 성토하는 그 유명한 글을 실을 무렵, 아주 용감한 젊은 비평가 외젠 드 미르쿠르가 세간을 떠들썩하게 만들 격문 "소설 제작소, 알렉상드르 뒤마 상사"를 내놓는다. 그는 그 글에서 치를 떨며, 그리고 조목조목 짚어가며, "약간은 자신의 펜으로, 그리고 대부분은 다른 사람들의 펜으로 살고 있는", 이런 목적으로 산업의 외양을 띤 "소설 가게"를 차린 "영광의 거인" 알렉상드르 뒤마를 고발한다.[3]

당시 사람들도 알았듯이, 도락을 즐기고 낭비를 일삼은 뒤마에게 매년 엄청난 양의 글을 생산하지 않고는 도저히 벌 수 없는 20만 프랑이라는 큰돈이 필요했던 것은 사실이다. 그는 1844년에만 적어도 36권, 총 500권 이상을 출간한다.[4] 이것은 그가 아침부터 밤까지 책상에 앉아 글쓰기에 매달린다고 하더라도(물론 전혀 그러지 않았다), 혼자서는 절대 해낼 수 없는 양이다. 미르쿠르는 솜씨 좋은 필경사(筆耕士)가 1년 365일 쉬지 않고 일을 해도 60권 이상은 베껴 쓰지 못할 것이라고 말한다. 요컨대, 뒤마는 하청을 맡기고 있다. 그는 매사에 그렇듯 그 일에도 펜의 식인귀로서, 냉혹한 자본주의자로서, 무지막지한 방식으로 임한다. 미르쿠르가 상상한 뒤마는 이렇게 말한다. "난 모든 것에 서명해. 그건 다 끝난 이야기야. 그러니까 경솔하게 떠들어대지도 소란을 피우지도 마. 안 그러면 너희 누더기 옷을 돌려주고 길바닥에 패대기칠 거야, 이 거지들아! [……] 너희 중에 자기 이름으로 서명해서 두 줄이나 인쇄할 수 있는 자가 누가 있어? 따라서 너희는 나에게 감사해야 해. 너희가 쓴 이 모든 글로 내가 20만 프랑을 번다고 해도, 그것은 너희와 아무 상관이 없어. 이곳을 관리하는 데도 엄청난 비용이 들잖아?"[5]

미르쿠르를 화나게 만드는 것은 무엇보다 "약간의 돈을 위해서 몸 파는 일"을 받아들인 펜의 노예들, 즉 오귀스트 마케, 오지에, 피오렌티노, 바커리가 보이는 한심한 수동성이다. 그는 그 글의 노예들을 위해서 곧 그들을 지칭하는 일반명사가 될 이미지를 만들어낸다. 그들은 "흑백 혼혈인이 휘두르는 채찍을 맞아가며 일하는 검둥이(nègre)의 상태로 전락한다." 아이러니하게도, 뒤마 자신이 생 도맹그에서 온 여자노예의 손자였다.

미르쿠르를 특히 분노하게 한 것은 당시 "문학적 중상주의"의 특징인 그 방식이다. "당신은 오직 두 가지, 만들고 파는 것밖에 모른다. 많이 팔기 위해서 많이 만드는 것. [······] 당신에게 중요한 것은 단 하나, 시시한 소설을 팔아 20만 프랑을 버는 것뿐이다." 요컨대, 그가 뒤마에게 질책하는 것은 본질적인 것, "작가의 특징은 개성"이라는 사실을 우롱하는 바로 그 속임수이다.

전능한 뒤마에게 고소를 당한 미르쿠르는 유죄선고를 받는다. 이 법적인 우여곡절은 결코 비난을 무효화하지 못한다. 티보데는 자신의 『프랑스 문학사(Histoire de la littérature française)』에서 뒤마는 1839년 이전, 그러니까 수석 대필자인 오귀스트 마케와 협력하기 전에는 "얇고, 변변치 못하고, 지금은 까맣게 잊힌 소설 열 권"밖에 출간하지 못했고,[6] 1852년 대필자들과 결별한 후에도 "잡동사니들밖에" 생산하지 못했다고 밝힌다. 유감스러운 우연의 일치일까? 사실, 뒤마는 자신의 이름을 걸고 베스트셀러를 줄줄이 생산하기 위해서 글쓰기 공장을 차린 최초의 "작가-사업가"였다.[7]

낭트의 대필자 고용주

뒤마의 계승자들 중에는 삼류나 사류 작가들도 많지만, 쥘 베른 같은 위대한 이름도 있다.

사실, 낭트의 작가 쥘 베른은 우연히 노예 고용주가 된 경우였다. 쥘 베른은 뒤마와는 달리, 미르쿠르의 용어를 빌리면, "수공업 공장"을 경영한 적이 없었고, 대부분의 걸작을 혼자 썼다. 하지만 매년 세 권을 쓰기로 계약을 한 경우에는, 영감이 고갈되어 힘든 시간을 보낼 수도 있었다. 게다가 1878년에 쥘 베른에게 그의 첫 대필자가 될 파샬 그루세, 일명 앙드레 로리를 소개시켜준 이는 바로 그의 발행인 피에르 쥘 에첼이었다. 앙드레 로리로부터 소설 『인도 왕녀의 유산(L'Héritage de la

Bégum)』의 원고를 받은 에첼은 저자가 한때 파리코뮌을 주도하다가 런던으로 유형(流刑)을 떠난 사람이라는 사실은 차치하더라도, 주제는 아주 좋지만 지독하게 못 썼다는 것을 고려해서, 한편으로는 로리에게 1,500프랑을 받고 작품을 포기하라고 종용하고, 다른 한편으로는 쥘 베른에게 그 소설을 다시 써서 그의 이름으로 출간하라고 설득한다. 그 작품이 바로 1879년 9월에 출간되는 『인도 왕녀의 5억 프랑(*Les Cinq Cents Millions de la Bégum)*』이다. 3년 후에도 동일한 상황이 반복되는데, 로리는 2,000프랑을 받고 『남쪽별(*L'Étoile du Sud)*』의 원고를 넘겨준다.

그러나 이것이 끝이 아니다. 쥘 베른이 점점 지쳐가는 1889년부터, 그리고 그가 사망한 1905년 이후로, 그의 아들 미셸이 명망 높은 아버지의 이름으로 자신이 쓴 책 몇 권을 출간한다. "쥘 베른 제2기획" 뒤에는 빈틈없는 발행인 에첼 2세와 돈 쓰기 좋아하는 상속자 베른 2세가 있다. 쥘 베른의 전기 작가는 이렇게 적는다. "이렇게 해서 쥘 베른은 너무나 쉽게 알아볼 수 있고 높이 평가받는 모험 시리즈를 통해서 저자가 죽은 후에도 몇 년 동안 일정한 간격을 두고 주기적으로 출간된 새로운 이야기들과 함께 살아남게 된다." 이는 아들 미셸이 "쥘 베른의 독자를 위해서 그 시리즈를 유지하는 방식으로 [……] 각 소설의 출간에 필요한 [……] 교정을 봐주기로" 계약을 했기 때문이다.[8] 『놀라운 여행들』 시리즈의 마지막 편, 『바르작 파견대의 놀라운 모험(*L'Étonnante Aventure de la mission Barsac)*』은 쥘 베른이 죽은 지 14년이 지난 1919년에 그의 이름으로 출간된다.

일반적으로, 중요한 것은 독자의 반응이다. 그래서 그들은, 옳건 그르건, 독자가 사기를 용납하지 않을까봐 두려워한다. 1845년, 순진한 미르쿠르는 뒤마에 관한 진실을 안 독자들이 "약탈자를 공개적으로 규탄하기 위해서 마치 한 사람인양" 들고 일어날 것이라고 확신했다.[9] 그래서 대개 대필자 고용주들은 명백한 사실을 부인하고 그 증거를 감추려고 필사적인 노력을 기울인다. 미르쿠르에 따르면, 소문이 점점 더 확산되자 뒤마는 그의 "생산자들"이 쓴 글을 자기 손으로 다시 베껴 쓰느라고 생고생을 했다고 한다. 1894년 이탈리아인 친구 투리엘로에게 추궁을 받은 쥘 베른은 자신은 소설을 "첫 단어부터 마지막 단어까지" 직접 쓴다고, "자신의 소설들은 모두 그것에 서명한 자의 손에서 나온 것"이라고 장담했다.[10] 또한 에첼은 앙드레 로리에게 『인도 왕녀의 5억 프랑』에 관한 진실을 폭로했다가는 하나부터 열까지 모든 것을 잃게 될 것이라고 겁박(劫迫)했다.[11] 그리고 미셸 베른과 합의하여, 예를 들면 1910년에 그에게 아프리카에 관한 1905년 이전의 자료, 그러니까 쥘 베른이 사망하기 전의 자료만을 제공함으로써, 쥘 베른 사후에 나온 책들도 작가가 직접 쓴 것처럼 보이게 만들었다.

그러나 이런 대비책들이 불충분한 것으로 드러나, 비싼 대가를 치르게 되는 일도 종종 있다.

직업적인 위험들

우선 보기에, 폴 루 슐리처는 글자보다는 숫자를 다룰 운명을 타고난 것처럼 보였다. 조숙하고 술책에 능한 사업가, 열쇠고리가 유행한 덕분에 열일곱 살에 백만장자의 반열에 오른 사람, 그가 언급하기 좋아하는 것처럼, 프랑스에서 제일 어린(스물한 살!) 사장이었던 슐리처는 문학과는 천길은 떨어져 있는 사람이었다. 그러나 1970년대 말에 수완 좋은 한 발행인이 그에게 시류에 편승하여 "금융 웨스턴"을 써보면 어떻겠느냐고 제안했다. 소설을 쓰라고? 아니, 그보다는 솜씨 좋은 대필 작가, 그러니까 얼마 전 바로 그 발행인(드노엘)의 출판사에서 소설 『보스(Le Caïd)』를 출간한 루 뒤랑이라는 사람에게 주제와 내용을 제공하고 책에 서명만 하라고 제안한 것이다. 이 야합의 결과로 베스트셀러가 양산된다. 1980년의 『돈(Money)』, 이어서 『현금(Cash)』, 『거금(Fortune)』, 『녹색 왕(Le Roi vert)』이 이번에는 베르나르 픽소 출판사에서 줄줄이 출간된다. 42개 언어로 번역된 『녹색 왕』은 비평계에서 조롱을 받고 문학계에서 따돌림을 당하지만, 이런 금융 스릴러를 즐기고 계속 요구하는 독자들에게는 압도적 지지를 받으며 슐리처의 입지를 견고하게 한다. 『포포프(Popov)』, 『한나(Hannah)』, 『카르텔(Cartel)』, 자신의 독자를 만족시키기 위해서 슐리처는 매년 많은 작품을 쏟아내는데, 그중 몇몇은 100만 부 판매를 돌파한다.

그런데 갑자기, 한창 영광을 누리는 시기에, 재앙이 덮친다. 1987년 5월의 어느 날 저녁, 문학잡지 『리르』의 편집장인 피에르 아술린이 베르나르 피보의 문학대담 프로 「아포스트로프」 무대에서 생중계로 비밀을 폭로한다. 웅성거림, 고함, 추문, 흥분. 얼마 전 문화부장관에게 훈장을 받은(문화부장관은 그를 알렉상드르 뒤마와 비교했다) 슐리처가 사람들이 믿고 있는 그 사람이 아니란 말인가? 『파리 마치(Paris-Match)』와의 인터뷰를 통해서, 그는 37명에 달하는 슐리처 군단의 회원들을 일일이 소개하며 그들이 단순한 정보 수집가, 비서, 자료 관리인, 도우미에 불과하다고 주장한다. 그러나 뭔가 영 개운치가 않다. 그래서 탐사보도에 들어간 『르몽드』가 묻는다. 마치 우연인 것처럼 가족사진에는 빠져 있는 루 뒤랑이 슐리처의 소설들을 쓴 진짜 저자가 아닐까?[12]

폭로가 당장은 별다른 영향을 끼치지 않는다. 파리의 한 서점 주인은 잡지 『리브르 엡도』에 이렇게 털어놓는다. "제 생각에는, 독자들이 슐리처가 그 책들을 직접 썼느냐 아니냐는 별 관심이 없을 것 같아요." 다른 사람들은 한술 더 떠, 그 소란을 당시 그가 출간한 두 편의 소설, 『아빠(Daddy)』와 『바쁜 여자(La Femme pressée)』의 판매를 더욱 가속화시키는 "한바탕의 광고"로 간주한다.[13] 지방의 몇몇 서점에서는 그의 특별 코너를 마련하기도 한다. 하지만 주요 관계자들의 명백한 실토가 없었음에도, 슐리처 시스템이 삐걱거린다. 특히 1995년에 루 뒤랑이 사망한 후로는 서서히 사양길로 접어든다. 그러나 바로 그해, 신작 『삶의 주인들(Les Maîtres de la vie)』 발표회에서 슐리처는 자신이 그때까지 3,500만 부를 팔았다는 사실을 상기시키며, "대개 몽상가였지만 늘 자기 시대와 조화를 이룬 나는 긍정적인 가치를 찾는 수백만의 젊은이를 위해서 꿈과 인간적 열정의 창문들을 열 줄 알았다"고 선언하며, 자신의 건재함을 과시한다.

그러나 사람들은 더 이상 믿지 않는다. 물론 그 자신을 제외하고. 2004년에 『바그다드의 천사(L'Ange de Bagdad)』가 출간된 후, 아르노 오디에에게 질문을 받은 그는 자신이 "출판계에 마케팅 기법을 도입한 최초의 인물"이고, "어떻게 보면, 오늘날 작가들이 모두 굶어죽지 않는 것은 바로 내 덕분"이라고 현학적으로 설명하며 계속 으스댄다.[14] 그는 자신을 단 한번도 "산업 문학"을 해본 적이 없는, 그리고 "지속적인 성공은 재능과 노동을 통해서만 탄생된다"고 그 어느 때보다 굳게 믿는 대중소설가로 내세운다.

그러나 판매량이 곤두박질친 것은 어떻게 받아들여야 할까? 2010년, 그는 "내 책의 판매가 저조한 것은 출판계에 몰아닥친 세계적 위기 때문"이라고 언론에 선언하며 스스로를 안심시킨다. 규모는 다르지만, 이 것은 책이 덜 팔리기 시작했을 때 에첼이 쥘 베른에게 했던 말이기도 하고, 쥘 베른이 스스로를 안심시키기 위해서 서신을 주고받던 사람들에게 반복했던 말이기도 하다. 슐리처는 이렇게 말을 잇는다. "한때 저는 프랑스에서 책을 낼 때마다 120만 부를 팔았습니다. 오늘날 그 정도로 하는 사람은 아무도 없어요. 마르크 레비조차도. [……] 시장이 붕괴되었어요. 하지만 저는 외국에서 계속 팔리고 있죠." 요컨대, 그는 이렇게 결론짓는다. "저는 아직 **아주 좋은 사업**으로 남아 있습니다."[15]

표절자　대필에서 표절까지는 대개 한 걸음밖에 되지 않는다. 외젠 드 미르쿠르는 뒤마를 비난하는 글에서 그 두 유형의 도둑질을 구별하지 않는다. 미르쿠르에게는 대필이나 표절이나 그것이 그것이니까. 원고를 넘겨준 다음에 곧바로 사라져야 하는 대필자는 출처와 참조의 사용에서 작품의 "공식적인" 저자보다 훨씬 덜 엄격한 태도를 보인다(그가 정말 그 작품을 썼다면 말이다). "제삼자가 글을 쓰는 것은 곧바로 표절에 이르게 된다. 제삼자에게 글을 맡기는 경우 작가는 그 제삼자가 사용한 작업 방식과 소재에 대해서 어떻게 안심할 수 있겠는가?" 1993년 알뱅 미셸에서 출간된 티에리 아르디송의 소설 『퐁디셰리(Pondichéry)』에서 발견된 표절, "협조자"의 실수로 생겨난 표절에 대해서 그 문제의 전문가 엘렌 모렐 엥다르는 이렇게 묻는다.[16] 그녀는 1982년에 미테랑 정권의 공식 지식인 자크 아탈리가 쓴 『시간의 역사(Histoires du temps)』에 의해서 야기된 추문을 또 하나의 예로 들 수도 있었을 것이다. 장 에드른 알리에가 그 저작에서 독일 작가 에른스트 윙거의 『모래시계 개론(Das Sanduhrbuch)』에서 빌려온 아주

134

의미심장한 "모방들"을 찾아내자, 아탈리는 당황하지 않고 모든 것을, 이런 경우에 사람들이 흔히 사용하는 완곡한 표현에 따라서 "자료 정리 하는 일을 도와준" 두 명의 젊은 조교수 탓으로 돌리며 자신에게는 아무 잘못도 없다고 강변했다.[17] 신 앞에서 인간들에게 훈계를 하는 또다른 고위관리 가이요 추기경에게도 이런 재난이 닥쳤다. 표절로 기소된 그는 공판에서 『악마의 마지막 유혹(*La Dernière Tentation du diable*)』 (1998)을 쓰기 위해서 1년 전에 출간된 폴 아리에스의 책 『악마의 귀환 (*Le Retour du diable*)』에서 영감을 얻은 대필자에게 모든 책임을 전가 했다.

표절이냐 대필이냐? 표절을 긁어보라, 그러면 대필을 발견하게 될 것이다. 이 두 경우 목표는 똑같다. 베스트셀러를 만들거나 만들어내게 하는 것.

우리가 『돈키호테』와 관련하여 위에서 상기한 것처럼, 다른 분야와 마찬가지로 문학에서도, 대성공은 언제나 많은 모방자들을 만들어냈다. 안나 가발다, 스티븐 킹, 필리프 들레름이 영광을 누린 이후로 얼마나 많은 짝퉁들이 나왔는가? 이 짝퉁 작품들은 대개 별 볼일이 없고, 판매도 시원치 않다. 그래서 어느 누구도 구태여 책을 뒤져 모방을 찾아내거나 그들을 고소하는 수고를 하지 않는다. 하지만 타인의 아이디어를 슬쩍해서 성공을 거두는 경우도 발생할 수 있다. 1980년대 말에 『푸른 자전거(*Bicyclette bleue*)』로 곤욕을 치른 레진 데포르주처럼, 그럴 때 일이 복잡해진다. 마거릿 미첼의 상속자들은 이 소설이 『바람과 함께 사라지다』의 모작에 지나지 않는다고 주장했다. 실제로, 롤랑 드 쇼드네는 그의 『새 표절자 사전(*Nouveau Dictionnaire des plagiaires*)』에 이렇게 적고 있다. "유사성에는 이론의 여지가 없다는 것을 인정해야 한다. 『푸른 자전거』의 첫 100쪽은 제2차 세계대전 중의 프랑스라는 틀에 옮겨놓은, 『바람과 함께 사라지다』의 충실하고 압축된 표절이다."[18] 그러고는 덧붙인다. 그러나 장담하건대, "『푸른 자전거』가 그만한 성공을 거두지 못했다면, '엉클 샘'은 손가락 하나 까닥하지 않았을 것이다. 돈이 돈을 부른다."[19] 이 경우에는 그 반대가 되었다. 출간된 지 7년, 베르사유의 상고재판소에서 마침내 무죄선고를 받았을 때, 『푸른 자전거』는 이미 600만 부가 넘게 팔린 상태였다.

성공한 작품에서 영감을 얻는 것과 납을 금으로 둔갑시키기 위해서 약자의 것을 탈취하고 타인의 이름, 명성, 독자에게 기대는 것은 별개의 문제이다. 몇 년 전, 이른바 "맹크 사건"이 얼마 동안 사교계와 법조계 잡지에 기삿거리를 제공한 것은 바로 이 때문이다. 유명한 경제학자 알랭 맹크는 1999년에 야심 찬 스피노자 전기를 출간했다. 비평계가 열광적으로 장구를 치고 얼마 지나지 않아, 사람들은 그 저작이 2년 전에 보르도의 철학 교수 파트리크 뢰델이 출간한 『스피노자, 지혜의 가면, 상상의 전기(Spinoza, le masque de la sagesse, biographie imaginaire)』에서 크게 영감을 얻었다는 사실을 알아차렸다.[20] 2001년 11월 말, 사건을 맡은 파리 지방법원은 이런저런 우여곡절 끝에 "파트리크 뢰델의 상상적인 전기에서 인용부호 없이 행한 모방들이 상당하며", 알랭 맹크가 "파트리크 뢰델의 상상 세계에서 곧장 나온 것을 공인된 역사적 사실로" 여겼다는 판결을 내렸다.[21] 특히 "바우베이스터르가 붉은 장미로 잼 만드는 법을 적어서 스피노자에게 보낸 편지는 허구인데도 맹크의 저작에 그대로 사용되었다"고 지적한다. 물론, 그 유명한 변비 치료제의 비밀을 어떤 책에서 참조했는지 밝히지 않은 채. 잼 항아리에 손을 집어넣었다가 걸린 알랭 맹크는 중형을 선고받았고, 사태가 악화되는 것을 피하기

위해서 항소를 포기했다.[22]

그러나 법정이 늘 이런 엄정함을 보여줄 것이라고 생각한다면 큰 오산이다. 표절에서는 쇠로 된 항아리가 거의 언제나 흙으로 된 항아리에 승리를 거둔다.

1998년 2월 2일, 엘렌 키리아쿠라는 여자가 문인협회에 『그것이 사실이라면(Et si c'était vrai)』이라는 제목이 붙은 소설을 제출한다. 얼마 지나지 않아서 그녀가 로베르 라퐁에게 그 소설의 출간을 제안하고, 로베르 라퐁은 그 제안을 거절한다. 그런데 그가 1년 후에 제목이 같고, 그녀의 주장에 따르면, 거절당한 그녀의 원고와 유사점이 많은 마르크 레비의 소설을 출간한다. 2003년 1월, 파리 지방법원은 저작권 침해는 없었다고 평가한다. 이야기는 거기서 끝나지 않는다. 마르크 레비의 『그것이 사실이라면』은 또다른 이의제기, 1994년 로베르 라퐁의 출판사에 『기억 없는 사랑(L'Amour sans mémoire)』이라는 소설 원고를 맡겼던 한 러시아 소설가의 이의제기를 불러온다. 유사한 시퀀스들, 똑같은 결말, 서로 닮은 등장인물들, 여기서도 마르크 레비를 "원고를 빼돌린 현행범"으로 체포할 수 없었던 파리 지방법원은 1심과 2005년의 항소심에서 저작권 침해에 대한 고소를 기각한다.[23]

마르크 레비의 『그것이 사실이라면』을 놓고 벌어진 법적 공방은 많은 생각을 하게 만들 수 있다. 우선, 자신들의 원고가 마치 가치를 평가할 수 없는 보물이라도 되는 것처럼 무엇보다 먼저 그것을 공중인, 법무사 혹은 문인협회에 제출하고는, 그 원고가 출간이 되지 않을 경우 최근에 출간된 수많은 책들을 뒤져 무명으로 남은 그들의 원고에서 뭔가를, 단어 하나, 생각 하나, 상황 하나를 슬쩍했을 수도 있는 책을 찾아내려고 애씀으로써 복수하는, 그리고 끝으로 정당한 대가로서 그들에게 돌아올 수도 있었을 인기를 조금이나마 얻기 위해서 법정에 심판을 요구하는 그 이상한 작가들에 대해서. 사실 이것은 우리가 앞에서 이야기했던, 베스트셀러들이 자연스럽게 불러오는 문학적 기생(寄生)의 아주 흔한 형태이다.

두 번째로, 레비의 소설이 정식 절차를 갖춘 공격의 대상이 될 수 있었던 것은 같은 시기에 나온 같은 장르의 다른 소설들과 두 개의 물방울처럼 닮았기 때문이다. 어떻게 보면, 앞서 언급한 두 명의 여성 작가가 『그것이 사실이라면』에서 그들이 작품에 도입했던 요소들을 찾아낸 듯한 느낌을 받은 것은 그들 역시 "시대의 분위기" 속에서 풍기는 것들을 썼기 때문이다. 요컨대, 그것은 지극히 자연스러운 일이다. 어떤 책이 진부하면 할수록, 똑같이 진부한 작품을 쓴 작가들에게 표절당했다는 인상을 강하게 심어줄 수 있고, 스스로 표절을 당했다고 생각하는 작가들은 분노에 치를 떨게 될 것이다.

세 번째이자 마지막으로, 진정한 작가들 역시 이런 종류의 착시에 빠져, 가끔 우스꽝스러운 행태를 보이기도 한다. 비제바에 따르면, "공쿠르 씨는 『전쟁과 평화(Voina i mir)』의 주요 사건인 결투가 그의 형과 자신이 『르네 모프랭(Renée Mauperin)』에서 묘사했던 결투 장면을 베낀 것이라고 주장하고 있다."[24] 공쿠르 형제는 자신들이 모든 것을 창조했고, 알퐁스 도데나 에밀 졸라 같은 측근들을 포함하여 그 시대의 모든 유명 작가들에게 약탈을 당했다고 확신했기 때문에 걸핏하면 표절을 문제 삼곤 했다. 하지만 비제바가 든 예만 봐도 그것이 억지라는 것을 충분히 알 수 있다. 사실, 웃음을 터뜨리지 않고, 톨스토이의 걸작을 공쿠르 형제가 쓴 훨씬 못한 소설의 표절로 생각할 수 있겠는가?

사기꾼　　자신의 이익을 위해서 다른 사람에게 일을 시키는 기획
　　　　　　자, 다른 사람에게 알리지 않고 그의 것을 베끼는 표절
자에 이어, 협잡꾼의 세 번째 얼굴은 때로는 저자의 정체성, 때로는 그
가 말하는 것의 진실성, 또 때로는 그 둘 모두를 속이는 사기꾼의 얼굴
이다.

가면

　인본주의(人本主義)가 절정기를 구가하던 1525년 무렵, 스페인 조정
과 가까운 문인들 사이에 그때까지 알려지지 않은, 금욕주의에 푹 빠진
마르쿠스 아우렐리우스 황제의 자서전의 번역본이 돌아다니기 시작한
다. 번역자는 성 프란체스코회의 수도사 안토니오 데 게바라로, 그는 예
전에 코슴 드 메디시스의 서재에 보관되어 있었지만 불행하게도 사라져
버린 원본으로 작업을 했다고 확언한다. 결국 마르쿠스 아우렐리우스의
자서전은 1528년에는 세비야에서, 그리고 1529년에는 바야돌리드에서
『왕자들의 시계(L'Horloge des princes)』라는 최종적인 제목이 붙은, 보
다 심혈을 기울인 버전으로 인쇄된다. 곧 믿기 힘든 붐이 일고, 성 프란
체스코의 수도사는 출세가도를 달린다. 온갖 명예를 누린 그는 그로부
터 15년 후에, 카를로스 5세의 설교자이자 카딕스의 주교라는 칭호가
붙은 채로 사망한다.
　그 세기가 끝나기 전에 피렌체, 베네치아, 영국 등에서 나온, 셀 수
없이 많은 『왕자들의 시계』의 번역본은 차치하고라도, 스페인에서 30개
이상의 판본, 프랑스에서 적어도 43개의 판본이 나온다. 간단히 말해서,
『왕자들의 시계』는 이론의 여지없이 16세기의 가장 위대한 베스트셀러

중 하나이다. 그런데 그것이 가짜였다. 18세기 초에 피에르 벨은 그것이 가짜 이상이라고, 조잡하고 추접스럽고 가증스러운 가짜라고, 그런 책을 대단하게 생각하고, 반반한 얼굴만 보고 "역사예술에서 더없이 신성한 것을 범한 공공의 적"을, "그 텅 빈 머리의 발명품에 불과한 것을 역사적 사실처럼" 팔아먹은 그 못된 수도사를 믿은 프랑스인들은 비난받아야 마땅하다며 흥분한다.[25] 그러나 그 텅 빈 머리는 출판의 성공 비결을 완벽하게 이해했고, 그의 가면은 그가 죽고 나서도 기나긴 세월이 흐른 다음에야 벗겨졌다.

계몽의 세기에 가장 떠들썩했던 성공작 중의 하나, 그 유명한 『오시안의 시(*The Poems of Ossian*)』도 이와 유사한 속임수로 탄생된다. 스물여섯 살의 가정교사 제임스 맥퍼슨은 "북구의 호메로스", 영웅 핑갈 왕의 아들 오시안이 3세기에 쓴 그 시들을 고대 게일어를 원본으로 해서 번역했다고 주장한다. 1762년, 맥퍼슨이 그 시들을 출간하자, 모든 사람들이 이 켈트족의 노래를 『일리아드(*Iliade*)』에 비한다. 당시의 양식 있는 엘리트들이 보기에 호메로스의 작품을 흉하게 일그러뜨리는 비천, 과장, 천박, 폭력, 부조리, 광기들이 제외된, 추상적이고 감상적인 이 북구의 오디세이가 볼테르의 동시대인들의 취향에 기가 막히게 잘 맞는다는 점만 빼고.

교양을 갖춘 전 유럽인들이 그 걸작을 손에 넣기 위해서 달려든다. 괴테는 그 시집을 젊은 베르테르가 침대 머리맡에 두고 읽는 책들 중의 하나로 삼는다. 프랑스, 이탈리아, 스웨덴, 덴마크, 네덜란드에서 번역본이 마구 쏟아져나온다. 그 시들을 토대로 웅장한 오페라와 벽화가 만들어지고, 그것에서 영감을 얻어 드레스, 보석, 가발이 디자인된다. 요즘 용어로 하면 파생상품인 셈인데, 이는 우리가 그 시대의 베스트셀러를 목전에 두고 있음을 분명히 보여준다.

그러나 곧 저자의 정체에 대해서 논란이 인다. 데이비드 흄, 새뮤얼 존슨 같은 저명한 비평가들이 맥퍼슨의 해명에서 드러나는 허점들을 콕콕 집는다. 게일어에 초보적인 지식밖에 없는 일개 가정교사가 어떻게 그런 텍스트를 번역할 수 있었을까? 게다가 그는 그것을 어디에서 찾아냈을까? 그리고 그는 왜 감정(鑑定)을 원하는 석학들에게 원본을 보여주기를 고집스레 거부하고 있을까? 그사이, 그 시들은 스코틀랜드와 전유럽에서 독자들의 기대를 충족시켜준다. 그 시들은 『신 엘로이즈』나 『웨이크필드의 목사』와 마찬가지로 "시류"와 잘 맞는다. 원본이 없는 것이 아니냐는, 점점 더 짙어지는 의심의 눈길도 유행을 잠재우지 못할 정도로.

『오시안의 시』 초판이 나오고 반세기가량이 흘렀을 때, 세인트헬레나 섬에 유배된 나폴레옹은 자신의 젊은 시절을 매료시켰던, 그리고 이집트 원정길에서 음침한 안개에 휩싸인 세인트헬레나 섬까지 그와 동행한 그 책을 읽고 또 읽는다. 한편, 자칭 번역자인 맥퍼슨은 1796년 영광 속에서 사망하여 웨스트민스터 사원에 묻힌다. 왕국을 빛낸 위인들과 나란히.

이야기와 실화

증언을 실은 평범한 책을 베스트셀러로 만들기 위해서는 거짓만한 것이 없다. 이 경우에 거짓은 때로는 여기저기 다른 증인들에게서 긁어모은 사실들, 때로는 순전히 상상으로 지어낸 것들을 혼합해서 작가가 마치 실제로 경험한 일인 것처럼 소개하는 데 있다. 목표가 이야기를 충분히 감동적이거나 비극적으로, 혹은 눈길을 끌게 만들어 고객을 유인하는 데 있으므로. 이런 방식은 사취(詐取)는 아닐지 몰라도 사기(詐欺)에는 속한다. 이 방식 또한 자주 사용되었고, 가끔 괄목할 만한 결과를 내기도 했다.

1969년, 앙리 샤리에르라는 사람이, 자신이 어떻게 저지르지도 않은 범죄 때문에 유죄선고를 받고 도형장에 끌려가게 되었는지, 어떻게 잔인한 간수들에게 일상적으로 시달리며 카옌의 지옥에서 살아남을 수 있었는지, 어떻게 그곳에서 탈출하려고 시도했는지 이야기한다. "이야기"라는 부제가 붙었지만, 로베르 라퐁에 의해서 "실화" 총서로 출간된 『파피용(Papillon)』은 자서전으로 소개된다. 초판 2만 부를 찍은 이 책은 프랑스 언론이 보인 뜨거운 관심에 많은 혜택을 입는다. 그중에서도 저자의 드라마틱한 해설이 붙은, 카옌 도형장에 대한 『파리 마치』의 긴 르포 기사가 압권이었다. "그것이 아주 인상적이었어요. 그후로 판매가 급증했죠." 발행인 로베르 라퐁은 이렇게 평한다. "그해 여름에 책 판매가 100만 부를 돌파합니다."[26]

그러나 증언의 진실성이 결국 도마에 오른다. 특히 제라르 드 빌리에는 『핀으로 꽂아놓은 파피용(Papillon épinglé)』에서 소설 내용 중에 현실적으로 불가능한 것, 사실임직하지 않은 것, 훨씬 더 오래된 다른 죄수들의 기억에서 빌려온 것들을 찾아내며 진정한 아마추어의 희열을 맛본다. "만약 그가 책에서 직접 경험했다고 주장하는 것들이 사실이라면, 앙리 샤리에르는 성인 조르주, 로빈 후드, 돈키호테를 극소량의 타잔과 섞어놓은 사람일 겁니다."[27] 요컨대, 『파피용』은 전적으로 실화는 아니다. 하지만 책을 많이 팔기 위해서는 아줌마는 울게, 그녀의 남편은 꿈꾸게 만들어야 한다. 앙리 샤리에르의 반(半)자백에도, 플랭클린 하프너가 그 소설을 바탕으로 만든 영화 덕분에(스티브 매퀸이 옛 도형수, 더스틴 호프먼이 동료 역을 맡았다!) 책은 다시 불티나게 팔린다. 『파피용』은 결국 프랑스에서만 200만 부 이상이 팔린다. 총 판매량 1,100만 부 가운데 절반은 미국에서 팔린다.

6

발행인의 부상(浮上)

1738년, 『출판인 협회에 보내는 편지(*Letter to the Society of Book-sellers*)』를 쓴 익명의 저자는 묻는다. "책의 성공은 오직 그럴 만한 자격을 갖춘 저자의 공으로 돌려져야 하는가, 아니면 무엇보다 발행인의 관심과 노력, 교묘한 솜씨 덕에 찾아오는 것인가? 발행인을 잘 만난 덕에 많이 팔리는 책들, 반면에 인정을 받는 책들만큼 잘 쓰였지만 적당하게 물을 주는 솜씨 좋은 정원사를 만나지 못한 탓에 피자마자 시들어버리는 꽃들처럼 어둠에 묻히는 책들을 우리는 매일 보지 않는가?"[1] 이 풍자에 따르면, 사정이 어떻게 돌아가는지는 분명하다. 설사 탁월하고 독창적인 책일지라도, 그것을 쓰는 것만으로는 충분하지 않다. 그러나 당시에는 자신이 쓴 작품의 배포를 직접 했던 이들이 많았다. 위의 편지를 쓴 이가 장담하는 대로라면, 그런 책들은 어쩔 수 없이 어둠에 묻히게 되어 있다. 왜냐하면 성공을 만드는 것은 작가나 작품의 질이 아니라 발행인의 작업이기 때문이다. "당신들은 저자들보다 책의 판매에 더 큰 영향력을 가지고 있습니다."

그러나 18세기 초에 나온 이런 주장에는 반박의 여지가 많다. 실제로 당시의 발행인들은 필요한 도구를 갖추지 못한 상태였다. 『출판인 협회에 보내는 편지』의 목적도 그들에게 좋은 원고를 택하는 안목을 기르고 판매 방식을 개선하라고 촉구하기 위한 것이다. 그들은 대개 그들이 발행한 책의 성공 혹은 실패를 팔짱 끼고 지켜보는 증인들처럼 보인다. 전설에 따르면, 그 시대의 가장 위대한 베스트셀러 『로빈슨 크루소』도 그랬다. 1719년, 소설을 탈고한 대니얼 디포는 런던의 모든 대형 출판사에 원고를 보내지만 모조리 퇴짜를 맞고, 궁여지책으로 '검은 백조 간판이 달린', 패터노스터 로 가의 이름 없는 서점 주인이자 출판인인 윌리엄 테일러에게 출간을 제안했다고 한다. 대니얼 디포에게 10파운드를 쥐어주고[2] 원고를 넘겨받은 테일러는 1,000부를 인쇄해 손님을 기다렸는데, 그때 기적이 일어났다. 찰스 길든이라는 사람이 가시 돋친 어투로 전하는 것처럼, 이유는 알 수 없지만 하룻밤 사이에 모두가 그 책을 사려고 난리를 치는 바람에, 런던에 사는 할머니 치고 쌈짓돈을 탈탈 털어 그 책을 사지 않은 이가 없었다고 한다.[3] 운 좋은 서점 주인 윌리엄 테일러는 입을 다물지 못한다. 그가 살아오면서 한번도 보지 못한 상황이었다. 1719년 한 해 동안 『로빈슨 크루소』는 6번이나 다시 인쇄에 들어갔고, 그 덕분에 그는 1,000기니(기니는 21실링에 해당하는 옛 금화) 이상을 번다. 『로빈슨 크루소』의 성공에 파리 꼬이듯 몰려드는 표절자들을 고발하는 것 말고는 한 일이 거의 없는데도 말이다.

당시 상황은 프랑스에서도 별반 다르지 않았다. 무엇보다 발행인은 서점 주인이자 인쇄업자였다. 장 바티스트 쿠아나르 같은 대형 서점의 주인들처럼 큰돈을 벌고 명성을 얻는 경우도 있었지만, 쌍방의 관계에서 갑은 여전히 저자였다고 장 이브 몰리에는 지적한다.[4] 발행인은 성공을 일궈내는 데에 결정적인 역할을 하기는커녕, 우연히 찾아온 성공의 뒤를 졸졸 따라다니며 떡고물이나 주워 먹는 것으로 만족한다. 이처럼, 페로의『동화들(Contes)』을 출간한 쿠아나르도, 라브뤼예르의『성격론 (Caractères)』을 출간한 미샬레도, 1669년에 파스칼의『팡세(Pensées)』를 출간한 데프레도, 그 작품들의 성공에 별 공헌을 하지 않았을 뿐만 아니라, 성공을 크게 기대하지도 않았다. 쿠아나르는 1697년부터는『거위 아줌마 이야기(Contes de ma mère l'Oye)』의 출간을 다른 서점 주인인 바르뱅에게 넘겼다. 전하는 이야기에 따르면, 미샬레는 라브뤼예르가 신작들을 뒤적거리러 서점에 들렀다가 자신의 딸에게 연심을 품어서 먼저 모든 권리를 양도하지 않았다면『성격론』의 원고를 아예 받아들이지도 않았을 것이라고 한다.

요컨대, 당시 문화생활의 두 축이었던 프랑스나 영국에서도 발행인은 실제로 그가 발행하는 책의 성공을 견인하는 적극적 요인이 아니었다. 19세기 중반에 이르러서야, 기술이 변화하고, 발행부수가 천정부지로 치솟고, 진정한 대중 문학이 자리를 잡아감에 따라서 상황이 눈에 띄게 진화한다. 이처럼, 베스트셀러의 역사는 처음에는 그저 저자와 명운(命運)을 함께하는 관객이었다가 성공의 견인차로, 그리고 20세기 들어서 때로 진정한 조물주로, '베스트셀러를 만드는 자'로 변신하는 발행인의 역사와 밀접하게 얽혀 있다.

성공의 견인차

19세기 중반까지 발행인은 주로 서점 주인 혹은 인쇄업자였다. 이런 직종의 혼란은 서서히 사라지게 되지만, 발자크가『인간 희극』의 첫 몇 권을 출간했을 때까지도 이 혼란은 여전했다. 일반적으로 열광에서 안달로, 그리고 소송의 전주곡인 욕설로 넘어가면서 줄줄이 그의 곁을 떠난 발행인들에게 그가 보낸 편지들은 어쨌거나 그 직업의 혼란, 자신이 출간하는 책의 운명에 크게 연연해하지 않는 것처럼 보이는 발행인들의 수동성을 증언한다.

크게 성공할 것으로 기대한 『베아트릭스(*Béatrix*)』와 관련해서, 발자크는 "끔찍한 실수들"을 그냥 지나쳤다면서 발행인인 히폴리트 수브랭을 꾸짖고, "책을 식료품 장수가 건자두 취급하듯 한다"며 질책한다. 몇 주 후인 1839년 7월 말, 그는 수브랭이 식료품 장수로서도 빵점이라는 것을 확인한다. "당장 출간하고 싶다고 해놓고, 당신은 손에 쥔 지 두 달이 된 『베아트릭스』를 판매하기는커녕 갑자기 인쇄를 중단하기까지 했소." 이듬해에도 똑같은 사실 확인이 반복된다. 이번에는 『피에레트(*Pierrette*)』가 문제였다. "보아하니, 당신은 틀에 박힌 방식으로 모든 것에 제동을 걸어 아예 일을 하기 싫게 만드는군요. [……] 이런 식이라면 2년에 두 권도 내기 힘들 거요."[5]

그러나 바로 이 시기에, 승승장구하는 7월 왕정하에서 상황이 변하기 시작한다. 『프랑스인이 묘사한 프랑스인(*Les Français peints par eux-mêmes*)』에서 르뇨는 발행인을 '산업계의 거물들' 가운데 하나로 분류한다.[6] 1840년, 탁월한 재간으로 자기 시대의 성공작들을 일궈낸 외젠 랑뒤엘이 은퇴한 후로,[7] 기술적 개선을 십분 이용하여 자신의 직종을 산업 시대로 들어서게 만드는 야심만만한 새로운 세대의 발행인들이 출현한다. '문화적 부(富)의 잠재적 소비자들에게서 욕구를 창출하기 위해서' 끊임없이 환경을 개선해나가는,[8] 상품을 덜 비싼 동시에 더 탐나는 것으로 만들어냄으로써 수요를 창출할 줄 아는 발행인들 말이다.

가격 전쟁

"오늘날에는 규방의 정부(情婦)에서 사과 장수 아줌마에 이르기까지, 모든 사람들이 읽는다. 무엇을? 소설을."[9] 1804년에 벌써 파리의 한 관찰자는 이렇게 쓰고 있다. 사람들은 끊임없이 읽고, 1833년과 1880년 사이에 프랑스에서 문맹퇴치가 진행됨에 따라서 점점 더 많이 읽는다. 그러나 19세기의 첫 반세기 동안은 이런 독서의 민주화가 책의 구매량 증가로 곧바로 이어지지 않는다. 그 이유는 아주 간단하다. 책이 지나치게 비싸기 때문이다.

역사학자 클로드 피슈아가 지적하는 것처럼, "당시 프랑스 발행인들은 소홀해서, 관행적으로, 혹은 잘 만들어진 책에 대한 취향 때문에, 독자들의 구매욕을 꺾어놓는 가격으로 책을 내놓았다. 아주 시시한 책의 가격이 7-8프랑이나 하는 경우도 드물지 않았다."[10] 1828년, 피고로 서점이 내놓은 소설의 평균 가격이, **8절판** 판형 여러 권으로 나눠놓은 것임에도 권당 9프랑이었다. 성실한 노동자가 하루에 기껏해야 3프랑을 벌던 시절이니, 살 엄두가 나지 않는 가격이다.

이런 독서욕과 구매력 사이의 부조화가 가져온 가장 가시적인 결과로, 매달 염가(3-5프랑)의 가입비를 내고 책을 읽거나 빌릴 수 있는 책방이 우후죽순 생겨난다.[11] 세바스티앙 보탱의 『상업연감(*Annuaire du commerce*)』에 따르면, 책방의 수가 왕정복고 시대 초기에는 20개 남짓이었던 것이 1837년에는 162개, 1844년에는 215개로 늘었다고 한다.[12] 오늘날 몇몇 역사학자들이 실제로는 그 배는 족히 되었을 것이라고 판단하는 수치가 그 정도이다.[13] 이런 책방의 난립은 독서 인구를 확산시키고 가장 많이 읽힌 소설에 대한 취향을 촉진시키기는 하지만, 책의 발행부수에는 재앙에 가까운 충격을 준다. 몇몇 발행인이 책방에 공급하기 위해서 큰 판형으로 인쇄된 작품을 여러 권으로 쪼개는 전략을 택한 만큼 더욱 그렇다. 1845년 페티옹은 『몬테크리스토 백작(Le Comte de Monte-Cristo)』을 8절판 18권으로 쪼개 135프랑이라는 터무니없는 가격에 내놓는다.[14] 사람들은 가뭄에 콩 나듯, 아주 비싼 가격에 책을 사게 되고, 그로 인해서 죽어나는 것은 저자들이다. 발자크는 한탄한다. "불쌍한 서점 주인은 우리 문학을 죽이는 수많은 책방에 책을 파느라고 생고생을 하고 있다."[15] 1835년, 에티엔 드 주이도 『파리의 새로운 모습(Nouveaux Tableaux de Paris)』에서 이렇게 지적한다. "한 작품이 대중적으로 큰 성공을 거둔다고 하더라도, 파리에서는 300부 정도 팔리고, 나머지는 지방이나 국외로 실려가는 운명에 처해진다."[16]

1838년 8월 6일에 "그 유명한 총서를 출시함으로써 진정한 혁명을 일으키는" 제르베 샤르팡티에를 필두로, 1830년대 말에 몇몇 혁신적인 발행인들이 공격하는 것이 바로 이 비정상적인 시스템이다.[17] 샤르팡티에 '총서'는 일명 '18절판 제쥐'라고 불리는 축소형 판형에, 활자가 따닥따닥 붙어 있지만 그래도 읽을 만하고, 아주 염가인 작품들로 구성되어 있다. 이 총서는 각각 7–8프랑에 팔리는 8절판 두세 권 분량의 텍스트를 담은 책을 권당 단돈 3.50프랑에 내놓는다. "벨기에 해적판보다 더 저렴한 가격"이라고 광고는 강조한다. 샤르팡티에 총서는 즉각적으로 성공한다. 총서의 서두를 장식하는 첫 몇 권의 선택이 탁월한 것으로 드러난 만큼 더욱 그렇다. 총서는 식도락 문학에서 빼놓을 수 없는 걸작인 브리야사바랭의 『미각의 생리학(Physiologie du goût)』을 시작으로, 최초로 명성에 걸맞은 발행부수를 찍게 되는 발자크의 『외제니 그랑데(Eugénie Grandet)』와 『결혼의 생리학』으로 이어진다.

"샤르팡티에 혁명"은 야심을 품은 모든 발행인들을 가격 전쟁에 뛰어들게 만든다. 이것은 **발행부수**의 전쟁이기도 하다. 1848년부터 나온, 낱권 가격을 20상팀으로 매겨 의도적으로 양을 위해서 질을 희생시킨 '싸구려 소설'은 굳이 언급하지 않더라도, 1840년대에 몇몇 서적을 2.50프랑에 내놓은 빅토르 르쿠, 몽테뉴의 『수상록(*Essais*)』을 단돈 3.50프랑에 내놓은 라비뉴, 특히 제2제정 초기의 루이 아셰트와 미셸 레비 등 많은 발행인들이 이 방향으로 수많은 시도를 한다. 교과서를 팔아서 큰돈을 번 루이 아셰트는 영국인 윌리엄 헨리 스미스에게서 영감을 얻어, 1852년에 '철도 총서'를 출범시킨다. 고전 문학이든 현대 문학이든, 프랑스 문학이든 외국 문학이든 가리지 않고 균일가 2프랑으로 출간한다. 출판계를 뒤흔든 또 한 명의 풍운아 미셸 레비는 1853년에 균일가 1프랑의 '여행자 총서'를, 그리고 여전히 그 가격으로 '미셸 레비 총서'를 내놓는다. 발행부수의 폭발적인 증가가 비용을 최소한으로 줄일 수 있게 해준다.

한때 독자들의 구매력과 독서욕 사이에 존재했던 상당한 격차가 점점 더 좁혀진다. 1850년대부터 파리 소재 책방의 수가 증가세를 멈추더니, 1860년에는 183개, 1870년에는 146개, 1883년에는 118개로 꾸준히 줄어든다. 염가서적의 시대가 도래한 것이다. 모파상의 작품에 등장하는 여자 관리인들과 옥타브 미르보의 작품에 등장하는 하녀들, 다시 말해 낮은 계층의 여성들도 이제는 소설을 사서 실컷 읽을 수 있게 된다. 책값은 계속 떨어져서, 20세기 초에는 1프랑도 채 되지 않는 책을 내놓는 발행인들이 등장한다. 아르템 파야르가 '현대 총서'를 출범하는데, 권당 0.65프랑에 나온 그 책들의 초판 발행부수는 10만 부에 달한다. 권당 0.95프랑에 나온 '삽화가 든 새로운 컬렉션' 덕분에 칼망-레비 출판사에서는 피에르 로티의 소설 『빙도(氷島)의 어부(*Pêcheur d'Islande*)』를 단

몇 년 만에 50만 부나 팔아치운다.

　같은 시기에 유럽과 미 대륙 대부분의 국가에서도 유사한 변화가 일어난다. 장 이브 몰리에에 따르면, 미국, 영국, 독일, 이탈리아, 스페인에서도 "같은 유형의 전문 직업인들, [……] 최근의 변화를 주시하고 있다가 염치없이 서로 베껴대는, [……] 끊임없이 장차 성공을 거둘 만한 저자들을 찾아다니고, 점점 더 많은 양을 팔아치울 수 있는 조건들을 하나에서 열까지 일일이 만들어내는, 신속하게 결정하고 행동하는 사업가들"을 발견할 수 있다.[18] 영국에서는 리처드 벤틀리가 1831년에, 다시 말해서 샤르팡티에보다 7년이나 앞서서 '스탠더드 노블 시리즈'를 출범시키는데, 1.5기니나 하던 소설을 6실링이라는 염가에 내놓는다. 이 시리즈 덕에 그는 제임스 페니모어 쿠퍼의 『파일럿(The Pilot)』, 불워리턴의 『폼페이 최후의 날(The Last Days of Pompeii)』 같은 베스트셀러를 양산한다. 실제로, 프랑스의 발행인들이 예의주시한 것은 앵글로 마니아의 황금시대였던 이 시기에 하나둘씩 생겨난 런던의 대형 출판사들이다.

　사실, 첨단 판매 기법은 일찍이 19세기 미국에서 발전했다. 그것은 무엇보다 1891년까지 외국 작가의 저작권에 관한 법률이 전혀 없어서 표절이 일반화되고, 그것이 경쟁심과 문화상품의 산업화를 부추긴 덕분이었다. 존 서덜랜드는 이와 관련하여 험프리 워드 부인을 예로 든다. 1883년 영국에서 출간된 그녀의 소설 『로버트 엘스미어(Robert Elsmere)』의 당시 가격은 지금 시세로 100파운드에 달해서 판매가 시원치 않았다. 세 권으로 된 일반 판형은 3,500부, 작은 판형은 6만 부가 팔렸다. 그러나 거의 동시에 뉴욕에서는 정반대의 판매 전략이 펼쳐진다. 미국에서는 『로버트 엘스미어』의 가격이 25센트밖에 하지 않아서 3년 만에 100만 부가 팔린다. 그러나 외국 작가의 저작권에 관한 법률이 정비되지 않아서,

가엾은 워드 부인은 단 1센트도 손에 쥐지 못한다.[19] 1891년 미국에서 국제 저작권 협정이 체결된 후에도 가격파괴 전략은 계속된다. 1894년에 출간된 워드 부인의 새 베스트셀러 『데이비드 그리브(David Grieve)』가 미국에서는 영국 가격의 8분의 1밖에 되지 않는 1달러에 판매된다.

홍보의 출현

어떻게든 성공을 이루기 위해서 발행인들이 고안한 두 번째 수단은 당시 사람들이 '레클람(réclame, 광고)'이라고 불렀던 것이다. "이 모든 것은 완전히 새로운 것이 아니다. 홍보가 그 방식을 개선한 것뿐이다."[20] 발당스페르제는 지적한다. 하지만 19세기 중반경에 광고가 갑자기 전에 없던 중요성을 띰으로써, 그 개선이 눈에 띄게 가속화된다. 생트뵈브가 '산업 문학'에 대한 글의 상당 부분을 이 광고에 할애할 정도로. 그가 한탄스러운 방향 전환이라 부른 것의 기원은 "일간 혹은 정기 간행물에 누구나 쉽게 접근할 수 있도록 사측에 재정적 부담을 지운" 1828년의 마르티냐크 법이다.[21] "그러자 신문들이 말했다. 그렇다면 우리는 새로 발생하는 경비를 어떻게 충당합니까? 법이 그들에게 대답했다. 광고를 하시오. 그러자 신문들이 지면을 넓혔고, 광고가 탄생했다. 얼마 동안은 별 것 아니었지만, 그것은 거인 가르강튀아의 어린 시절이었다. 그것은 금방 경이로운 것으로 변했다. [……] 레클람은 다리 역할을 했다. 손가락 두 개의 거리에 있는 것을 [……] 손가락 두 개 아래에서 시대의 경이를 자칭하며 스스로 뽐내는 것을 어떻게 못 본 척하겠는가? 점점 더 커지는 대문자 광고의 매력이 승리를 거두었다. 그것은 나침반에게 거짓말을 시키는 자석의 산이었다. 광고의 이익을 챙기기 위해서 언론은 광고를 싣는 책들에 호의를 보였다."

그 시기에, 그러나 혁신된 것들을 적절하게 조합하는 몇 년 동안만, 레클람은 책의 가격을 일시적으로 올려놓는 역설적인 결과를 가져온다. 홍보로 인해서 "첫 판매에서 떼어야 하는 비용이 두 배"로 불어나자, 발행인들은 권수가 더 많이 나오게 작품을 쪼개고 판형을 키우는 경향을 띤다. "왜냐하면 그런다고 해서 광고가 더 비싸지는 것은 아니니까. 광고 비용은 그대로지만 매출은 적어도 배로 늘어나니 남는 장사 아닌가."

그러나 사람들은 금세 염가, 축소형 판형, 대량의 발행부수, 그리고 광고를 적절하게 조합하는 방법을 터득한다. 세기의 마지막 몇십 년 동안, 광고는 성공의 결정적 요인 중 하나가 된다. 아셰트 출판사의 광고 부장으로 일을 시작하여, 자기 자신을 위해서, 그리고 자신의 발행인 조르주 샤르팡티에를 위해서 수완을 발휘한 에밀 졸라도 그것을 이해했다. 그는 플로베르에게 이렇게 쓴다. "저의 망치는 제 작품들을 둘러싸고 저 스스로 벌이는 저널리즘입니다."[22]

빅토리아 여왕 시대에 영국에서 활동했던 소설가 마리 코렐리 역시 그것을 파악했다. 그녀를 "변두리 동네의 우상"으로 생각하는 지적 엘리트들에게는 무시당했지만, 코렐리는 대중들뿐만 아니라 사회 지도층, 그녀를 "우리가 가진 유일한 여성 천재 작가"[23]라고 선언한 여왕에게도 사랑을 받았다. 코렐리는 1855년 5월 1일 마리 맥케이라는 훨씬 덜 낭만적인 이름으로 태어났다. 1886년 2월, 그녀는 리처드 벤틀리의 출판사에서 칼데아 신비주의를 중심으로 전개되는 이상한 이야기인 『두 세계의 로맨스(*A Romance of Two Worlds*)』를 출간한다. 언론은 이 소설에 아주 적의에 찬 태도를 보인 반면에, 대중의 반응은 놀라울 정도였다. 그후 5년 동안에 그녀는 다섯 편의 소설, 1886년 『벤데타(*Vendetta*)』,

1887년『텔마(*Thelma*)』, 1889년『아르다스(*Ardath, the Story of a Dead Self*)』, 그리고 1890년『웜우드(*Wormwood*)』와『릴리스의 영혼(*The Soul of Lilith*)』을 발표하는데, 모두 눈부신 성공을 거둔다.

수그러들지 않는 언론의 적의에 화가 난 코렐리는 자신의 발행인에게 그녀를 보란 듯이 무시하는 신문들에 그녀의 소설 판매량 집계를 요구하라는 협박편지를 쓴다. 그러고는 마침내 결단을 내린다. 1892년 그녀는 신문기자 패거리를 격하게 비난하고, 1895년에는 언론사에 자신의 신작을 보내기를 거부한다. 그리고 그녀의 작품이 아니라 그녀 자신에게 초점을 맞춘 새로운 형태의 광고를 고안한다. '언론이 내 책에 대해서 말하기를 거부한다고? 상관없어. 이제 사람들은 나에 대해서 말하게 될 거야.' 자신이 베네치아인 아버지와 작곡가 코렐리의 딸인 어머니 사이에서 태어났다고 말하고 다님으로써 처음부터 자신의 신화적 혈통을 창조한 마리는 발행인들의 지원을 받아서 대중의 관심을 끄는 새로운 기법들을 개발한다. 그 기법들은 그녀의 이미지를 퍼뜨리는 데 집중된다. 1890년 이후로 사진복사 기술의 발달 덕분에 독자들도 마침내 좋아하는 작가들의 얼굴을 볼 수 있게 되고, 발행인들은 당시에 널리 퍼지기 시작한 또다른 결정적인 혁신인 인터뷰를 입맛에 맞게 연장하는, 전에 없던 유형의 광고를 할 수 있게 된다. 헨리 제임스 같은 몇몇 작가들은 품위를 떨어뜨리는 짓이라며 이런 홍보에 몰두하는 것을 혐오했지만, 『웨스트민스터 리뷰(*Westminster Review*)』의 기자가 "가장 위대한 자기 홍보의 천재"[24]라고 묘사한 코렐리는 그 일에 전력으로 매진한다. 체계적으로 손을 본 사진, 공을 들여 걸러낸 소식, 1905년에는 기자였던 마크 트웨인과 가진 이목을 집중시키는 대담 등으로, 이 여류 소설가는 마침내 일종의 문화 아이콘이 되는 데에 성공한다. 그녀의 전기 작가

중 한 사람은 이렇게 쓴다. "빅토리아 여왕이 사망할 때까지, 코렐리는 세상에서 두 번째로 유명한 영국 여자였다. 그후로는 어느 누구도 그녀와 비교될 수 없었다."[25] 그녀의 책들이 거둔 성공도 그에 뒤지지 않는다. 매년 10만에서 17만5,000부가 팔렸으니, 아서 코넌 도일의 책이 매년 1만5,000부 정도 팔린 것과 비교해봐도 놀라운 성공이 아닐 수 없다.

마리 코렐리가 사망하던 1924년에는 광고가 문학적 성공의 결정적 조건 중의 하나가 된 지 이미 오래였다. 문인협회 최고위원 중 하나였던 구르동 드 즈누이야크는 이렇게 말한다. "당신의 재능에서 나온 과실(果實)이 아무리 형편없고, 초라하고, 한심해도, [……] 광고가 푸짐하고, 다양하고, 끊임없고, 넋을 빼놓고, 지칠 줄 모른다면, 그 과실은 팔릴 것이고, 가끔은 터무니없는 판매부수에 도달하기도 할 것이다."[26] 20세기 초, 폴 아케르도 『르 코레스퐁당(Le Correspondant)』에 실린 "문학계에서 성공하는 방법"이라는 제목의 글에서 이제 "중요한 것은 좋은 책을 쓰는 것이 아니라, 누군가 써놓은 책을 파는 것이다. 눈에 띄지 않고 지나가버린다면, 어떻게 그것을 잘 팔겠는가? [……] 그래서 광고가 모든 문학적 야심의 필요 불가결한 도구가 되어버렸다"고 말해서 구르동과 같은 회한을 내비친다. 폴 아케르는 이렇게 결론짓는다. 결국 "오늘날 재능은 거의 아무것도 아니다. 광고가 모든 것이다."[27] 그리고 그 광고 뒤에, 판을 짜고 성공을 만들어가는 발행인이 있다.

조물주　　관객이나 다름없었던 초기의 발행인, 그리고 행위자로 나선 19세기의 발행인에 이어서, 20세기에는 아직 이전의 모습들이 완전히 사라진 것은 아니지만, 조물주와 같은 발행인, 베스트셀러를 만드는 발행인이 출현한다.

그라세 혁명

우리는 위에서 "샤르팡티에 혁명", 말하자면 1830년대 말경에 작은 판형에 염가인 책을 대량으로 찍어 프랑스 출판업계의 풍경을 완전히 바꿔놓은 혁명을 이미 언급했다. 약 1세기 후, 베르나르 그라세가 보다 현대적인 방법들을 사용함으로써 "발행인이 책을 성공시키기 위해서 발휘할 수 있는 모든 재간과 헌신"을 보여준다.[28]

『하얀 처녀지』 미스터리

1913년, 캐나다 이주 프랑스인 루이 에몽은 자신이 막 탈고한 소설에 대형 출판사들이 관심을 보이지 않자 원고를 프랑스의 「르 탕(Le Temps)」에 보내게 되고, 「르 탕」은 그 소설을 연재 형태로 싣기로 한다. 루이 에몽에게는 대단한 희소식이 아닐 수 없다. 연재가 끝나면 책으로 출간해줄 발행인을 쉽게 찾을 수 있을 테니까. 그런데 불행하게도 연재가 결정되자마자, 1913년 7월 루이 에몽은 온타리오 주의 한 작은 마을에서 철도 사고로 사망하고 만다. 한편, 1914년 초 「르 탕」에 연재된 소설은 거의 눈에 띄지 않은 채 지나가버린다. 전운이 감돌 때라, 자연주의적이고 목가적인 그 이야기는 일간지 독자들을 전혀 열광시키지 못한다. 한편 캐나다에서는, 루비니 드 몽티니라는 사람이 그 이야기를 대중에게 알리기로 마음먹는다. 우선 잘나가는 발행인들과 접촉을 하지만 성공하지 못하자, 그는 얼마 전에 은퇴하여 인쇄소 지분을 산 친구에게로 눈길을 돌린다. 1916년, 마침내 『하얀 처녀지』가 몬트리올에 있는 J. A. 르페브르의 출판사에서 출간된다. 소설은 언론의 호평을 받고, 「르 나시오날리스트(Le Nationaliste)」지가 그 소설을 연재 형태로 싣기로 결정한다.

하지만 대중의 관심은 다른 데에 쏠려 있다. 초판 1,200부 대부분이 르페브르 인쇄소의 습기 찬 지하실에 쌓여 있게 된다.

휴전 후의 파리에서 소설가 피에르 밀을 통해서 이 책을 알게 된 파이요 출판사는 1919년에 루이 에몽의 상속녀와 계약까지 맺지만, 출간을 미루며 미적거린다. 폴 레오토가 그의 『문학일기(*Journal littéraire*)』에서 전하는 바에 따르면,[29] 파이요는 "원고를 읽었고, 이야기가 착하고 흥미롭기는 하지만 별 것 아니라고 생각했다. 그래서 출간하겠다는 생각 없이 원고를 그냥 서랍에 넣어버렸다."

그러자 이번에는 그라세가, 더 정확하게는 새로운 총서 '레 카이에 베르'를 준비하고 있던 그의 측근이자 협력자인 에세이스트 다니엘 알레비가 개입한다. 레오토에 따르면, 샤를 파이요는 새 총서를 띄워줄 소설을 찾고 있던 다니엘 알레비에게 『하얀 처녀지』의 원고를 보여주었고, 알레비가 관심을 표명하자 그 작품의 성공 가능성이 낮다고 확신한 파이요가 2,000프랑이라는 가소로운 액수에 원고를 넘겼다고 한다.

실제로는 전하는 것과는 약간 다르게 일이 진행되었던 것으로 보인다. 그라세와 알레비가 1921년 1월부터 3월까지 샤를 파이요와 끈질긴 협상을 벌인 끝에, 레오토의 이야기처럼 2,000프랑(그라세가 파이요에게 7,000-8,000부의 판매가 예상된다며 그것에 기초해서 계산한 금액)에 권리 전체를 넘겨받은 것으로 보인다. "그라세는 좋아서 어쩔 줄 몰랐다. 그는 즉각 계약서를 작성해 2부를 [파이요에게] 보내게 했다"고 가브리엘 부알라는 전한다.[30] 그리고 나서 그라세는 곧바로 편지, 벽보, 광고 등 판촉 전투에 맹렬하게 뛰어든다.

그라세는 확신을 가지고 있었다. 『하얀 처녀지』가 이미 여러 차례 실패를 겪기는 했지만, 그는 자신의 판단을 단 한순간도 의심하지 않았다.

그럼에도 성공은 그를 기다리게 만든다. 가브리엘 부알라는 이렇게 적는다. "대중은 그의 감탄을 함께 나누지 않았다."[31] 1921년 5월 13일(책은 4월 말에 인쇄되었다), 그라세는 서신을 교환하는 친구 중 하나인 샤를 르 고픽에게 이렇게 털어놓는다. "참담한 심정이네. 난 이 이야기가 어떻게 폭발적인 호응을 불러일으키지 않는지 도무지 이해할 수가 없네." 그런데 갑자기 기적 같은 일이 벌어진다. 당시, 오늘날의 오프라 윈프리 격인 레옹 도데가 1921년 6월 8일자 「악시옹 프랑세즈」에 "섬광처럼 번뜩이는 [……] 이 놀라운 걸작"을 극구 칭찬하는 글을 싣는다.[32] 도데는 이렇게 선언한다. "우리에게 체계적이고 활기 넘치는 문학 비평이 있다면, 『하얀 처녀지』의 등장은 하나의 사건이자 새로운 발견일 것이다."

대중을 열광시키기 위해서 더 필요한 것은 없었다. 사람들이 비교적 호화로운 한정판인 '레 카이에 베르' 총서 중 한 권인 『하얀 처녀지』를 금값을 주고라도 사려고 아우성치자, 그라세는 미디어를 이용한 전례 없는 대대적 홍보를 계획하면서 서둘러 일반판을 준비한다. 그의 욕망? "모든 프랑스인"이 루이 에몽의 소설을 읽게 만드는 것.[33]

이를 위해서 그는 10만 프랑이 넘는 어마어마한 광고비를 투입하고,[34] 언론사를 찾아다니며 괴롭히고, 도시의 벽들과 모리스 기둥들*을 벽보로 뒤덮고, 독자들에게 판매량의 폭발적인 증가를 알리는 광고를 각종 매체에 싣는다. 1921년 8월에 50쇄, 10월에 100쇄, 1922년 3월에 200쇄, 11월에 500쇄, 1923년 1월에 600쇄. 아마도 과장된 수치들이겠지만, 당시로서는 어마어마한 양이 팔린 것에는 이론의 여지가 없다. 부알라는 이렇게 말한다. "『하얀 처녀지』 미스터리에서 [……] 그라세는 거의 죽

---

* 파리의 연극공연 프로그램 안내탑을 의미한다/역주

어서 태어나다시피 한 책에 태어나면서 가지지 못한 활기를 다시 부여한 연금술사였다."[35] 그 연금술사는 잊힐 운명에 처한 듯했던 소설로 믿기 힘든 성공을 일궈냈다.

이 놀라운 성공은 1921년 12월 그라세가 그의 작가 중 하나인 알퐁스 드 샤토브리앙에게 자랑한 것처럼, 그의 "기법"을 확고하게 해준다. "이제는 어떻게 하면 대중을 움직일 수 있는지 알 것 같아. 나는 『하얀 처녀지』로 당대의 성공 중에는 견줄 만한 것이 없는 성공을 거두었네."[36]

운명을 지배하기

실제로 그후에, 그라세 출판사는 알퐁스 드 샤토브리앙의 『황무지(La Brière)』에서, 레몽 라디게의 『육체의 악마(Le Diable au corps)』와 폴 모랑의 『바람기 있는 유럽(L'Europe galante)』을 거쳐, 앙드레 모루아의 『사랑의 풍토(Climats)』에 이르기까지, 성공에 성공을 거듭한다. 사반세기 후, 그라세는 『출판의 성공 조건들에 관해서 앙드레 질롱에게 보낸 편지(Lettre à André Gillon sur les conditions du succès en librairie)』에서 그의 "기법"을 다시 거론한다.[37] "우리 시대에는 한 저작에 많은 수의 독자가 갑작스레 심취하는 것을 성공이라 부른다. 몇 달이라는 짧은 기간에 10만 부 이상 팔리는 것 말이다. 우리 시대란, 한 30년 전부터를 이야기한다. 정확하게는, 작가들을 그들의 펜으로 먹고 살게 해준, 나도 한몫을 한 어떤 출판 방식들의 정착 이후를 뜻한다." 사실, "갑자기 많은 수의 독자가 심취하는 것은 [……] 세상의 이치에는 맞지 않는다." 그것은 "자신의 힘만으로 나아가도록 방치된 작품의 **자연스러운 운명**"은 아니다. 독자들을 심취시키기 위해서는 운명을 지배할 줄 알아야 한다는 뜻이다. 그리고 그것을 해야 하는 것은 저자가 아니라 발행인이다. 실제로, 그라세는 이렇게 말한다. "많은 수의 독자를 갑자기 심취하게 만드는 것은 [……] 오직 우리 세대의 발행인들만 할 수 있는 일이다." 역사상 최초로 '10만 부의 시대'를 연 발행인들 말이다.

다른 젊은 발행인들도 똑같은 재능과 욕구를 보인다. 제1차 세계대전 후, 고전 작가들, 문학상을 휩쓰는 앙리 베로, 프랑시스 카르코, 롤랑 도르젤레스 같은 중견 작가들, 그리고 로제 베르셀이나 막상스 반 데르 메르슈처럼 서서히 부상하는 신진 작가들을 이끌고 모든 전선을 종횡무진하는 알뱅 미셸이 그렇다. 그가 성공을 일궈낸 첫 번째 작품은 1919년에 나온 피에르 브누아의 『아틀란티스(*L'Atlantide*)』이다. 그 역시, 각종 지면에 대대적인 광고 공세를 퍼붓는다. 그때까지 무명이었던 작가의 사진을 싣고, 그 아래 이렇게 예고한다. "보름 후면 이 작가는 유명해질 것이다", "2주 후면……", "13일 후면……", "12일 후면……", 이런 식으로 광고는 책이 서점에 나올 때까지 계속된다. 베르나르 그라세는 이렇게 설명한다. 홍보는 "기대하는 것이 이미 획득되었다고 선언하는 당돌함이다."[38] 피에르 브누아에게 한 약속은 지켜졌다. 아카데미 프랑세즈 소설 대상을 수상한 『아틀란티스』는 당시 50만 부 이상 팔리고, 25개 언어로 번역된다. 그리고 머지않아 1,000만 부 판매를 달성한다.[39]

성공의 기법

"『하얀 처녀지』의 성공은 늘 나를 꿈꾸게 만들었다." 앙드레 빌리는 과거를 회상하며 이렇게 털어놓았다.[40] "그건 특별할 것이 전혀 없는 그저 그런 소설이다. [……] 그런데 프랑스에서 60만 부 이상이 팔렸다. 도대체 어떻게 된 일일까?" 소설가의 질문에 그라세와 동료들은 책을

알리고, 사게 만들고……그리고 성공을 알리는 데에 있는, 성공의 기법
을 상기시킨다.

책을 알리기

우선 중요한 것은 두말할 필요 없이 책을 알리는 것, 간단히 말해서
책을 뜨게 만드는 것이다.

이런 측면에서 양차 세계대전 사이의 발행인들은 서로 재능을 다투었
다. 이에 관해서 사람들은 늘 앙리 드 몽테를랑의 『투우사들(*Bestiaires*)』
신작발표회를 예로 든다. 그라세는 파리의 벨디브를 임대해서, 저자가
투우 경기의 막간을 이용하여 "대대로 이어져온 황소 숭배"에 대한 강연
을 하게 했다. 파리의 모든 언론이 앞다투어 달려와서 그 사건을 알렸으
니, 미디어 효과는 보장된 것이었다.

그라세는 신작 띄우기는 주관적 평가(이 책은 흥미진진하다, 기가 막
히게 잘 쓴 작품이다, 이 작가는 천재적이다 등등)가 아니라, 그가 "사
실"이라고 부르는 것, 다시 말해서 객관적 요소에 근거해야 한다고 설명
함으로써 이론화를 시도한다. 예를 들면, 루이 에몽의 경우에는 그가 캐
나다 오지에서, 비극적이고 석연치 않은 정황 속에서 죽음을 맞이했다
는 사실, 그리고 라디게의 경우에는 그가 어린 시절을 막 벗어난 소년이
라는 사실이 그것이다. 1923년 3월, 『육체의 악마』가 출간되었을 때,
"사람들은 열여섯 살밖에 되지 않은 작가가 어떤 소설을 썼을지 무척
궁금해했다. 그리고 나는 책이 출간된 그 주에 재판을 찍어야 했다."[41]
신작 띄우기는 성공했고, 책을 감싸는 추문과 에로티즘의 향기 덕에 라
디게는 당시 언론이 선정한 '올해의 작가'가 된다.[42] 그리고 그라세는 단
몇 주 만에 『육체의 악마』를 4만6,000부나 팔아치운다.[43] 몇 개월 후,

소설이 "아직 잘 팔리고 있는데", 피에르 아술린에 따르면, 장티푸스에 걸린 라디게가 "연인의 고통을 차마 지켜볼 수 없다며 콕토가 찾아오지 않는 병원에서 스무 살의 젊은 나이에 홀로 사망함으로써, 의도치 않게 발행인에게 광고 캠페인의 정점"을 선사하게 된다. 한창 영광을 누리던 어린 작가가 사망하자,[44] 사람들은 그의 책을 사기 위해서 벌떼처럼 몰려든다.

책을 사게 만들기

그러나 알리는 것만으로는 충분하지 않다. 무엇보다 사게 만들어야 한다. 여기서도 문제는 새로운 것이 아니다. 어떤 의미에서, 출판인들은 프랑스인 샤르팡티에나 독일인 타우흐니츠가 19세기 중반에 상상한 해결책을 다시 취해서 엄청나게 큰 규모로 판을 벌이는 것으로 만족한다. 이렇게 해서 그들은 포켓판을 발명한다.

변화는 호화로운 저작이나 값 비싼 책은 큰 판형에 양장본으로 내고 일반 책은 반양장본에 작은 판형으로 내는 프랑스와는 달리, 하드백의 습관을 간직한 앵글로색슨이나 게르만 세계에서 먼저 감지된다. 따라서 페이퍼백 혁명은 미국과 영국에서 일어난다.

사실 그 혁명은 미국에서 일어나지만, 독일을 먼저 거친다. 1931년, 폭발 직전의 바이마르 공화국에서, 쿠르트 에노흐라는 젊은 발행인이 '알바트로스'라는 상표로 작은 판형의 염가서적들을 내놓는다. 성공은 즉각적이다. 그러나 그 실험은 히틀러가 권좌에 오르고 에노흐가 미국으로 도피하는 바람에 곧 중단되고 만다. 하지만 그 교훈은 매우 유익했다. 특히 영국의 몇몇 관찰자들이 알바트로스 런던 지사가 거둔 상업적 성공에 깊은 인상을 받았다. 그중 한 사람이 그 실험에서 영감을 받아

'펭귄'을 세운 보들리 헤드 출판사의 젊은 사장 앨런 레인이었다. 미국에서는 펭귄이 거둔 성적에 놀란 로버트 페어 드그래프가 미국식 가격과 발행부수를 적용해서 그를 모방한다. 이를 위해서 그는 가격 25센트, 축소판, **포켓 북스**라는 이름, 이 세 가지 노선을 골자로 하는 계획을 가지고 사이먼 앤드 슈스터 출판사와 사업제휴를 한다. 이 출판 혁명이 미국인들의 독서 습관을 완전히 바꾸게 된다고 존 테블은 지적한다.[45] 세상은 포켓북과 함께 새로운 시대, 문학이 대량 생산품이 되는 시대로 들어선다.

머지않아 펭귄과 포켓 북스를 시기하고 모방하는 사람들이 계속 생겨나면서 더더욱 그렇게 된다. 머큐리 프레스가 출범시킨 베스트셀러 라이브러리(1938), 탐정소설과 공상과학 소설을 주로 취급한 에이본 북스(1941), 14년 후에 장장 2년 동안 베스트셀러 목록에 오르는 첫 포켓북 『페이튼 플레이스』를 출간하는 델 북스(1943), 그리고 유령처럼 돌아온 쿠르트 에노흐가 출범시킨 뉴 아메리칸 라이브러리(1948)가 그것이다.

유럽으로 눈길을 돌리면, 전후 독일에서 로볼트가 종이 부족에도 불구하고 '로볼트 로테이션 로만'을 출범시킨다. '로-로-로'라는 약자로 더 많이 알려진 이 문고가 내놓은 첫 네 권은 헤밍웨이, 투홀스키, 콘래드, 알랭푸르니에의 소설로 초판 10만 부씩을 찍어 50페니히에 팔았다. 프랑스에서 첫 '포켓북'인 피에르 브누아의 『쾨니히스마르크(Koenigs-mark)』가 등장한 것은 1953년이다. 여기서도 대모험이 시작되는데, 첫발을 내디딘 사람은 앙리 필리파치로, 미국 방식에서 영감을 얻어 단돈 2프랑, 다시 말해서 거의 신문 가격으로 삽화 표지에 고전 문학의 걸작들과 보다 접근이 쉬운 작품들을 나란히 내놓아서 폭발적인 판매를 기록한다. 필리파치 프로젝트에 처음부터 참여했던 그라세 출판사를 다시 언급하면, 1927년에 출간되었을 때 3만 부가량이 팔렸던 모리아크 의 『테레즈 데케루(*Thérèse Desqueyroux*)』가 1982년에 새 옷을 입고는 200만 부가 훨씬 넘게 팔린다.[46] 포켓북 탄생 50주년이 되는 2003년, 프랑스에 배포된 포켓북이 약 10억 부에 달한다는 집계가 나왔다. 마찬 가지로, 미국에서도 피터 벤츨리의 『죠스(*Jaws*)』처럼 그럭저럭 팔린 책 이 포켓북 형태로 베스트셀러가 되는 일이 자주 발생한다. 1974년에 3 만5,000부를 찍은 이 소설은 스필버그가 이 소설을 원작으로 엄청난 성 공을 거두게 되는 영화의 촬영을 마친 1975년에 포켓북 형태로 다시 출간된다. 어딜 가나 눈에 띄는 다양한 형태의 광고에 힘입어, 포켓 버 전의 판매는 그해가 저물기 전에 900만 부를 돌파한다.[47]

성공을 알리기

몇몇 관찰자들이 1915년에 뉴욕에서 가장 명망 높고 엘리트주의적인 출판사 중의 하나를 세운 알프레드 크노프에 대해서 기억하는 것은 얼 핏 대수롭지 않아 보이는 이 짧은 문장이다. "저는 베스트셀러 목록을 금지해야 한다고 생각합니다. 그것은 대중과 함께 경주를 벌이기 위한 보충수단에 지나지 않아요." 이렇게 말함으로써, 지적인 출판사(그의 출 판사는 미국의 어떤 출판사보다 많은 퓰리처 상을 수상했다)의 수장은 베스트셀러의 경주장인 동시에 그것을 만드는 수단으로 활용되는 것에 반기를 든다. 사실, 베스트셀러 목록은 우리가 텔레비전에서 이런저런 '미스'나 리얼리티 프로그램의 승자를 뽑기 위해서 투표를 할 수 있는 것처럼, 문학적 삶을 돈만 지불하면 누구나 끼어들 가능성이 있는 스포 츠 경기로 제시한다.

그 목록의 기원은 미국 월간지 『더 북맨』이다. 1895년, 이 잡지는 "주문순으로" 책들을 분류하기 시작한다.[48] 그 목록은 1912년부터 『퍼블리셔스 위클리』에 의해서 공식화되고, '베스트셀러 목록'이라는 이름으로 지칭된다.[49] 「뉴욕 타임스」도 1942년 4월 9일부터 '더 베스트 셀링 북스, 히어 앤 에브리웨어'라는 제목으로 목록을 발표한다. 당시에 이런 시도는 외국의 관찰자들, 특히 1928년에 "미국 현대 문학에 대한 무례한 견해"에서 그것을 자세히 묘사한 베르나르 페이를 경악하게 만든다. "한 작품이 이 목록에 오르면 몇 주간 머물게 되고, 그러면 소매상들이 앞다투어 그 작품을 사간다. 이렇게 해서, 성공을 알리는 것이 성공을 더욱 증폭시킨다."[50] 그러나 전후에는 유럽에도 그 관행이 자리를 잡는다. 프랑스에서 1955년 4월에 최초로 '베스트셀러 목록'을 발표한 것은 미국에 대한 관심을 감추지 않았던 잡지, 장 자크 세르방 슈레베르의 『렉스프레스(L'Express)』이다. 그후로 이 목록은 출판의 풍경을 구성하는 하나의 요소가 된다.

그럼에도 그 목록은 몇 가지 질문을, 특히 발행인이 가끔은 비양심적인 방식으로 그것을 판매촉진의 수단을 사용할 가능성에 대한 질문을 불러온다. 어떤 책을 베스트셀러로 만들기 위해서 그것이 이미 베스트셀러라고 믿게 만드는 수단 말이다.

학대자

조물주 발행인의 다양한 모습들 가운데, 어떤 책을 무(無)에서 끄집어내서는, 의도적 혹은 비의도적으로 저자를 문학적 성공의 제단에서 희생시켜가며 베스트셀러를 만드는 학대자의 모습은 별도로 다루어야 한다. 그리 심하지는 않은 경우로, 강제로라도 원고를 마무리하게 하려고 테오필 고티에를 감금한 샤르팡티에나, 약간 게으른 작가들을 학대한 발행인들의 예가 전설로 전해진다. 그러나 이탈리아인 발행인 펠트리넬리의 횡포에 희생된 보리스 파스테르나크의 비극적 모험에 견줄 만한 것은 아무것도 없다.

1890년에 태어난 파스테르나크는 1922년에 벌써 시집『나의 누이−삶(*Sestra moia zhizn'*)』으로 영광을 누린다. 그후로 몇몇 작품이 금지되기는 하지만, 저명한 시인인 파스테르나크는 숙청과 추방으로 해마다 많은 지식인들이 목숨을 빼앗기는 상황에서도 비교적 평탄하게 문인의 경력을 쌓아간다. 전쟁이 끝나고『닥터 지바고(*Doktor Zhivago*)』를 쓰기 시작했을 때, 그는 크게 환상을 품지 않는다. 그 책은 검열을 피하지 못할 것이다. 하지만 스탈린이 사망하자, 파스테르나크는 희망을 품기 시작한다. 1956년, 타자기로 친 원고를 모스크바의 여러 문학잡지로 보내지만, 좀처럼 답이 오지 않는다. 그 와중에 명망 높은『노비 미르(*Novyi Mir*)』지의 부정적이고 냉랭한 답변이 날아든다. 10월 대혁명과 사회주의 건설의 첫 몇 해에 대해서 "심히 부당하고, 역사적으로 객관적이지 못한", 그리고 "근본적으로 반민주적인" 이미지를 유포하는 것은 있을 수 없는 일이라고 그들은 설명한다.[51] 파스테르나크는 곧 잡지들의 침묵이 무엇을 뜻하는지 깨닫는다. 스탈린이 죽어서 방부처리가 되어도, 스탈린 격하운동이 맹위를 떨쳐도, 그는 여전히 따돌림을 당한다. 물론 아무도 건드리지 않지만, 그의 입에는 재갈이 물려 있다.

그의 운명이 뒤바뀌는 것은 1956년 5월의 어느 날, 이탈리아 공산당 당원이자 소련 문화청 라디오 담당 모스크바 주재 기자인 이탈리아인 문학 에이전트 세르지오 단젤로가 그에게 면담을 요청하면서부터이다. 단젤로는 밀라노의 발행인 잔자코모 펠트리넬리로부터 파스테르나크와 접촉해보라는 임무를 받았다. 이탈리아에서 가장 부유한 집안 출신인 펠트리넬리는 전쟁 직후 공산당에 가입해 열성당원이 되었다. 1954년, 그는 "책으로 세상을 바꾸겠다"는 웅대한 포부를 가지고 자신의 이름을 딴 출판사를 세운다. 그후, 그는 이탈리아 공산당에서 극단적인 좌파로 건너가고, 사르데냐를 독립시켜 지중해의 쿠바로 만들 목적으로 공작을 꾸미며, 1970년에는 최초의 지하 테러리스트 그룹을 창설하고, 결국 1972년에 송전탑 발치에서 폭탄에 온몸이 갈가리 찢긴 채 마흔여섯 살의 나이로 사망한다. 그러나 동시에 그는 그의 세대에서 가장 직감이 뛰어난 발행인 중 하나로 활약한다. 네루의 자서전을 첫 책으로 출간하여 큰 성공을 거둔 그는 사람들의 입에 회자되는 파스테르나크의 소설을 어떻게든 출간하고 싶었다. 그가 단젤로를 파견해서 원고를 보여달라고 소설가를 설득한 것은 바로 그 때문이다.

그들의 만남 장면은 쉽게 상상할 수 있다. 모스크바 남서부 페레델키노 마을에 있는 그의 작은 별장, 파스테르나크는 혼자이다. 그는 방문 의도의 순수성을 재차 강조하는 문학 에이전트를 앞에 두고 추방당한 시인이 지을 수 있는 극히 순진한 표정을 짓고 있다. 그는 감언이설에 완전히 넘어가서 단젤로가 읽어볼 수 있도록 자신이 가지고 있는 소설의 유일한 원고를 넘겨준다. 이탈리아인이 엄청난 두께의 원고를 팔 아래 끼고 돌아서는 순간, 아차 싶었던 파스테르나크는 뜰의 문까지 그를 배웅하러 나와서 이렇게 외친다. "처형대에 선 나를 보러 오시오!"[52] 그날 저녁, 함께 살던 올가 이빈스카야가 모스크바에서 돌아오자, 파스테르나크는 약간 난처해하며 그날 있었던 일을 말해준다. 그는 이렇게 설명한다. 두 젊은이(단젤로와 번역자)가 "날 만나러 왔소. [……] 그들은 내 소설의 출간을 예고하는 모스크바 라디오 방송을 들었다고, 이탈리아에서 가장 영향력 있는 발행인 펠트리넬리가 내 소설에 관심이 있다고 말했소." 올가는 깜짝 놀란다. "도대체 무슨 짓을 한 거예요? [……] 당신은 사방에서 욕을 먹고, [……] 틀림없이 스캔들이 터질 거예요. 두고 봐요."[53] 그녀는 정확하게 보았다. 단젤로는 약속대로 원고를 돌려주기는커녕, 바닥이 이중으로 된 가방에 원고를 넣어 소련에서 빼낸다. 단젤로에게서 원고를 넘겨받은 펠트리넬리는 독자적으로 소설을 이탈리아어로 번역하는 작업에 착수한다.

그사이 첩보를 입수한 소련 당국이 움직인다. 8월 24일, KGB가 중앙위원회에 그 사실을 알리고, 31일에는 외교부가 소련공산당 최고회의 간부회에 파스테르나크가 "소련을 증오하는 [그] 비방 글"의 번역을 불법적으로 허락한 것으로 보인다고 보고한다.[54]

소련 당국은 출간을 막기 위해서 서방의 대사관과 각국 공산당에 압력을 행사하고, 이탈리아 공산당 총서기를 보내서 직접 펠트리넬리를 설득하게 하며, 심지어 출간의 즉각적인 중단을 요구하는 파스테르나크 명의의 가짜 전보를 보내기도 한다. 그러나 채찍도 당근도 아무 소용이 없다. 그럴수록 펠트리넬리는 자신의 선택이 옳다고 점점 더 굳게 믿게 된다.[55] 아닌 게 아니라, 1957년 11월 22일에 출간된 『닥터 지바고』는 마치 폭탄과 같은 위력을 발휘한다. 사람들은 그 소설을 사기 위해서 아우성치고, 세계 각국에서 번역 작업에 들어간다. 결국 알베르 카뮈의 제안에 따라, 그 저자에게 1958년 노벨 문학상이 돌아간다.

처음에는 잠잠하던 소련에 후폭풍이 몰아친다. 앙리 트루아야에 따르면, 노벨 문학상 수상 소식은 심신이 고달파 병원에서 안정치료를 받고 나온 파스테르나크를 벼락처럼 덮친다. 소련 당국은 그 상의 수상을 공산주의 체제에 대한 노골적인 공격으로 받아들이고, 저자를 그 공격의 객관적인 동맹자, 공범, 거의 주모자로 간주한다. 그들은 그에게 수상을 포기할 것을 강요하고, 10월 27일에는 그를 소련 작가연맹에서 제명함으로써 소비에트 작가의 자격을 박탈한다. 어떤 이들은 그의 국적 박탈과 추방을 요구하기도 하는데, 1960년에 닥친 그의 죽음만이 이런 위협의 실행을 막게 될 것이다.

한편, 예외적인 발행인이자 의도치 않은 학대자인 펠트리넬리는 직관과 배짱으로 걸작일 뿐만 아니라 그의 관점에서 볼 때, 사회주의의 실태를 증언하는 저작, 그리고 1965년에 개봉되는 데이비드 린 감독의 할리우드 영화 덕에 곧 다시 정신없이 팔리게 되는 베스트셀러를 출간하는 데 성공한다.

이 명인의 한 수로, 그의 작은 출판사에 전 세계의 이목이 쏠린다. 하지만 이로 인해서 펠트리넬리는 황홀감에 취하는 동시에 정신적 외상을 입게 된다. 그는 나중에 이렇게 인정했다. 그에게 『닥터 지바고』는 "어렵고 고독한 결정"이었다. 그 책은 "베스트셀러들이 거의 언제나 그런 것처럼, 운수대통의 결과가 아니라 과거, 현재, 미래가 걸린 선택의 결과였다." 그리고 "이후로 모든 형태의 검열이 시대착오적일 뿐만 아니라 불가능하다"는 것을 온 세상에 보여주었다.[56]

새로운 괴물들

전문 매체에 따르면, 2009년 9월 15일, "국제 출판계는 마케팅의 선사시대를 벗어나, [화장품이나 자동차 분야처럼] 전략적으로 신제품을 발표하는 시대로 전격 진입한다." 실제로, 한 발행인이 이미 신작 발표에 세인의 이목을 집중시키기 위해서 어마어마한 비용을 들여 첨단 기술을 총동원했다. 버즈 마케팅과 티저 광고를 하고, 전용 인터넷 사이트를 개설하고, 사회관계망을 최대한 활용하는 동시에, 제목이 『로스트 심벌』이라는 것과 저자가 댄 브라운이라는 사실만 흘리고, 소설의 내용은 절대 비밀에 붙였다.

2009년 9월 15일 화요일 00시 01분, 모든 것이 완벽하게 준비된다. 한밤중에 다시 문을 연 전 세계 수백 개의 서점이, "해리 포터" 시리즈의 마지막 몇 권을 위해서 정교하게 짠 시나리오에 따라서 구매자들이 구름처럼 몰려들 것에 대비한다. 21세기 초의 슈퍼 베스트셀러들은 순식간에 번개처럼 팔아치우는 기법을 절정까지 밀어올렸다. 『로스트 심벌』은 발매 당일 100만 부 이상,[57] 첫 주에만 200만 부가 팔렸다. 그해 말, 그 책은 『퍼블리셔스 위클리』의 베스트셀러 목록 상위권에 머물며 550만 부 이상의 판매량을 기록했다.

이처럼 19세기에 발명된 판매 기법들은 20세기 말에 이르러 베스트셀러를 하나의 전문 분야로 생각하는 출판 기업가들에 의해서 혁신되고 확대되었다. 미국에서는 가장 큰 5곳의 출판사, 랜덤하우스, 하퍼콜린스, 타임워너, 펭귄 USA, 그리고 사이먼 앤드 슈스터가 연간 베스트셀러의 80퍼센트를, 상위권에 드는 출판사 5곳을 더 추가하면 총 매출의 98퍼센트를 나눠가지는 것으로 평가된다.[58] 위에서 지적한 것처럼, 발행 부수는 20세기 초중반과는 엄청난 차이가 난다. 요컨대, 발행인들은 그 어느 때보다 확연하게 '성공을 만드는 사람들'로 보인다.

프랑스로 눈길을 돌리면, 한때 로베르 라퐁 출판사를 이끌었던 베르나르 픽소가 2000년에 세운 XO 출판사가 몰두하는 것이 바로 그것이다. 마리-도미니크 르리에브르가 「라 리베라시옹(*La Libération*)」에서 "프랑스 오락서적의 리더"[59]라고 묘사한 베르나르 픽소는 "미국 영화인들 가운데 가장 어린" 스티븐 스필버그를 모델로 삼았다. "그도 그 젊은 감독처럼 보편적인 작품으로 승부하고자 한다." 오직 **블록버스터**만 내놓겠다는 것이다. 그러기 위해서는 몇 가지 단순한 원칙이 있다. 첫째, 매년 소수의 책만 출간해야 한다. 로베르 라퐁 출판사에서 매년 170권을 출간하다가 결별하고 나온 2000년 베르나르 픽소는 이렇게 말한다. 왜냐하면 그런 속도로 책을 만들다 보면 반드시 버리는 책들, 다시 말해서 잘 안 팔리거나 전혀 안 팔리는 책들이 나오게 되어 있기 때문이다. 반면에, 매년 20권만 출간하면, 여유를 가지고 "맞춤형" 책을 만들 수 있다. "최고급 사치품"이라고 픽소도 인정한다. 하지만 공을 들이고 능력을 발휘하면, 사치품도 수익을 낸다. "베스트셀러의 기계공인 그는 배기량을 선택하고 이야기를 선별한다." 르리에브르 기자는 이렇게 말한다. "그는 사상은 '너무 지루하기' 때문에 금지한다. 요란한 마케팅, 화려한 포장, 뒤표지, 해외 판권 판매, 그는 모든 것을 직접 챙긴다."[60] 그리고 베르나르 그라세의 시대에 말했던 것처럼, "레클람(광고)"에 매출의 9퍼센트까지 과감하게 투자한다. 크리스티앙 자크의 새 시리즈 『빛의 돌(*La Pierre de lumière*)』을 홍보하기 위해서, 픽소는 기자와 미디어 스타 130명을 초대해서 극도로 호사스런 피라미드 관광을 시켜주는 판매촉진 여행을 계획한다. 목표는 같은 저자가 낸 지난번 이집트 이야기에 버금가는 매출(1,100만 부)을 올리는 것이다.[61] 프란츠 올리비에 지스베르는 이렇게 말한다. "픽소는 파는 것을 무척 좋아합니다. 거기서 쾌감을 느껴요." 그리고 그는 어떻게 해야 하는지 알고 있다. 2002년, XO는 프랑스에서 가장 많이 팔린 책 100권 가운데 13권을 출간하여 출판사의 작은 규모에도 불구하고 2위의 성적을 거두었다. 당시에 올리비에 르 네르는 출범한 지 3년밖에 되지 않은 작은

출판사가 "믿기 힘든 베스트셀러 **공장**"이 되었다고 놀라워했다.[62]

2004년, XO는 출판사를 끌고 가는 기관차 중 하나가 될 작가의 첫 책을 출간한다. 첫 소설 『그후에(*Et après……*)』가 30만 부 이상 팔리자, 당시 스물아홉 살이었던 기욤 뮈소는 그에게 성공을 가져다준 발행인에게 충실하기로 마음먹는다. 첫 작품이 성공한 이후로, 2005년의 『구해 줘(*Sauve-moi*)』, 2006년의 『당신, 거기 있어줄래요?(*Seras-tu là?*)』, 2007년의 『사랑하기 때문에(*Parce que je t'aime*)』, 2008년의 『사랑을 찾아 돌아오다(*Je reviens te chercher*)』, 그리고 2009년의 『당신 없는 나는?(*Que serais-je sans toi?*)』과 『종이여자(*La Fille de papier*)』는 300여 쪽의 분량에, 언제나 변함없는, 그리고 제목처럼 서로 바꿔도 아무 문제가 없는 주제를 가진 모험들을 전개한다. 사랑, 부재, 그리고 약간의 판타지가 뉴욕, 로스앤젤레스, 샌프란시스코를 오가는 특별한 공간 속에서 펼쳐진다. 이 모든 것이 21세기 초 프랑스 대중소설의 특별한 매력을 만들어, 매년 50만 부에 달하는 매출을 가져온다. 2005년, 픽소는 이렇게 선언한다. "XO의 목표는, 19세기에 그랬듯이, 프랑스 작가들을 세상에서 가장 많이 팔리는 작가들로 만드는 것입니다."[63] 2011년, XO 출판사의 인터넷 사이트는 창립 후 10년 동안 "출간된 책 152권 가운데 130권이 베스트셀러 목록에 올랐고, 109권이 해외 각국으로 팔려나갔다"고 소개한다.

결국, 3세기나 이르기는 했지만, 『출판인 협회에 보내는 편지』를 쓴 익명의 저자가 옳았다. 그가 말한 것처럼, 좋은 책도 좋은 발행인을 만나지 못하면 팔리지 않지만, 좋은 발행인은 심지어 별 것 아닌 책도 엄청난 양을 팔아치울 수 있다.

7
검열 만세!

    1947년, 보리스 비앙은 내놓는 소설마다 죽을 쑤는 거의 무명에 가까운 작가였다. 그해 2월과 4월에 갈리마르 출판사에서 나온 『베르코캥(*Vercoquin*)』과 『세월의 거품(*L'Écume des jours*)』은 도통 팔리지 않았다. 처음 몇 개월 동안 기껏해야 몇백 부가 나갔을 뿐이었고, 그후 몇 년 동안 사랑받지 못한 책들을 쌓아두는 지하창고의 깊은 침묵에 갇히고 말았다.

    그러나 모든 일에 손을 대는 이 천재의……"공식적인" 작품만 그렇다. 몇 개월 전, 1946년 여름의 어느 날에, 당시 크게 유행했던 장르인 미국 소설로 자신의 스콜피온 출판사를 띄우고 싶었던 비앙의 친구 장드 알뤼앵이 그를 찾아와서 속내를 털어놓았다. 미국산(made in USA) 문학에 정통한 비앙이 그를 위해서 희귀한 진주를, 재능은 있지만 크게 욕심을 부리지는 않는 작가를 발굴해줄 수 있지 않을까? 그런데 비앙이 친구에게 굳이 찾아다닐 필요가 없다고 대답한다. "내가 써줄 수 있어, 네 베스트셀러!"[1] 그 순간, (가짜) 누아르 소설을 써서 그것을 미국 소설의 번역본으로 내놓자는 생각이 싹텄던 것이다. 그것이 바로 비앙이 지어낸 가명(假名) 버넌 설리번으로 서명하여 내놓은 『너희들 무덤에 침을 뱉으마(*J'irai cracher sur vos tombes*)』이다.

장 드 알뤼앵은 사람들이 눈치채지 못하게 그 소설이 젊은 작가의 처녀작이라고 발표한다. 그 소설은 전후의 신(新)청교도주의적인 미국에서는 출간할 엄두를 내지 못할, 화끈한 에로티즘, 사회적 금기의 위반, 극도의 폭력을 뒤섞어놓은 화염병으로, 출판사 서평 보도자료에는 "어느 누구도 쓴 적이 없는 소설!"이라고 소개된다. 하지만 11월 말에 출간된 『너희들 무덤에 침을 뱉으마』는 출발이 썩 좋지 않다. 보리스 비앙의 생각이 틀렸던 것일까? 가명으로 내놓아도, 그의 책들은 운명적으로 실패하게 되어 있었던 것일까?

그러나 1947년 2월 7일, 미덕을 장려하는 모임인 '도덕적, 사회적 행동 연합'의 회장인 다니엘 파르케르가 보리스 비앙을 풍기문란으로 고소하자 모든 것이 달라진다. 갑자기 대중의 호기심이 일기 시작하고, 『방탕에 빠진 르 트루아덱 씨(*Monsieur Le Trouhadec saisi par la débauche*)』를 쓴 불멸의 작가 쥘 로맹이 「파리 수아르(*Paris-Soir*)」의 지면을 빌려 "다른 작가들이 인간을 존중하고 품위를 지키기 위해서 멀리하는 것을 써서 책을 팔아먹는 작가들"을 비난하는 동안, 열에 들뜬 독자들이 서점으로 몰려든다.[2]

그 책을 띄우기 위해서는 떠들썩한 소송으로도 충분했을 것이다. 그런데 다른 사건들이 일어나 그 책의 성공에 일조를 한다. 특히, 1947년 4월 말, 한 남자가 그 소설을 읽은 직후에 사랑하는 여자를 살해하는 비극적 사건이 발생한다. 살해된 여자의 침대 탁자에서 그 소설이 발견되자, 그 불길한 우연의 일치를 놓고 몇몇 언론이 범인은 소설에서 읽은 것을 재현했을 뿐이라는 추론을 내놓아, 대중의 호기심을 더욱 자극한다. 이렇게 해서 베스트셀러가 탄생된다. 『너희들 무덤에 침을 뱉으마』
는 평범한 공쿠르 상 수상작의 서너 배인 60만 부가 팔린다.[3] 이 놀라운
성공은 아직은 미미한 비앙의 인기에서 기인한 것도, 금기를 위반하는
작품의 도발적 측면에서 기인한 것도 아니다. 같은 해, 같은 출판사에서
나온 『북경의 가을(L'Automne à Pékin)』은 완전한 실패였고, 동일한 작
법에 따라 섹스, 피, 이국적 정취를 섞어놓은 버넌 설리번의 후속작들도
상업적으로는 실패에 가까운 결과를 내놓는다. 그 책들은 고소를 당하
는 행운을 누리지 못했던 것이다.

'버넌 설리번 사건'은 이처럼 불순하지만 지속적으로 이어져온, 억압
과 문학적 성공 사이의 관계를 드러낸다. 역사적으로, 소송이나 검열은
한 작품의 성공을 막을 수 없었을 뿐만 아니라 가끔은 그냥 두었으면
어둠에 묻혔을 책에 성공을 안겨주기도 했다.

칼로 물 베기

역설의 형태로 확인된 사실의 첫 번째 요소는 넓은 의
미의 검열은 베스트셀러의 출현을 막지 못한다는 것이
다. 혹은 적어도 검열은 이미 성공작을 낸 저자의 책이
유포되는 것을 막지 못한다. 검열로 인해서 어쩌면 영광을 누렸을지도
모르는 무명 작가의 작품이 어둠에 묻혀버렸을 수도 있다. 하지만 그
경우에는 성공의 신비로운 연금술이 일어났을지 아닐지는 어느 누구도
단정할 수 없다. 천재성을 증명하지 않는 한, 검열을 통해서 살해한 것
이 모차르트인지 아닌지는 아무도 알 수 없다. 반면에 역사가 확인해주
는 바, 인기를 누리는 작가의 입을 공권력의 결정으로, 다시 말해서 외
부로부터 봉하는 것은 거의 불가능하다. 모든 경우에서 재갈은 불충분
한 것으로, 어떤 가설들에서는 너무 느슨하고, 다른 가설들에서는 너무

빡빡한 것으로 드러난다. 달라질 수 있는 것은 무능력의 정도, 금지된 저작들이 얼마나 쉽게 금지를 따돌릴 수 있느냐이다.

무능력

검열이 엉성하거나, 단호하게 행해지지 않을 경우, 검열 주체는 완전한 무능력에 빠진다. 1763년 그 유명한 『책 장사에 대해서 사르틴에게 보낸 편지(*Lettre à Sartine sur le commerce de la librairie*)』에서 드니 디드로가 말하고자 하는 것도 바로 그것이다. "국외나 국내에서 비밀리에 인쇄되어 금지된 위험한 책들 중에, 4개월 내에 특권을 누리는 책[다시 말해서 왕의 특권으로 정히 허가된 책]만큼 널리 알려지지 않은 책이 있으면 한 권이라도 대보게."[4]

디드로는 자신이 무슨 말을 하는지 알고 있다. 그가 주도한 『백과전서』는 출간에 필요했던 긴 세월 동안 구체제 말기에 특징적인 우유부단한 검열의 반복적인 탄압에 시달렸다. 1751년, 디드로는 공식적인 허락을 받았고, 1권은 별 어려움 없이 출간되어, "불멸의 거대한 저작"이라고 말한 볼테르의 지지를 받았다. 그러나 곧 교회의 독실한 신자들이 끼어든다. 2권이 막 출간된 1752년 2월 7일, 왕의 국정자문회의가 "왕의 권위를 파괴하고, 독립과 반항 정신을 부추기며, 모호하고 애매한 표현을 빌려 오류와 풍습의 타락, 무신앙과 불신을 조장하는 문구들이 있다"는 판결을 내린다.[5] 이 판결에 의해서 『백과전서』를 인쇄하고, 판매하고, 배포할 경우 1,000리브르의 벌금형에 처해진다.[6]

그러나 행정기구 내부에, 그리고 왕의 주위에도 그 조치에 반대하는 이들이 다수 있다. 특히 서적 출판을 관리하는 아주 관대한 책임자 말셰르브는 국정자문회의의 판결에 불같이 화를 낸다. 며칠 후, 인쇄소를 덮쳐 『백과전서』와 관련된 원고와 종이를 압수하는 임무를 맡은 그가 그 사실을 몰래 귀띔해준 덕에, 디드로는 수색이 시작되기 직전에 그것들을 숨기는 데 성공한다. 심지어 궁정 내부에서도, 교회 쪽 당파에 적의를 품고 있던 퐁파두르 부인이 루이 15세에게 그가 그들 손에 놀아나고 있다는 것을 보여주려고 애쓴다. 이로 인해서 판결은 3개월 후에 철회된다. 그사이 『백과전서』를 덮친 금지령에도 불구하고, 예약 신청이 끊임없이 쇄도한다. 그런 종류의 금지는 있으나마나라는 것을 모두가 아는 만큼, 독자들의 욕구는 그깟 일로 쉽게 꺾이지 않는다.

그러나 그로부터 몇 년이 지난 1759년 2월, 다시 시련이 찾아온다. 이번에는 파리 고등법원이 『백과전서』에 유죄를 선고하는 판결을 내린다. 검사장 오메르 졸리 드 플뢰리는 논고에서 『백과전서』가 "모든 지식을 담은 책이어야 함에도, [……] 모든 오류를 담은 책이 되어버렸다"고 주장한다. 3월 8일 국정자문회의는 또다시 특권을 취소하고, 후속편을 인쇄하는 것은 물론이고 이미 나온 책들을 판매하는 경우에도 "본보기가 될 만한 형벌"로 다스리겠다고 발표한다. 9월 3일에는 설상가상으로 교황 클레멘스 8세가 『백과전서』에 유죄를 선고하고, 신성을 모독하는 그 책을 소유하고 있으면서 교회 당국으로 가져와 즉석에서 불태우지 않는 자는 누구든 파문하겠다고 선언한다.

그러나 말셰르브가 『언론의 자유에 대한 회고록(*Mémoire sur la liberté de la presse*)』에 기록하는 것처럼,[7] 이 금지는 실현 가능성이 없는 소원, "의미 없는 빈말"로 남게 된다. 각 권이 나올 때마다 예약 신청자의 수는 계속 늘어나고, 판매 역시 순조롭다. 1770년대부터 제네바, 리보르노, 루카, 베른, 그리고 로잔에서 발행된 『백과전서』는 가격도 비싸고, 여러 권이고, 이단의 냄새가 짙게 풍기는데도 그 시대의 베스트셀러 중 하나가 된다. 2절판 33권으로 구성된 전집 2만5,000질이 전 유럽에 걸쳐 팔리는데, 조르주 미누아가 지적한대로, 이것은 "계몽시대 검열 체계의 애매성을 가장 잘 보여주는 증거"가 된다.[8]

검열이 『백과전서』를 덮친 1759년, 볼테르의 걸작 중 한 편도 같은 운명을 겪는다. 이번에도 졸리 드 플뢰리가 설쳐댄다. 『백과전서』에 유죄판결이 떨어진 지 겨우 며칠밖에 되지 않은 1759년 2월 6일, 그는 '랄프 박사'라는 사람이 독일어로 된 책을 번역했다는, 저자명 없이 출간된 『캉디드 혹은 낙관론(Candide ou l'Optimisme)』이라는 소책자에 대한 첩보를 입수한다. 그는 동생에게 이렇게 쓴다. 그 작은 책자에는 "종교와 미풍양속에 반하는 독설과 알레고리들이 담겨 있는" 것으로 보인다고. 검사장은 분노와 경악으로 목이 멘다. "고등법원이 유사한 저작들에 엄숙한 판결을 내렸는데도, 이처럼 유해한 책으로 집요하게 대중을 물들이려고 들다니, 참으로 놀라운 일이다!"[9] 2월 25일, 그의 고발에 따라, 경찰이 출판업자 뒤셴에게서 그 소책자의 교정쇄를 압수한다. 그럼에도 얼마 지나지 않아서 그 책의 저자가 누구인지를 알아차린 볼테르의 충실한 독자들이 그 책을 구하려고 동분서주한다. 금지 이전에 인쇄된 6,000부가 단 며칠 만에 다 팔리고, 3월 중에 6번이나 책을 다시 찍는다. 영어와 이탈리아어 번역본은 차치하고라도, 그해 말에 벌써 20번째 판이 나온다. 이처럼, 18세기에 가장 큰 성공을 거둔 책 중의 하나는 금지 조치의 대상이 되는 것으로 삶을 시작했다.

이것이 예외적인 경우는 아니다. 사르틴에게 보낸 서한에서, 디드로는 몽테스키외의 『페르시아인의 편지(Lettres persanes)』도 언급하는데, 그 책은 100번째 판까지 나왔으며, "코흘리개 꼬마도 그 책을 구하

기 위해서 한 푼 두 푼 모은 돈을 들고 강둑을 돌아다닌다"고 쓴다.[10]
"[그에 따르면] 심지어 궁전 입구에서도 살 수 있는" 루소의 『사회계약론(Contrat social)』도 언급하는데, 장 자크 루소에 관해서라면 『에밀(Émile)』을 예로 들 수도 있을 것이다. 12년 전부터 그 제네바인은 궁정과 도시에서 큰 인기를 누린다. 1761년, 그가 교육에 대한 소설 『에밀』을 출간하려고 하자, 뤽상부르의 사령관이 직접 나서서 말셰르브에게 그 소설의 인쇄를 허락해달라고 부탁한다. 말셰르브도 순순히 허락을 하는데, 1762년 봄 책이 나오면서 파문이 커지자, 태도를 바꾼다. 6월 9일, 파리 고등법원은 『에밀』에 "왕에 대한 백성의 존경심과 사랑"을 약화시킴으로써 "지고한 권위에 거짓되고 가증스러운 성격"을 부여하는 주장들이 들어 있다고 판단한다. 당연히 그 책은 찢어서 불에 태우고, 저자는 감옥에 가두라는 판결이 내려진다. 그러나 콩데 공(公)에게 제때 연락을 받은 루소는 달아나는 데 성공한다(인물들은 달라졌지만, 장면은 똑같이 반복된다). 한편 책에 대한 금지령은 1762년 8월 6일 고등법원이 선고한 예수회 폐지가 불러일으킨 소란 때문에 금방 뒷전으로 밀려난다. 검열 덕분에 세인의 입에 회자되고, 예수회 수도사들 덕분에 무사할 수 있었던 『에밀』 역시 당대에 가장 큰 성공을 거둔 책 중의 하나가 된다.

따라서 이 경우에 문제는 검열자들에게 단호한 의지가 없는 데서 발생한다. 정치 엘리트들이 대놓고 계몽의 원칙에 동조하지는 않았지만 새로운 사상에 서서히 물들어간 구체제 말기에, 이런 지배적 경향에 역행한 검열의 효율성은 극도로 제한적일 수밖에 없었다.

범람

늙은 프랑스 왕정보다 훨씬 덜 유연하고 덜 관대한 체제에서 강력하게 시행된다고 하더라도, 검열은 일반적으로 베스트셀러의 출현이나 유포를 막을 능력이 없는 것으로 드러난다. 부주의로 인해서 금지했어야 할 책들을 그냥 내버려두든지, 아니면 교묘하게 금지를 피하는 것을 막지 못함으로써.

책들에는 나름의 운명이 있다

검열망이 어떤 사냥감도 빠져나가지 못할 정도로 촘촘했던 적은 결코 없었다. 18세기의 스페인에서 『로빈슨 크루소』의 유포를 차단하는 데에 성공한 종교재판소도 『백과전서』가 퍼져나가는 것을 막지는 못한다. 1759년에 교황이 단호하게 금지하기는 했지만, 『백과전서』는 오히려 더 유명해진다. "높은 가격에도 불구하고 [……] 그날 이후로 그 저작의 성공을 전하는 증언들이 폭발적으로 늘어난다."[11] 실제로 철저한 검열에도 불구하고 철학자들의 저작은, 종교재판소가 엄하게 금하는 것이라고 할지라도, "개화된 독자들에게 알려졌다."[12] 그 독자들 중에는 그런 책에 관심을 가지고, 구해서 읽으면서도, 만약의 경우에는 엄격한 처벌을 피할 수 있는 종교재판소 판관들도 포함되어 있다. 또한 부르봉 왕가가 다스리는 18세기 말의 스페인은 에드거 포가 "함정과 진자(Le puits et le pendule)"에서 그린 낭만적이고 무시무시한 밤의 동판화와는 크게 관계가 없다. 종교재판소가 행사하는 통제는 계몽시대의 유럽과 직결되어 있는 교양 있는 계층의 지적 진화가 확인시켜주듯, 과거보다는 훨씬 덜 가혹하다.

검열은 현대의 전체주의 국가의 틀 속에서 훨씬 더 무시무시한 모습을 드러낸다. 하지만 거기서도 몇몇 책은 거의 기적적으로, 빅 브라더(Big Brother)의 감시나 정치경찰의 폭력을 모면한다.

에른스트 윙거의 걸작 『대리석 절벽 위에서』의 놀라운 운명이 그렇다. 1939년에 함부르크에서 출간된, 사회국가주의의 야만성을 투명하게 드러내는 이 우화가 체제를 감시하는 자들의 눈에 띄지 않았을 리는 없다. 당시 당 선전부 소속 검열 책임자였던 하인츠 그루버는 그 책의 출간을 금지할 필요는 없다고 판단한다. 그러나 나치 수뇌부도 바보는 아니다. 그 소설을 금지해야 한다는 발언이 곳곳에서 터져나온다. 제국 지도관 필리프 불러가 히틀러에게 그 소설을 고발하고, 괴벨스도 저자를 투옥했다가 강제수용소로 보내려고 한다. 그런데 아무 일도 일어나지 않는다. 윙거가 야만인들의 두목 '위대한 산림감시원'으로 묘사한 총통 자신이 윙거의 첫 작품 『강철 폭풍 속에서(In Stahlgewittern)』를 너무 좋아했던 만큼, 그 작가를 검열하지 못하게 했을 것이라고 사람들이 수군댄다. 이렇게 해서, 그 책을 둘러싼 의혹에도 불구하고, 어쩌면 부분적으로는 그것 때문에, 또한 종이 부족에도 불구하고, 슈튈프나겔 장군의 명령에 따라서 점령군용으로 특별히 파리에서 출간된 (사실임직하지 않은) 1942년 판은 차치하고라도, 1939년 10월과 1943년 10월 사이에 6만7,000부가 팔려나가게 된다. 결론적으로, 『대리석 절벽 위에서』는 출간을 가차 없이 금지했어야 할 체제의 대표자 몇몇에게 지지를 받은 묘한 베스트셀러로 남는다. "책들에는 나름의 운명이 있다(Habent sua fata libelli)." 에른스트 윙거는 후에 이렇게 말한다. 때로 도저히 극복할 수 없을 것 같은 장애들을 쉽게 따돌리는 것처럼 보이는 운명 말이다.[13]

그로부터 20년 후, 이번에는 소련에서 이와 유사한 기적이 일어난다.

객관적으로 반(反)소비에트적인 소설, 알렉산드르 솔제니친의 첫 번째 걸작, 『이반 데니소비치의 하루(*Odin Den' Ivana Denisovicha*)』가 검열을 통과하여 출간된다. 강제수용소에서 돌아온 솔제니친은 소련에서는 절대 출간하지 못할 것이라고 확신한 채 아무도 몰래, 시베리아로 끌려간 정치포로의 일상을 전하는 이 간단한 이야기를 썼다. 1961년, 영향력 있는 문학 비평가로 강제수용소에서 함께 지냈던 동료가 솔제니친에게 그 작품을 『노비 미르』지에 보내보라고 설득한다. 예상과는 달리, 그 유력 잡지가 원고를 받아준다. 상황이 예외적으로 좋았던 것은 사실이다. 제22회 소련 공산당 대회에서 니키타 흐루쇼프가 심도 깊은 스탈린 격하운동을 부르짖는다. 그는 인민 출신의 인물이 온몸으로 견뎌내야 했던 스탈린식 공포정치의 폐해를 고발하는 솔제니친의 작품이 자신의 정치적 목적에 유용할 수 있다고 평가한다.

여기서도 권력의 핵심부가, 특히 스탈린을 넘어서 소비에트 체제 자체, 그 논리와 원칙을 그 소설이 암묵적으로 공격하고 있다는 것을 깨달은 당 최고회의 간부회가 저항한다. 수슬로프나 브레즈네프 같은 영향력 있는 몇몇 지도자의 의견에 따라, 최고회의 간부회가 소설의 출간에 적의를 드러낸다. 사람들이 자신의 뜻에 저항하는 데에 발끈한 흐루쇼프가 노발대발하자, 간부회는 결국 꼬리를 내리고 만다.

소설 출간일인 1962년 11월 17일은 후에, 페레스트로이카까지 사반세기 동안 계속될 대대적인 후퇴에 조금 앞서서 소련을 휩쓴 "자유주의 운동의 절정기"로 묘사된다.[14] 소설은 10만 부를 찍지만, 소설이 받은 환대는 모든 기대를 넘어선다. 판매가 시작되자마자, 모스크바 사람들이 서점으로, 가두판매점으로 물밀듯 몰려든다. 줄들이 길게 이어지고, 재고가 잠깐 사이에 바닥을 드러낸다. 몇 주 후 도저히 책을 구할 수가 없게 되자, 전형적으로 소비에트적인 교환, 대출, 집단 독서의 체계가 자리를 잡는다. 1963년 1월 초에 보급판 75만 부를 찍는데, 그것도 얼마 지나지 않아서 다 팔려버린다. 이 보급판은 암시장에서 공식가보다 30배나 비싼 가격에 거래된다. 이런 맥락 속에서, 『이반 데니소비치의 하루』는 소비에트 시대에 가장 예외적인 문학적 성공 가운데 하나, 몇 년 후에 그 저자가 털어놓는 것처럼, 독재자의 "실수 덕을 **톡톡히 본**" 베스트셀러가 된다.[15]

스탈 부인 대 나폴레옹

그러나 실수를 하지 않을 때조차, 독재자들은 금지하려고 시도한 책의 성공을 감당하거나 철저히 통제할 만큼 강력했던 적이 결코 없었다. "책들에는 나름의……" 나폴레옹이 스탈 부인의 『독일론(De l'Allemagne)』과 관련하여 큰 대가를 치르고 배우게 되는 것도 바로 그것이다.

유명한 은행가 네케르의 딸로, 지적인 여성이자 재능 있는 자유기고가인 스탈 부인은 1799년 보나파르트가 권좌에 오른 이후로 끊임없이 그와 숨바꼭질을 했다. 1807년, 출정 중이던 황제는 탈레랑에게 스탈 부인의 이전 작품 『코린(Corinne ou l'Italie)』의 교정쇄를 읽어보라고 하고는, "그 저작은 아무 가치도 없다"는 간략하고 최종적인 판결을 내린다.[16] 하지만 그는 그 소설이 출간되도록 내버려두었고, 소설은 아주 큰 성공을 거둔다. "우리가 사랑 때문에 죽을 수 있다는 것을, 뛰어난 여성이 자신을 이해해주는 남자를 만나는 경우는 극히 드물다는 것을 보여줌으로써 여전히 흐릿했던 낭만주의의 이미지"를 정착시키는 데에 공헌했다는 점에서, 그 책은 성공을 거둘 만한 자격이 있었다고 지슬랭 드 디스바크는 평가한다. 퇴짜를 맞은 모든 남자가 자신을 베르테르로 생각했던 것처럼, "불행한 여자들은 자신을 코린으로 여길 것이다."[17] 3년 후인 1810년, 자신의 걸작이 될 것이라고 생각하며 새 책을 마무리하는 스탈 부인은 아무것도 걱정하지 않았다. 『코린』이 전제군주의 눈에 들었다면, 『독일론』도 그럴 것이기 때문이었다. "내가 이 책에서 이전의 책들과 같은 의견들을 표명했고, 현 프랑스 정부에 대해서도 마찬가지의 침묵을 지켰기 때문에, 이 책을 출간하는 것 역시 허락될 것이라고 자신하고 있다." 그녀는 초판 서문에 이렇게 적었다.[18]

그런데 1810년 2월 5일, 출판물 감독부를 신설하는 법령이 공포되는데, 이 부서가 공개적으로 밝힌 목표는 검열을 강화하는 것이었다. 법령은 이렇게 규정한다. 앞으로는 어떤 저작도 원고를 거부하거나 수정을 요구할 수 있는 검열관들의 검사를 받지 않고 인쇄에 들어가지 못한다. 최종적으로 저작이 검열관들의 검사를 통과하여 정식으로 허가를 받았더라도, 경찰청장은 "그가 타당하다고 판단할 경우 그 저작을 모조리 없애버릴 수 있는 권리"를 가진다. 이는 경찰청장에게 무제한의 권력을 주는 것으로, 새로운 법규를 전제주의 쪽으로 기울게 하는 부가조항이었다.

스탈 부인의 원고는 출판물 감독부에 제출되어 몇 가지 가벼운 수정만을 요구받는다. 그러자 발행인인 니콜은, 세 번째 권이 아직 검열관들의 손에 있는데도, 첫 두 권을 먼저 인쇄하기로 마음먹는다. 그런데 스탈 부인의 측근 몇 사람만이 원고 상태로 읽을 수 있었던 그 세 번째 권이 파리의 살롱들에서 스탈 부인이 크게 걱정할 정도의 잡음을 일으키기 시작한다. 스탈 부인은 위험을 피하기 위해서 황제에게 보여주라며 교정쇄 뭉치를 레카미에 부인에게 맡긴다. 그녀는 그것이 혹시 내려질지도 모르는 출간 금지를 따돌릴 수 있는 최선의 방법이라고 생각한다. 하지만 이번에는 그 궁여지책이 실패로 돌아간다. 며칠 후, 그녀는 경찰청장이자 로비고 공작 사바리가 법령에 의해서 자신에게 부여된 특권을 이용하여 "조판을 산산조각내고, 그 위험한 저작이 단 한 부라도 새어나가지 못하게 출구마다 보초를 세우라는 명령과 함께" 출판사에 있는 초판 1만 부를 발매 금지시켰다는 사실을 알게 된다. 스탈 부인은 후에 그 어느 때보다 신랄한 어조로, "그 조치를 감독하는 임무를 맡은 경찰서장은 너무나 많은 양의 책을 일일이 파괴하느라고, 그 모든 것을 인간 이성의 흔적이 조금도 남지 않은 완전한 백지로 만드느라고 과로로 사망했다"고 회고한다.[19] 그 가엾은 경찰서장이 그 작전의 첫 번째 희생자라면, 두 번째 희생자는 경찰청장에게 당시 스탈 부인이 머물렀던 성을 수색하여 그녀가 가지고 있을지도 모르는 교정쇄와 원고 전량을 압수하라는 지시를 받은 루아르 에 셰르의 경찰서장 코르비니이다. "자유롭고 개화된 정신의 소유자"[20]였던 코르비니 서장은 스탈 부인이 남은 것은 이것뿐이라며 원고를 적당히 베낀 사본을 넘겨주자 속아넘어가는 척 눈을 감아준다. 이로 인해서 그는 임무를 소홀히 했다는 이유로 면직을 당한다. "황제의 총애를 잃고 큰 슬픔에 빠진 것이 그를 한창 나이에 죽게 만든 질병의 원인 중 하나였다"고 호사가들은 말한다.[21]

그 책에 가해진 탄압은 동기가 아주 모호한 만큼 황당할 정도로 가혹하고 집요해 보인다. 1810년 10월 3일자 편지에서 사바리는 스탈 부인에게 자신의 입장을 설명하면서 "[스탈 부인의] 신작이 전혀 프랑스적이지 않습니다. [……] 출판업자가 입게 될 손실은 유감이지만, 그 책을 출간하게 내버려두는 것은 불가능합니다"라고 말하는 데 그친다.[22] 이는 다들 인정하겠지만, 약간 성급한 결론이다. 시중꾼의 기억에 따르면, 나폴레옹이 레카미에 부인이 전해준 교정쇄를 읽고 몹시 화를 냈으며 심지어 그것을 불에 던져버렸다고 한다.[23] 그리고 알다시피, 사바리는 세상 무슨 일이 있어도 황제의 총애를 받고 싶어했다. 그가 오래된 적수, 스탈 부인을 악착같이 붙들고 늘어진 것도 그 때문이었다.

그러나 스탈 부인은 포기하지 않는다. 스위스의 코페 성으로 피신하지 않을 수 없게 되자, 그녀는 황제의 경찰에게 압수당하지 않은 유일한 교정쇄를 몰래 그곳으로 빼돌린다. 그녀는 가택수색의 위협에 끊임없이 시달리며 그곳에 틀어박혀 지낸다. 1811년 7월의 어느 날, 아이들의 가정교사였던 독일인 친구 아우구스트 슐레겔이 몰래 빈까지 달려가, 그의 동생 프리드리히의 손에 더없이 소중한 꾸러미를 맡긴다. 그 유명한 교정쇄를……[24]

1812년, 자신의 성에 갇혀 지내던 스탈 부인도 경찰의 감시를 따돌리는 데에 성공한다. 그녀는 빈으로 달아나서 교정쇄를 회수한다. 그녀는 빈에서 키예프, 모스크바, 상트페테르부르크, 스톡홀름, 그리고 끝으로 런던까지, 유럽을 관통하는 그 놀라운 여행 동안 내내 그것을 소중하게 간직한다. 그리고 그곳, 나폴레옹 황제에게 대항하여 손을 잡은 세계의 수도에서 그녀는 마침내 3년 전부터 줄곧 그녀를 사로잡았던 꿈, 『독일론』의 출간을 이룰 수 있게 된다. 책은 1813년 10월에 출간된다. 언론을 통해서 그 책이 겪은 파란만장한 운명이 대중에게 알려지자, 책은 곧 엄청난 성공을 거둔다. 런던에서 영어와 프랑스어로 출간된 초판은 단 3일 만에 소진된다. 이듬해 『독일론』은 스웨덴, 네덜란드, 그리고 파리에서도 인쇄되는데, 1810년에 불행을 맛보았던 발행인 니콜은 대대적인 성공으로 보상을 받는다. 이 책은 "낭만주의자들의 성경"[25]으로 간주되면서 왕정복고 시대 초기에 일대 유행을 일으켜 몇 개월 만에 5개의 판본이 나온다. 이렇게 스탈 부인은 나폴레옹과의 긴 대결에서 승리를 거두게 된다. 세인트헬레나 섬에 갇힌 나폴레옹은 부분적으로 자기 덕에 컬트 서적이 된 책을 읽기를 한사코 거부한다.

박해받는 자들은 행복하여라

1989년 1월 초, 살만 루시디의 최신작 『악마의 시(*The Satanic Verses*)』가 많은 사람들의 관심을 끌지 못하고 있다는 것은 그리 틀린 말이 아니었다. 어렵기로 정평이 난 이 파키스탄 출신의 영국 작가는 몇 년 전에 『한밤의 아이들(*Midnight's Children*)』(1981)로 명망 높은 부커 상을 수상하기는 했지만, 베스트셀러와는 거리가 먼 사람이었다. 사실 1988년 9월 26일에 출간된 그의 신작은 난해하다고 할 수는 없어도 특별히 모호해 보였다. 따라서 서점 체인 W. H. 스미스에서 그 책이 일주일에 겨우겨우 몇백 부밖에 나가지 않아도 놀라는 사람은 아무도 없었다.[26]

그런데 갑자기 마술봉을 휘두르기라도 한 것처럼, 검열이 『악마의 시』를 세계적인 베스트셀러로 만들어놓는다. 2월 14일, 아야톨라 호메이니가 "세계의 모든 독실한 무슬림에게 『악마의 시』라는 제목의 책을 쓴 자와 [……] 그 책의 출간에 관련된 모든 사람들이 [……] 사형을 선고받았다는 사실을 알린다. 나는 다른 어느 누구도 감히 이슬람의 원칙들을 모독하지 못하도록, 열성적인 무슬림들에게 그들이 어디에 있든 어서 그 자를 처형하라고 요구하는 바이다"라는 파트와를 내놓는다.

깜짝 놀라 잠시 멍한 상태가 지나자, 브래드퍼드에서 발생한 몇몇 폭력 사고로 판매량이 껑충 뛰어오른 영국뿐만 아니라, 전 세계 사람들이 서점으로 몰려든다. 미국에서는 『악마의 시』가 3월부터 베스트셀러 상위권에 오른다. 그러더니 말 그대로 모든 기록을 갈아치우고, 경쟁작들을 질식시킨다. 4월에 들어서자 『악마의 시』는 루시디의 모호한 신학적, 정치학적 우화보다 독자들을 유혹할 여지가 훨씬 더 많은, 할리우드 여가수와 뉴욕 변호사 사이의 감상적인 로맨스를 다루어 실제로 「뉴욕 타임스」 베스트셀러 2위에 오른 다니엘 스틸의 최신작 『스타(Star)』보다 무려 다섯 배나 더 팔린다. 미국에서 『악마의 시』는 장장 9주 동안 베스트셀러 1위를 차지하고, 75만 부가 팔려나간다. 이탈리아에서도 5개월 동안 35만 부가 팔리고, 그 책이 시판된 대부분의 나라에서 그 정도가 팔려, 문화의 세계화 현상을 여실히 보여준다.

아야톨라 호메이니가 발표한 파트와가 갑자기 극히 제한된 독자들만 찾아서 읽을 어려운 저작을, 당시 「선데이 텔레그래프(Sunday Telegraph)」 (1989년 3월 19일)의 표현에 따르면, "20세기에 가장 유명한 책", 어쨌거나 그해 가장 많이 팔린 책 중의 한 권으로 만들어놓는다. 게다가 그 파트와는 그 책을 역사학자라면 누구나 관심을 가져야 할 현상의 전형적인 예로 만든다. 검열로는 결코 어떤 책의 성공을 막을 수 없다는 사실을 확인한 역사학자는, 검열이 없었다면 아마 몇 권 팔리지 않았을 책이 검열 덕에 베스트셀러가 되기도 한다는 것을 인정해야만 했다. "별 것 아니라서 금방 잊혔을 텐데, 유죄선고를 받음으로써 세상에 널리 알려진 책이 얼마나 될까?" 1763년에 벌써 디드로는 이렇게 물었다.[27]

대부분 몇 줄 이상은 읽을 의사가 없으면서도, 왜 그토록 많은 사람들이 『악마의 시』를 샀을까? 분명히 이 갑작스런 욕구는 문학과도, 취향과도 크게 관계가 없다. 결국 그것은 세 가지 동기에서 비롯된 것으로 보인다. 우선, 이념적 지지(다시 말해서 이 구체적인 경우에는, 금지에도 불구하고 박해를 받는 작가의 책을 구매함으로써 무관용과 종교적 전통주의에 대한 적의를 표현하고자 하는 의지로). 다음으로는 호기심

(그 책이 과연 그런 스캔들을 불러일으킬 만한 것인지 보기 위해서). 끝으로, 속물주의(『악마의 시』를 구입하면 자신이 엘리트 계층에 속하는 것 같은, 그 책을 읽었고, 잘 알며, 가지고 있기까지 한 자유로운 정신의 소유자인 것 같은 인상을 주므로). 이 속물주의는 특히 그 책이 금지된 무슬림 국가에서 널리 퍼진다.

이념적 지지, 호기심, 속물주의, 유죄선고를 받은 책을 베스트셀러로 만드는 데 결정적인 역할을 한(늘 했던) 것이 바로 이 세 가지 동기이다.

베랑제의 영광, 혹은 오메 씨*의 승리

만약 7월 왕정하에서 프랑스인들이 가장 좋아하는 작가를 알기 위해서 여론조사를 했다면, 대답은 위고도, 샤토브리앙도, 라마르틴도, 심지어 발자크나 외젠 쉬도 아니었을 것이다. 아마 그것은 프루동 같은 사람마저도 부르주아 정신과 완벽한 의견 일치를 보이며, "19세기 최고의 시인"이라고 선언한 서정시인 베랑제였을 것이다.[28] 1857년 7월에 베랑제가 사망하자, 티보데에 따르면 "이전 체제의 연대기에서 유해의 귀환**이 차지했고, 다음 체제의 연대기에서 위고의 장례(葬禮)가 차지하게 될 자리를 제2제정의 연대기에서 차지한" 국장(國葬)이 치러지게 된다.[29] 베랑제는 장례식을 통제한 경찰서장의 배치표에 나와 있는 대로, 나폴레옹과 빅토르 위고 사이에 위치한 "국민시인"일까? 돌이켜보면, 그 서정시인이 남긴 작품이 그런 영예를 누릴 만한 가치가 없는 것이

---

* 귀스타브 플로베르의 『보바리 부인』에 등장하는 약사의 이름. 프티부르주아를 대변하는 인물로 그려진다/역주
** 나폴레옹 1세의 유해가 앵발리드로 돌아온 것을 말한다/역주

분명한 만큼 놀라움은 더더욱 크다.

베랑제의 작품은 사실, 티보데에 따르면,[30] "진부한 언어, 진부한 시구, 진부한 감정들"이 나란히 펼쳐지는 『노래들(Chansons)』 두 권이 전부이다. 이 진부함 덕에 "우리 문학 최초의 공식 시인은 1814년부터 파리의 여론을 좌지우지하는 [그리고 거기서 프랑스 전체로 퍼져가는] 계층, 볼테르를 신봉하고, 프롱드 당을 지지하며, 맹목적 애국심을 가지고 있고 상스러운 프티부르주아의 우두머리가 된다."

그러나 베랑제가 수많은 오메 씨들의 마스코트 시인이자 프랑스 소시민의 기수가 된 것은 그의 작품 때문만은 아니다. 그것은 무엇보다 왕정복고 체제하에서 그의 작품에 가해진 집중적인 탄압 때문이다.

1815년, 교육부의 평범한 직원이었던 베랑제는 시 몇 편을 발표하여 진보적인 진영에서 약간의 명성을 얻었다. 그런데 1821년 그 시들을 책으로 묶어내려고 하자, 베랑제가 회상록에서 상기하고 있는 것처럼, 그것은 전혀 다른 문제가 된다. 말하자면, "엄청난 양의 부수"를 예약한 라피트, 세바스티아니, 카시미르 페리에 같은 자유당 부호들의 지지를 받는 명백한 정치적 행위가 된다.[31] 그래서 초판을, 당시로서는 생각조차 하기 힘든 1만500부를 찍게 되는데, "모든 것이 예감하게 하는" 압류와 소송 때문에 사람들이 앞다투어 사간다. 베랑제는 이렇게 이야기한다. "나는 매 시간 판매 속도가 모든 예상을 앞지르는 것을 확인할 수 있었다."[32] 실제로, 예상했던 반응이 곧 터져나온다. 과격 왕당파 신문 「흰 깃발(Le Drapeau blanc)」이 명백하게 나폴레옹을 지지하고 교권(教權)에 반대하는 그 비방문이 유포되는 것을 보고만 있는 당국의 이상한 방조를 고발한다. 이틀 후, 검찰이 책의 압류를 명령한다. 베랑제는 즉시 면직되고, 기소가 시작된다. 그해 12월, 베랑제는 센의 중죄재판소에서 공중도덕과 종교를 모독한 죄로 징역 3개월에 벌금 500프랑을 선고 받는다. 법정은 같은 판결을 통해서 『노래들』을 판매 금지하고 전량 소각하라는 명령을 내린다.

이것이 베랑제가 겪은 세 번의 소송 가운데 첫 번째로, 이는 군소시인으로 남았을 평범한 공무원을 당대에 가장 찬양받고 가장 많이 팔리는 시인으로 만드는 데 크게 공헌한다.

1821년, 첫 번째 소송이 시작될 때부터, 군중이 바리게이트를 뚫고 들어가 "극도의 무질서 속에서 [자유주의의 선도자들이 가득 들어찬] 법정의 입구로 사용되는 유리 회랑까지" 진출하자, 사람들은 뭔가 심상치 않은 일이 벌어지고 있다는 것을 느꼈다.[33] 군중은 소송을 통해서 단순한 노래가 공격당하는 것을 이해할 수가 없었다. 아닌 게 아니라, 베랑제의 변호사 뒤팽이 변론에서 펼친 주된 논거도 그것이었다. "이 소송을 통해서 느끼게 되는 첫 번째 감정은 놀라움입니다. 노래에 소송을 걸다니요! 그것도 프랑스에서! [……] 이 얼마나 서툰 행동입니까! 인간의 마음을 그렇게 모르다니요! 노래집의 유포를 막으려 하지만, 이는 대중의 호기심을 극도로 자극할 뿐입니다! [……] 의심이 간다면, 경험을 돌아보면 쉬울 것입니다. 이런 종류의 모든 기소가 기대했던 것과 정반대의 결과를 가져온다는 것을 경험이 말해줄 것입니다. 드 로라게 백작은 파리 고등법원에 이렇게 썼습니다. 불태워진 책들에 명예를! 그는 이렇게 덧붙여야 했을 겁니다. 그 저자와 서적상들에게는 이익을!"[34] 뒤팽은 예언자처럼 이렇게 결론짓는다. "이 노래들이 마음에 들지 않는 사람들은 경솔한 만큼이나 이상한 고소를 통해서 이것들을 더 널리 유행시킨, 그리고 더 오래가게 만들어놓은 자신을 탓하게 될 것입니다."[35]

실제로 베랑제의 유죄선고는 그를 사악한 당파, 과격한 왕당파의 예수회 위선자들의 결백한 희생양으로 만듦으로써 그의 대중적 인기를 한 껏 높여놓았다. 게다가 변론의 출간이 금지되었기 때문에 그 희생양은 재갈이 물려 자신이 처한 운명을 한탄할 권리조차 없었다. 하지만 금지 하거나 말거나 상관없었다. 빛을 발하기 시작하는 자신의 영광을 대가 의 솜씨로 관리하는 베랑제는 곧 『소송에 걸린 노래들(*Procès fait aux chansons*)』을 출간한다. 제사(題詞)로 냉소적인 인용문을 붙여서. "노래 를 조심하지 않으면, 무정부 상태는 확실하다." 시인은 두 번째 소송 끝 에 당당하게 무죄를 선고받는다.

그러나 그의 인기를 절정에 이르게 한 것은 1828년 『미간행 노래들 (*Chansons inédites*)』의 출간으로 야기된 세 번째 소송이다. 검찰은 다시 한번 종교에 대한 모독과 정부에 대한 멸시를 말하고, 변호인 측은 바르 트 변호사의 입을 통해서 사상의 자유와 정신의 권리로 대답한다. 베랑 제는 벌금 1만 프랑과 징역 9개월을 선고받는데, 이것이 그에게는 첫 영광의 작위가 된다. 그에게 바쳐진 수많은 초상은 주로 심각하지만 평 온한 표정으로 철창이 무겁게 드리워진 감방의 창문 앞에 서 있는 그를 나타낸다. R. 드 모렌의 데생에 따라 새긴 판화는 우울한 표정으로 책상 에 팔꿈치를 괴고 있는 그를 "자유의 순교자" 중의 한 사람으로 만든다. 한편 그의 시집 판매는 국가적 예약 신청의 모양새를 띤다. 뒤팽이 예언 한 대로, 소송과 옥살이가 도리어 베랑제를 당대의 베스트셀러 작가로 만든다. 사람들은 그의 노래를 구매함으로써 즐거이, 그리고 아주 적은 비용을 들여서 정치적 행위를 하고, 자유에 대한 애착, 황제에 대한 향 수, 그리고 몽매주의를 위해서 동맹한 자들에 대한 적의를 드러낸다.

이처럼 서툰 검열은 전투적 베스트셀러라고 부를 수 있을 특별한 종 류의 성공을 불러온다.

호기심이라는 악마

사람들이 기소된 책을 앞다투어 산다고 해서, 그것이 늘 정치적 지지나 사상의 자유를 지키려는 의지에 의한 것은 아니다. 호기심의 무게에 비할 때, 이런 동기는 오히려 부차적인 것으로 보인다.[36] 금서를 판 죄로 투옥된 볼테르 시대의 한 서점 주인의 말에 따르면, "사람들이 어떤 대가를 치르더라도 반드시 구하고 싶어하기 때문에" 금서를 취급하지 않는 것이 거의 불가능하다고 한다.[37]

물론, 그것은 왜 어떤 책이 공권력의 개입을 불렀는지 그 이유를 알고 싶어하는 욕망에 한정되는 넓은 의미의 호기심이다. 뭔가를 감추려는 것일까? 검열과 소송의 목표가 불편한 진실을 감추는 데 있지 않을까? 책을 구해 읽어봄으로써 사람들은 마침내 그 모든 것 뒤에 감춰진 것을, 다시 말해서 어떤 사람들이 감추고자 하는 것을 알게 될 것이다.

몇 년 전에 이 알고자 하는 욕망이 피터 라이트의 『스파이캐처(Spy-catcher)』를 베스트셀러로 만들었다. 영국 비밀정보국 MI5의 부국장이었던 저자는 그 책에서 자신의 긴 경력을 자세히 전하고, 그것을 기반으로 삼아 놀라운 비밀 몇 가지를 폭로한다. 특히, MI5가 CIA의 지원을 받아서 자신의 보스, 즉 서방으로 건너온 소련 첩자가 비밀리에 KGB 요원이라고 제보하는 바람에 의심을 산 집권 노동당 수상 해럴드 윌슨에 대해서 벌였던 조사나, "여왕 폐하의 비밀정보국"의 내규와 수사 기법에 대해서. 그러나 원한다고 아무나 이언 플레밍이 되는 것은 아니다. 스파이 활동을 폭로한다고 해서 아무 책이나 베스트셀러가 되는 시대는 지났다. 독자들도 입맛이 까다로워져서 조심스럽게 책을 고른다.

따라서 『스파이캐처』를 베스트셀러로 만든 것은 영국 정부가 보인

태도이다. 피터 라이트의 책은 출시되자마자 한 영국 법정에 의해서 판매가 금지된다. 그러자 사람들은 곧 그 책에 중대한 비밀들이 담겨 있을 것이라고 생각한다. 타키투스 황제가 이미 지적했던 대로이다. "욕설은 무시해버리면 그냥 사라지지만, 발끈해서 대응하면 그것을 인정하는 것으로 간주된다."[38] 영국 정부가 그냥 내버려두었으면 『스파이캐처』는 아마 얼마 지나지 않아서 까맣게 잊혔을 것이다. 그런데 유죄를 선고함으로써 그 책을 환하게 조명하고, 공식적으로 흥미를 부추기며, 책에 담긴 내용의 신빙성을 높였다.

이것만으로도 대중의 호기심을 자극하기에 충분했다. 게다가 그 호기심은 충족시키기도 쉬웠다. 왜냐하면 판매 금지 조치가 영국에만 내려졌지, 스코틀랜드, 캐나다, 오스트레일리아에서는 아니었기 때문이다. 물론, 1987년 말에 『스파이캐처』가 40만 부 이상 팔려서 베스트셀러 선두에 오른 미국에서도 아니었다. 평가에 따르면, 『스파이캐처』의 판매를 금지시키려고 동분서주하느라고, 다시 말해서 엄청난 파급 효과를 가진 공짜 광고를 해주느라고, 영국 여왕이 쓴 돈이 최소한 200만 파운드는 될 것이라고 한다. 200만, 그것은 상당 부분 영국 정부의 고집스럽고 서툰 대응 덕분에 피터 라이트가 팔아치운 책의 부수이기도 하다.

그러나 소송이나 검열은 독자에게 아주 외설적인 대상을 알려주기 때문에, 기소된 책이 불러일으키는 호기심은 많은 경우 훨씬 더 불순하다. 1960년대에 출판계를 들썩이게 한 놀라운 사건 중의 하나, 『채털리 부인의 사랑(*Lady Chatterley's Lover*)』이 거둔 엄청난 성공도 이런 호기심으로 설명할 수 있다.[39]

원래 D. H. 로런스는 『채털리 부인의 사랑』의 영국 출간을 포기했었

다. 몇 년 전에 자신의 걸작 『율리시스(Ulysses)』를 파리의 한 작은 출판
사에서 출간한 조이스와 마찬가지로, 로런스는 자신의 소설을 피렌체의
출판인 주세페 오리올리에게 맡긴다. 1928년 6월, 오리올리는 예약 신
청을 받아서 1,000부가량을 찍어서 판매한다. 이듬해, 파리에서 염가판
이 출간되는데, 3,000부를 찍는다. 이것이 1930년 가난하게 죽은 로런스
의 생전에 나온 마지막 판이었다.

1940년대에 서서히 뚜렷해지는 D. H. 로런스의 세계적 인기도 앵글
로색슨 세계에서 포르노라는 평판을 얻은 이 소설에 대한 검열의 철회
를 이끌어내지는 못한다. 하지만 1959년, 부인할 수 없는 문화적 관심거
리를 제공하는 조건에서 외설적인 서적의 출간을 허락하는 법률, 음란
물 출간에 관한 법령이 채택된다.

이 법률에 근거하여 1960년 5월, 영국에서 가장 큰 출판사 중 하나인
펭귄 북스가 그 소설의 무삭제 버전을 포켓 판형으로 출간하겠다는 의
사를 밝힌다. 8월 중순, 책이 나오기 며칠 전, 판사가 배정되고 펭귄을
기소하기 위한 법 절차가 시작된다. 소송은 10월 27일 10시 30분 런던에
있는 중앙 형사법원 올드 베일리에서 시작된다. 소송은 엿새 동안 계속
된다. 그 엿새 동안 전문가들뿐만 아니라 에드워드 M. 포스터나 레베카
웨스트 같은 유명 작가들이 줄줄이 법정에 나와서 창작의 자유를 위한
변론을 펴고, 로런스의 문학적 중요성을 강조한다. 그 위험한 책을 마침
내 손에 넣을 수 있는 순간을 초조하게 기다리던 독자들은 그 엿새를
흥분과 안달로 보낸다. 11월 2일, 남성 9명, 여성 3명으로 구성된 배심
원단이 9 대 3으로 마침내 발행인의 손을 들어준다. 곧 서점들이 북새통
을 이룬다. 대부분이 남자들이라고 BBC 방송이 농담조로 지적한다. 런
던의 한 대형 서점은 재고만 있었다면 1만 권이라도 팔았을 것이라고

「타임스(*Times*)」에 말한다. 소설이 출시된 11월 10일에만 20만 부, 그해 말까지 총 200만 부가 팔렸다고 한다. 작품의 문학적 질과, 최고의 작품들이 겨우 가난을 면할 정도밖에 팔리지 않아서 평생 "**군소 작가**"로 남았던 저자의 천재성은 이 놀라운 성공에 기여한 바가 그리 크지 않다.[40]

『채털리 부인의 사랑』이 특별한 것은 아니다. 주요한 많은 소설들이 화끈한 관능을 추구하는 독자들이 읽고 실망하는 만큼 저자에게는 굴욕적인, 이런 종류의 오해에 많은 혜택을 입었다. 당연히 나보코프의 『롤리타』가 떠오르겠지만, 한 세기 전인 1857년 "종교와 공중도덕, 그리고 미풍양속을 모독한 죄"로 법정에 서는 바람에 플로베르의 소설들 가운데 유일하게 대중적인 성공을 거둔 『보바리 부인』도 큰 덕을 보았다는 사실을 잊지 말아야 할 것이다. 그 유명한 피나르 검사의 최종 논고에 따라, 센 법정은 판결을 통해서 "극히 **가벼운 문학이라 할지라도** 넘지 말아야 할 선이 있는데, 귀스타브 플로베르와 동 피고인들은 그 사실을 충분히 인지하지 못한 것으로 보인다"고 선언했다. 증거 불충분에서 무죄 추정의 원칙에 따라 비록 무죄로 결론이 나기는 했지만, 이 판결은 독자들을 자극해서 소설의 성공을 가져올 만큼 모호한 것으로 받아들여졌다. 초판 6,750부를 찍었고, 그해에 재판에 들어갔으며, 그 다음해에는 3번째 판을 찍었다. 그 소설의 발행인 미셸 레비는 1857년과 1862년 사이에 총 3만5,000부를 판 것으로 평가된다. 대박은 그들의 것이니, 박해받는 자들은 행복할지어다.

폴 아케르에 따르면,[41] 미국의 한 기자가 "소설을 출간했는데 아무도 그에 대한 이야기를 하지 않고", 아무도 읽지 않았다고 한다. 그러자 "그는 관심을 끌기 위해서 한 중국인을 살해했고", 재판정에서 "살인범이 누군지 사람들이 알 수 있게, 그래서 그의 소설을 사서 읽게" 하기 위해서 살인을 저질렀노라고 "태연하게 털어놓았다"고 한다. 결국, 그는 사형을 선고받았고, 사람들은 그의 책을 잊었다. 이 일화는 하나의 메타포처럼 들린다. 어떤 사람들은 자신의 책을 베스트셀러로 만들기 위해서 무엇이든 할 각오가 되어 있다. 어떻게든 전면에 부각되면 실질적인 이득이 돌아오게 되어 있다고 확신한 나머지, 자신의 책에 검열의 벼락이 떨어지도록 스캔들을 일으키기까지 한다. 하지만 여기서도 태양 아래 새로운 것은 없다. 디드로는 이미 이렇게 썼다. "왕의 특권으로 정히 허가된 저작의 출판인과 저자라면, 힘깨나 쓰는 경찰간부들을 찾아가 몇 번이고 이렇게 말하지 않겠는가. 나리들, 제발, 나리들의 저 거대한 층계 아래에서 저의 책을 박박 찢어 불태우라는 판결을 내려주십쇼!"[42] 전해지는 이야기로는, 자신의 『아가(雅歌)(*Cantique des cantiques*)』 번역을 불에 태우라는 판결이 나온 후에, 볼테르가 오메르 졸리 드 플뢰리에게 "최종 논고를 통해서 이 멋진 판결이 나오게 해줘서" 고맙다며 특별히 감사의 인사를 했다고 한다.[43]

심하다고? 20세기에는 상당수의 문학 기업가들이 스캔들을 장사수단의 중요한 요소 중의 하나로 삼을 정도로 남용했다. 거기서 지나치게 단순화되었지만 자주 맞는 것으로 확인된, 소송(혹은 검열)은 곧 성공이라는 방정식이 나오기도 한다.

해방 직후, 셴 출판사 사장인 모리스 지로디아가 "서구 세계의 가장 위대한 색정광" 헨리 밀러와 접촉하여 프랑스에서 『남회귀선(*Tropic of capricorn*)』을 출간하겠다고 제안했을 때, 그는 "성공이 확실하다고 믿어도 좋다"고 생각했다.[44] 그 책의 출간은 1939년에 제정된 가정의 보호에 관한 법률에 저촉될 것이 거의 확실했기 때문에, 발행인은 자신이 어떤 위험을 무릅쓰는지 뻔히 알고 있었다. 하지만 그는 조금의 망설임도 없이 처음부터 1만5,000부를 찍는다. "그 터무니없는 도발"에 비평계가 충격 상태에 빠졌는데도 첫 몇 주 동안은 책이 거의 팔리지 않았고,[45] 영세 출판사의 재정 상태가 위태로워졌다. 다니엘 파르케르의 '도덕적, 사회적 행동연합'(머지않아 『너희들 무덤에 침을 뱉으마』도 법정으로 끌고 갈 바로 그 연합)의 고소에 뒤이어, "행운이 즐거운 소송의 형태로 찾아오는 그날까지는 그랬다"고 지로디아는 쓰고 있다.[46] "밀러 사건이 터지고 나서 8일이 지나자, [……] 재고로 있던 『남회귀선』 1만5,000부가 모두 팔렸고, 우리는 즉시 인쇄소 두 곳을 밤낮으로 돌려 5만 부를 다시 찍었다."[47] 실제로, 소송은 언론이 고소를 떠들썩하게 보도해주고, 법원이 제소를 하고, 법정에서 공방이 벌어지고, 그리고 그 여파가 길게 이어져서 장기간에 걸친 판매촉진 행사를 해주게 된다. 1946년 8월, 지로디아와 다니엘 파르케르가 라디오에 출연해서 논쟁을 벌인다. "우리는 4번째 판을 찍었고, 이미 『남회귀선』 10만 부를 판 상태였다. 나에게 이 엄청난 행운을 가져다준 것이 자신이라는 사실을 안다면, 아마 파르케르 씨에게도 위안이 될 것이었다. 나는 마이크로 그것을 그에게 분명히 알렸다. 그와 같은 약간은 천박한 어조로 어쩌면 잔인하지만, 아주 유익한 논쟁이 끝을 맺었다."[48] 그 다음날, 판매는 12만5,000부로 치솟고, 곧 20만 부를 돌파한다.

지로디아는 이렇게 털어놓는다. "출판이 무슨 스포츠 경기 같아 보이기는 처음이었다."[49] 소송과 기소가 성공을 향한 일종의 도약대 역할을 해주었으니까. 그는 이후 1950년에 출간된 밀러의 『섹서스(*Sexus*)』에도, 영어본이지만 파리에 있는 그의 출판사 올림피아 프레스에서 출간된 나보코프의 『롤리타』에도 이미 검증된 이 기법을 다시 사용한다.

지로디아가 이 방법을 자기 것으로 삼은 유일한 인물은 아니다. 프랑스에서 같은 시기 혹은 조금 더 나중에, 『O양 이야기(*Histoire d'O*)』[50]의 발행인 장 자크 포베르도 같은 방법을 사용한다. 다시 지로디아에 따르면, 미성년자에게 이 책의 판매를 금지한 것이 "누구나 예상할 수 있듯이, 이 책의 판매를 촉진시키는 명백한 결과"를 가져온다. 그의 (틀린) 생각으로는, 그 책을 "역사상 최초의 지하 베스트셀러"로 만들 정도로…….[51]

8
책과 이미지의 결혼

19세기 말의 미국, 서점 주인과 발행인들이 자전거가 유행하는 바람에 책이 팔리지 않는다고 불평을 늘어놓는다. 얼마 후, 그들은 자동차, 전화, 야구 경기, 그리고 당연히 어두운 공간으로 대중을 끌어들여 독서를 하지 못하게 만드는 영화에 대해서도 같은 불만을 토로한다.[1] 주기적으로 영화관을 찾는 사람들의 수를 고려할 때, 얼핏 그 불평은 타당한 것으로 보인다. 1930년대 중반의 영국에서는 인구의 40퍼센트가 일주일에 한 번, 25퍼센트는 적어도 두 번 영화관을 찾는다.[2] 사람들이 한쪽(영화)에 들이는 시간과 돈을 다른 쪽(독서)에서 가져온다는 결론을 내리고 싶은 유혹이 생긴다. 그러나 실제로는 정반대 현상이 일어난다. 20세기 초부터 영화와 대중적인 독서 사이에 밀접한 관계가 형성된다.[3] 전문적으로 영화를 소설로 만드는 기업 리더스 라이브러리 필름 에디션이 당시에 내놓은 팸플릿은 이렇게 설명한다. "영화가 불러일으키는 흥미는 그것을 봤다는 것만으로는 소진되지 않는다. 이 두 가지 예술, 두 가지 표현 형식, 즉 이미지와 언어는 서로 영향을 미친다. [……] 간단히 말해서 책을 읽은 사람들이 영화를 보고 싶어하는 것과 마찬가지로, 영화를 본 사람도 책을 읽고 싶어할 것이다."[4] 프랑스에서는 제1차 세계대전 중에 타이랑디에나 라 르네상스 뒤 리브르 같은 출판사들이 큰 인기를 얻은 영화라면 서점가에서도 성공을 거둘 수 있을 것이라고 확신하고 '시네마 비블리오테크', '로망 시네마' 같은 총서를 내놓기 시작한다.[5] 실제로 아주 저렴한 가격에 팔린 이 영화 소설들은 질이 많이 떨어짐에도 불구하고 곧 눈부신 성공을 거두어 고전적인 출판사들의 질투(와 멸시)를 촉발시킨다.

그러나 영화가, 더 넓게는 이미지가 문학과 독서에 미치는 영향은 이런 파생 상품들에 한정되지 않는다. 그들 사이에 맺어진 '공생적' 관계를 말할 수 있다면,[6] 대형 스크린이든 텔레비전 화면이든, 그 관계는 많은 경우 훨씬 더 심원하고 복잡하다.

베스트셀러에서 영화로

본드의 경우

제임스 본드는 1952년 1월의 세 번째 화요일, 자메이카의 골든아이에서 태어났다. 방금 파파야, 블랙 커피, 스크램블 에그로 아침 식사를 마친 플레밍은 거실로 가서 문을 닫고 블라인드를 내린 다음, 낡은 휴대용 타자기 앞에 앉았다. 기자, 환 중개인, 스파이의 이력을 거친 마흔세 살의 플레밍은 당시 그에게 「선데이 타임스(*Sunday Times*)」의 해외취재 부서를 맡긴 언론계 거물 킨슬리 경을 위해서 일하고 있었다. 플레밍은 아직 한번도 소설을 시도해본 적이 없었다. 그런데 그날 아침, 그는 별 생각 없이 그 모험에 뛰어든다. 정보계와 카지노의 분위기를 잘 아는 그는 예년과 마찬가지로 자메이카의 비치 하우스에서 보내는 두 달을 바쳐 스파이 작전과 도박꾼들에 관한 이야기를 쓰기로 마음먹는다. 그가 글을 쓰는 동안, 장차 그의 아내가 될 앤은 바다를 향해 나 있는 정원에서 평온하게 꽃을 그린다. 그는 소설을 쓰기 시작하기 전에 모든 것을 상상하고 계획해놓았다. 심지어 그가 가능한 가장 진부하고 평범하기를 원했던 주인공의 이름, 제임스 본드(James Bond)도 찾아놓았다. 그것은 바로 그가 아주 좋아하는 조류학 개론서를 쓴 저자의 이름이었다. 그해 플레밍은 아침 나절에 달리 할 일이 아무것도 없었기 때문에, 『카지노 로열(Casino Royale)』의 원고를 7주 만에 마무리한다. 플레밍의 친구이자 그의 첫 전기 작가인 존 피어슨은 이렇게 적는다. 1952년 3월 18일, "6만2,000개의 단어로 이루어진, 가장 예외적인 액션 소설 중 하나가 완성되었다. 그렇게 별 고생 없이 써낸 책이 그런 엄청난 상업적 성공을 거둔 것은 아마 처음일 것이다."[7]

　이미 말했듯이, 플레밍이 소설을 쓰기 시작한 것도 우연이고, 그가 그 도전을 끝까지 해내기 위해서 가능한 최적의 조건을 갖추고 있었던 것도 우연이다. 하지만 일단 소설이 끝나자, 그는 그 모험에 온몸을 던진다. 재미있는 사실 하나를 소개하자면, 소설에 마침표를 찍고 두 달이 지났을 때, 플레밍은 그가 품은 야망의 투명한 상징이라 할 수 있는 도금한 타자기 '로열 타이프라이터'를 구입한다. 마침내 마음이 맞는 발행인 조너선 케이프를 찾은 그는 『카지노 로열』을 "베스트셀러로 만들기 위해서" 동분서주한다.[8] 그는 목표를 이루기 위해서 할리우드 쪽으로 눈길을 돌린다. 9월 15일, 조너선 케이프와 최종 계약서에 서명하기 이틀 전에, 그는 「선데이 타임스」 캘리포니아 통신원에게 편지를 써서 "대형 스튜디오들이 아직 알려지지 않은 저자가 쓴 소설에 어느 정도의 가격을 지불하는지" 묻는다.[9] 그러니까 대중의 취향을 주의 깊게 관찰하는 플레밍은 그가 막 쓴 것과 같은 소설의 성공과 그것의 영화화 사이에는 필연적인 관계, 아주 밀접한 관계가 있다는 것을 이미 알고 있었던 것이다. 실제로 여러 가지 요소들이 그의 손을 들어줄 테지만, 처음부터 그랬던 것은 아니다.

영광과 부를 꿈꾸지만, 플레밍이 소설가로서 경력을 쌓는 초기에는 결과가 그리 신통치 않았다. 007처럼 옷을 입으며 재미있어하는 젊은 댄디 몇 명이 모여 만든 '제임스 본드 클럽'이 1955년부터 옥스퍼드에서 생겨나지만, 대중은 크게 관심을 보이지 않는다. 1953년에 출간된 『카지노 로열』은 첫해에 영국에서는 8,000부 판매를 넘기지 못하고, 미국에서는 4,000부 고지에 오르지 못한다. 1954년의 『죽느냐 사느냐(Live and Let Die)』는 7,500부를 찍었고, 그 이듬해의 『문레이커(Moonraker)』는 시동을 걸자마자 헐떡거린다. 피어슨은 이렇게 쓴다. 1955년, "평단의 호평에도 불구하고, 그의 책 중 단 한 권도 [……] 1만2,000부 고지를 넘지 못했다."[10]

영화의 경우에도, "진정한 저주가 제임스 본드를 덮친 것처럼 보인다."[11] 1955년, 플레밍은 이렇게 쓴다. "언젠가 제임스 본드와 그의 모험을 영화로 만드는 권리는 [……] 아마도 엄청나게 비싸질 것이다."[12] 바로 그해, 발행인에게 『문레이커』 원고를 보내면서 그는 이렇게 털어놓는다. "내 생각에 이 책은 별 것 아니지만 영화로 만들면 훌륭할 겁니다."[13] 하지만 이 첫 몇 해는 『죽느냐 사느냐』에 관심을 가졌던 알렉산더 코르다 경의 거절, 1957년 CBS 텔레비전 시리즈 제작의 무산, 그리고 1959년 케빈 매클로리의 『썬더볼(Thunderball)』 영화화 시도의 무산으로 이어지는, 희망과 실망의 연속이었다.

그러나 1960년에 갑자기 바람의 방향이 바뀐다. 계속 머뭇거리기만 하던 대중이, 플레밍 자신의 말에 따르면, 표적이 "신경총과 허벅지 안

쪽 사이 어딘가에 위치하는" 이 "성인용 요정 이야기"에 열광하기 시작한다. 결정적인 전환점은 1961년 3월 17일에 존 F. 케네디가 『라이프 (Life)』지와 가진 대담에서 1957년에 출간된 『007 위기일발(From Russia with Love)』이 모든 시대, 모든 장르를 통틀어 그가 가장 좋아하는 열 권의 책들 중 하나라고, 스탕달의 『적과 흑』 바로 앞에 위치한다고 말하는 순간이다.[14] 케네디가 그 소설을 읽고 있는 장면이 나오는 텔레비전 방송에 의해서 절정에 이른 이 예상치 못한 후원이 미국에 "제임스 본드 컬트"의 탄생을 불러온다. "바로 그 순간부터 본격적으로 미국에서 붐이 시작되었다."[15]

그리고는 모든 것이 일사천리로 이루어진다. 그로부터 몇 개월 후인 1961년 8월, 두 명의 천재적인 제작자, 해리 살츠맨과 앨버트 브로콜리가 플레밍의 최신작 『살인번호(Doctor No.)』를 영화로 만들기 위해서 손을 잡는다. 그것이 저주의 끝이다. 대단히 **영국적인** 플레밍은 마뜩치 않아 했지만, 주연을 맡은 배우, 숀 코너리라는 이름을 가진 스코틀랜드 출신의 전직 트럭 운전수가 장래성이 있어 보이는 만큼 더더욱.

그리고는 바이킹이 시작된다. 서점에서 영화관으로, 영화관에서 서점으로. 플레밍이 사망한 해인 1964년(1963년에는 『007 위기일발』, 1962년에는 『살인번호』가 출간되었다), 제임스 본드 시리즈는 4,000만 부 이상이 팔린다. 그러나 그것은 시작에 불과하다. 1964년에는 『골드핑거 (Goldfinger)』, 1965년에는 『썬더볼』, 그리고 1967년에는 『007 두 번 산 다(You Only Live Twice)』의 연속적인 해일이 밀어닥친다. 프랑스에서는 1964년 2월부터 1965년 1월까지 플롱 출판사에 나온 번역본의 발행부수가 195만 부에 달한다. 1965년 6월에는 271만4,000부, 10월 1일에는 370만 부, 1966년 1월 1일에는 400만 부를 넘어선다.[16] 2007년에는 전 세계에서 팔린 007 시리즈가 2억 부가 넘는 것으로 평가되었다.[17] 지금도 일정한 간격을 두고 나오는 새로운 007 시리즈 영화 덕분에, "그가 교정쇄도 읽어보지 못하고 사망하는 바람에 유고작으로 출간된 마지막 소설 『황금 총을 가진 사나이(*The Man With The Golden Gun*)』가 1965년 작인데도 불구하고 플레밍은 여전히 팔리고 있다."[18]

결혼의 법칙

우리는 '제임스 본드의 경우'에서 변하지 않는 몇 가지 사실을 확인할 수 있다.

첫 번째 확인 사실, 베스트셀러의 정상적인 운명은 영화로 만들어지는 것이다. 제임스 본드 시리즈도 1960년부터 서점가에서 성공을 거두자마자 그렇게 된다. 보다 일반적으로, 우리는 1940년과 1970년 사이에 미국 베스트셀러 1위에 오른 책 중에 단 세 권을 제외하고 모두 영화로 만들어진 것을 관찰할 수 있다. 그중 절반 이상은 책의 유명세 덕을 보려는 명확한 목적으로 출간 2년 내에 영화화되었다. 그러나 1970년대부터는 현저한 감소세가 확인된다. 1970년과 1990년 사이에는 1위를 차지한 소설 열세 권만이 영화(그중 네 권은 텔레비전용 영화)로 만들어졌다. 그럭저럭 괜찮은 수치지만, 이전 시기에 비해서는 상당한 퇴조를 나타낸다. 영화가 텔레비전과의 경쟁에서 밀려 침체를 겪었다는 사실, 그리고 독자들의 취향이 진화해서 1950년대의 베스트셀러들보다는 영화화하기가 훨씬 어려운 소설들을 좋아하게 되었다는 사실로 설명을 시도할 수 있다.

우리는 여기서 스티븐 킹을 떠올리게 된다. 얼핏 보면 그의 필모그래피는 아주 인상적이지만(『샤이닝[*Shining*]』에서 『미저리』까지 몇 편의 진정한 걸작이 포함되어 있는 만큼 더더욱), 그가 쓴 소설의 엄청난 양에 비하면 상당히 초라해 보인다. 예를 들면, 1980년대에 스티븐 킹이 쓴 소설 가운데 세 편 『부적(*The Talisman*)』(1984), 『그것』(1986), 『토미노커스(*The Tommyknockers*)』(1987)가 베스트셀러 목록에 오른다. 텔레비전용 '미니시리즈' 형태로 각색되기는 했지만, 그들 중 어느 것도 영화로 만들어지지는 않았다.

두 번째 확인 사실, 일반적으로 베스트셀러를 토대로 한 영화들도 상당한 성공을 거둔다. 이 점에서, 20세기 문화사는 『바람과 함께 사라지다』, 『닥터 지바고』, 『러브 스토리(*Love Story*)』, 혹은 『해리 포터』 같은 잊을 수 없는 몇몇 대성공작들로 점철되어 있다. 하지만 규칙에는 늘 기억에 남는 예외들이 있는 법이다. 미국에서, 캐서린 포터의 베스트셀러 『바보들의 배(*Ship of Fools*)』(1962)를 토대로 스탠리 크레이머가 제작한 야심만만한 영화는 그해의 상업적 성공작으로, 감독의 말에 따르면 그때까지 제작된 가장 위대한 영화 중 하나로 예정되어 있었다.[19] 『바보들의 배』는 여러 부문에서 오스카 상에 노미네이트되었지만, 흥행 면에서는 참패하고 만다. 같은 시기에 나온, 필립 로스의 소설을 토대로 만든 어니스트 리먼의 『포트노이의 불평(*Portnoy's Complaint*)』(1972), 그 이듬해에 홀 바틀릿이 1970년대 초의 절대적 베스트셀러, 리처드 바크의 『갈매기의 꿈(*Jonathan Livingston Seagull*)』을 가지고 만든 영화도 참담한 실패의 예로 들 수 있다. 사실, 갈매기들이 자기 초월, 타자에 대한 존중, 관용, 삶, 죽음 등등에 대해서 나누는 대화를 대형 화면으로 보기 위해서 많은 사람들이 돈을 지불하고 싶어하지는 않을 것이다.

프랑스에서는, 신작을 내놓을 때마다 베스트셀러가 되는 인기 작가 미셸 우엘베크도 이런 종류의 실패를 벗어나지 못하는 것으로 보인다. 우선 보기에 그의 소설 중에서 가장 '영화적으로' 보이는 2010년 공쿠르상 수상작『지도와 영토(*La Carte et le Territoire*)』나, 섹스 관광과 이슬람 테러리즘에 대한 환멸을 그린『플랫폼(*Plateforme*)』이 아직까지 영화화되지 않은 것은 사실이다. 삶에 지친 주인공들이 거의 무심한 상태로 그들 자신의 종말과 인류의 쇠락을 지켜보는 그의 음울한 책들이 군중을 어두운 영화관으로 몰려들도록 만들기에 적합하지 않아 보이는 것도 사실이다. 무엇보다 이미지를 통해서 더 보탤 중요한 것이 무엇이 있을 수 있는지 잘 헤아려지지를 않는다. 책에서 모든 것이 말해졌고, 거기서 유래되는 퇴폐적 쾌감은 영화의 형태와 리듬과는 영 어울리지 않는 것처럼 보인다.『투쟁 영역의 확장(*Extension du domaine de la lutte*)』,『소립자(*Les Particules élémentaires*)』,『어느 섬의 가능성(*La Possibilité d'une île*)』을 원작으로 한 영화들이 실패한 이유가 거기에 있다. 우엘베크와 공동 작업한 시나리오를 토대로 1999년에 필리프 아렐이 제작한 영화「투쟁 영역의 확장」은 구미를 돋우는 캐스팅에도 불구하고, 주요 등장인물들만큼이나 우울한 성적을 내고 만다. 그로부터 7년 후, 독일 영화인 오스카 뢰러가 제작한 영화「소립자」는 파리의 세련된 에로티즘이라는 명성 덕분에 독일에서는 성공을 거두지만, 프랑스에서는 보잘 것 없는 결과밖에 얻지 못한다. 끝으로, 2008년에 미셸 우엘베크가 직접 제작한 영화「어느 섬의 가능성」은 참담하게 실패한다. 적어도 첫 주에 든 관객 1만5,000명을 소설의 독자 30만 명과 비교하면 그렇다.

　세 번째 확인 사실, 베스트셀러를 토대로 만든 영화의 성공은 책을 더 잘 팔리거나 다시 팔리게 하는 기계적인 결과를 가져온다. 캘리포니아 목사 로이드 더글러스가 쓴『성의(聖衣)(*The Robe*)』를 예로 들 수 있는데, 그리스도의 성의에 바쳐진 이 기독교 사극은 1943년 전쟁 중인 미국에서 출간되어 즉각적이고 어마어마한 성공을 거둔다. 몇 년 후인 1951년에 더글러스는 사망하지만, 그는 사망하기 전에 소설을 영화로 각색할 권리를 넘겨주는 훌륭한 생각을 했다. 1953년, 헨리 코스터가 제작한 리처드 버턴 주연의 영화가 나와서 대성공을 거두자, 소설이 기대 이상으로 팔려 그해 다시 미국 베스트셀러 1위에 오른다.

그 다음으로는 1970년대에 프레더릭 포사이스의 『자칼의 날(The Day of the Jackal)』이나 윌리엄 블래티의 『엑소시스트(The Exorcist)』 같은, 이 현상의 가장 유명한 예들을 만날 수 있다. 1971년에 출간된 이 두 소설은 첫 주부터 10만 부가량이 팔리는 빼어난 성적을 거둔다. 그러자 곧 할리우드가 개입해, 1972년에는 『자칼의 날』이, 1973년에는 『엑소시스트』가 영화로 만들어진다. 영화의 성공이 책의 판매에 엄청난 영향을 끼친다. 1975년 20개 언어로 번역된 『자칼의 날』은 230만 부, 『엑소시스트』는 2,200만 부가 팔린다. 이미지의 위력을 여실히 드러내는 수치들이다.

책과 영화의 관계가 떠올리게 하는 마지막 지적은 이런 것이다. 성공의 경우, 집단적 기억 속에서 일반적으로 영화가 원작에 대해서 승리를 거둔다. 마리오 푸조의 『대부(The Godfather)』는 프랜시스 포드 코폴라가 영화로 만들기 훨씬 전에 이미 베스트셀러였다. 1969년에 출간된 후 2년 동안, 하드백으로 100만 부 이상이 팔렸다.[20] 하지만 사람들이 기억하는 것은 무엇보다 영화이다. 게다가 소설의 판매를 폭발적으로 증가시키는 것도 영화이다. 소설의 판매는 영화 「대부 II」가 나온 지 1년 후인 1975년에 모든 판을 통틀어 1,200만 부, 그리고 오늘날에는 2,100만 부에 도달했다. 영화는 원작으로 삼은 책을 메가 베스트셀러로 만들지만, 결국에는 그 책을 잊히게 만든다. 그러나 그 책이 말런 브랜도와 알 파치노 없이도 그렇게 잘 팔렸을까?

이상한 천창, 텔레비전

텔레비전 또한 베스트셀러를 더 잘 팔리거나 다시 팔리게 하고, 심지어 베스트셀러를 탄생시키는 데에서 영화와 같은 역할을 할 수 있었다. 우리는 1964년부터 1969년까지 폴 모내시가 라이언 오닐, 도로시 멀론, 미아 패로 같은 배우들과 함께 514편의 연속극으로 만든 그레이스 메탈리어스의 소설 『페이튼 플레이스』를 떠올리게 된다. 프랑스에서는 1947년에 출간된 엘리자베스 바르비에의 소설 『모가도르 사람들(Les Gens de Mogador)』이 1972년에 텔레비전 연속극으로 제작된 덕분에 다시 큰 인기를 누렸다. 『오 봉 뵈르(Au bon beurre)』를 쓴 롱숑 클럽의 명예회원 장 뒤투르는 그 소설이 연속극으로 제작되든 안 되든 자신은 전혀 개의치 않는다고 기회만 되면 투덜댔다. "프랑스인 2,500만 명이 연속극 「오 봉 뵈르」를 보는 것이 저랑 무슨 상관이 있습니까? 만약 소설이 2,500만 부 팔린다면, 그건 제가 알겠지만요."[21] 1952년 엥테르알리에상을 수상한 그의 소설이 에두아르 몰리나로가 1981년에 제작한 텔레비전용 영화 덕분에, 또한 추접스런 푸아소나르 부부 역을 너무나 천연덕스럽게 해낸 로제 아냉과 앙드레아 페레올 덕분에, 또다시 상당량이 팔린 것은 확실하다.

그러나 베스트셀러의 기원에서, 텔레비전이 단지 대형 화면의 대용품인 것은 아니다. 그것은 영화와는 반대로, 사람들이 만나서 토론을 할 수 있는, 따라서 **추천**을 할 수 있는 장소이기도 하다.

추천자들의 시대

1970년대부터 퍼지기 시작한 문학방송은 머지않아 활자언론이 잃어가는 영향력을 획득한다.

1975년 1월 10일 21시 30분, 프랑스 제2방송을 보고 있던 시청자들은 아직은 젊은 한 남자의 얼굴을 처음으로 발견하게 된다. 쾌활한 표정, 코끝에 아슬아슬하게 걸쳐놓은 안경, 깔끔한 옥스퍼드 셔츠에 단정하게 맨 넥타이. 발레리 지스카르 데스탱이 막 공화국 대통령에 당선되었을 당시, 베르나르 피보는 배역에 딱 맞는 외모, 중간계층의 선량한 프랑스인의 외모, 간단히 말해서 방송국이 그에게 맡긴 새 주간 문학방송, 「아포스트로프」가 표적으로 삼은 시청자의 외모를 가지고 있었다.[22]

세월이 흐르면서, 그 방송은 하나의 신화가 된다. 금요일 밤, 라흐마니노프 콘체르토 1번 첫 소절이 들려오면, 수백만 시청자들이 영원한 의식을 치르듯 텔레비전 수상기 앞에 편안하게 자리를 잡는다. 10여 명의 작가들이 둥글게 모여 앉은 가운데, 피보는 토론을 이끌고 각 초대 손님에게 상장을 넉넉하게 수여한다. 그렇게 한 시간 반이 지나면, 「아포스트로프」는 이번에도 라흐마니노프의 곡에 맞춰 끝을 맺고, 시청자들은 이튿날 날이 밝자마자 방송에서 언급된 책을 사러 서점으로 달려갈 만큼 성숙해진다. 서점들도 이런 시청자들을 위해서 특별 코너를 마련해놓고 있다. 발행인 위베르 니셀은 나중에, 그 시절에 「아포스트로프」는 "프랑스적인 영광과 예외" 같은 뭔가를 이루어냈다고 말한다.[23] 1975년부터 1990년까지 방송이 지속된 15년 동안, 텔레비전 시청자의 7-12퍼센트, 다시 말해서 130-230만 가구가 그 예외를 충실하게 지켜보았다.[24]

1996년, 프랑스에서 베르나르 피보가 「아포스트르포」의 뒤를 이은 「부이용 드 퀼튀르」를 그대로 물려받아 진행하는 동안, 대서양 건너편에서는 평균적인 미국 여성과는 거리가 아주 먼 젊은 여성, 오프라 윈프리가 자기 방식대로 책 시장에 일대 혁명을 일으킨다.

옛날 옛적에 디프사우스 오지에 가난하게 살아가는 흑인 소녀가 살았다. 그녀의 유일한 놀이는 자신의 헝겊 인형과 인터뷰를 하는 것이었고, 글을 알게 되면서부터는 책을 읽는 것이었다. 그녀는 후에 이렇게 이야기한다. "제가 어렸을 때는 책이 친구였어요. 친구가 없을 때는 책이 있었죠."[25] 그녀에게 얼마나 많은 위로가 필요했는지는 신이 안다. 아홉 살 때 강간을 당했고, 열네 살 때 임신을 했으며, 죽어서 태어난 아이의 엄마였던 그녀의 삶은 오랫동안 악몽이나 다름없었다. 노력과 의지와 용기로 테네시 주 내슈빌의 한 작은 라디오 방송국에 입사하여 지역 뉴스를 진행할 때까지는. 이렇게 해서, 1970년대 초에 오프라 윈프리는 새로 태어나고, 요정 이야기는 시작될 수 있었다. 대학교에서도 라디오 방송국에서도, 오프라는 반짝반짝 빛을 발한다. 그녀를 눈여겨본 이가 처음에는 볼티모어, 1983년에는 시카고에 있는 텔레비전 방송국에 그녀를 취직시켜준다. 시청률이 뚝뚝 떨어지는 방송사에 취직해서[26] 아무도 보지 않는 방송의 진행을 맡은 그녀는 몇 개월 만에 그 방송을 시카고에서, 나중에는 미국 전역에서 사람들이 가장 많이 보는 토크쇼로 만드는 데 성공한다. 1986년에 「오프라 윈프리 쇼」가 탄생되고, 그로부터 25년 후 오프라는 역사상 가장 돈이 많은 아프리카 출신 미국 여성, 유일한 여성 억만장자, 그리고 몇몇 사람들의 말에 따르면, 미국에서 가장 영향력이 큰 여성이 된다.

1996년, 그녀는 자신이 진행하는 오후 텔레비전 쇼의 틀 안에서 한 달에 한 번씩 여는 오프라의 북 클럽을 만든다. 빚진 것을 갚기 위해서라고 그녀는 말한다. 책이 그녀에게 너무나 많은 것을 주었으니까. 그녀를 수렁에서 건져준 것이 바로 책이니까. 그녀는 책에 많은 것을 빚졌다.

원칙은 간단하다. 오프라가 책 한 권을 선택해서 방송 몇 주 전에 예고를 하면, 시청자들이 그 책을 사서 마치 숙제처럼 열심히 공부한다. 그리고 몇 주 후, 그녀가 텔레비전으로 방송되는 대미사에 나와서 자신이 왜 그 책을 좋아하는지를 설명하고, 그 책을 꼭 읽어야 한다고 반복해서 말한다.

그녀의 낙점을 받은 첫 작품, 재클린 미처드의 『사랑이 지나간 자리(*The Deep End of the Ocean*)』는 심술궂고 그악스런 노파의 눈에서도 눈물을 뽑아낼 만한 멜로물이다. 형과 함께 있던 한 어린 꼬마가 백주대낮에 유괴를 당한다. 9년 후, 기적적으로 납치범들이 꼬마의 생모와 이웃이 되는 바람에, 꼬마는 우연히 생모와 마주치게 된다. 전하는 말(그리고 1994년 12월 19일자 「위스콘신 스테이트 저널[*Wisconsin State Journal*]」)에 따르면, 이야기가 "잘 팔릴 것이 워낙 확실해서" 바이킹 프레스가 겨우 70쪽밖에 쓰지 않은 저자에게 50만 달러를 선지급했다고 한다. 출판사의 선택은 현명했다. 소설은 초판 10만 부를 찍었고, 비록 14위이기는 하지만 「뉴욕 타임스」의 베스트셀러 목록에도 올랐다. 그러고는 다른 많은 책들처럼 사라졌다. 오프라 윈프리가 마술봉을 휘두를 때까지는. 오프라에게 선택되었다는 사실, 그것도 **최초로** 선택되었다는 사실이 그 소설의 운명을 바꿔놓는다. 모든 사람들이 그 소설을 읽고 싶어하고, 모든 사람들이 '그녀'가 그토록 사랑하는 책을 가지고 싶어한다. 『사랑이 지나간 자리』는 베스트셀러 목록에 다시 등장한다.

이번에는 1위로. 그 소설은 29주 연속, 거기다 포켓판으로 16주 연속 베스트셀러 목록에 오른다. 15년 후, 재클린 미처드의 공식 사이트는 신작 『작별을 고할 때가 아니야(*No Time to Wave Goodbye*)』의 출시를 예고하며 그 책이 **오프라의 클럽**에서 **최초로 선택된 소설**의 속편이라고 소개했다. 사이트에 실린 간단한 인터뷰에서 미처드는 "오프라 경험"을 상기하기를 잊지 않았고, 윈프리 양에게 말 한마디로 평범한 사람들을 골수 채식주의자들로 바꿔놓는 힘이 있다는 것은 알았지만, 『사랑이 지나간 자리』가 그토록 엄청난 베스트셀러가 되리라고는 상상하지 못했다고 털어놓았다. 『사랑이 지나간 자리』는 마술사 덕분에 300만 부 판매를 돌파하게 된다. 더욱 놀라운 것은 그것이 긴 목록의 첫 사례에 지나지 않는다는 점이다. 새로운 마이다스 오프라는 선택하는 모든 책을 황금으로 바꿔놓는다.

이 놀라운 성공은 2000년대 초에 소개된 책들에 대해서 과장되고 공공연하게 주관적인 시선을 던지는, 고만고만한 문학방송들이 우후죽순으로 생겨난 것과도 무관하지 않다.

2003년 4월, 잘나가는 소설가이자 연극인이며 기자이자 비평가인 엘케 하이덴라이히가 독일 제2방송 ZDF에서 「읽읍시다!」라는 방송을 시작한다. 이 방송은 금방 게르만계의 시청각 풍경 속에서 넘어설 수 없는 기준으로 자리를 잡는다. 또한 사람들은 책 시장에서 그 방송이 미치는 영향을 금방 확인하게 된다. 사회자나 초대 손님들이 소개하는 책들 대부분이 베스트셀러 목록 상위권에 오른다. 그래서 2006년 에세이스트 군터 니켈은 이 방송의 제목은 「읽읍시다!」보다는 「삽시다!」가 더 잘 어울린다고 쓴다.[27]

같은 시기의 영국에서는 평범하기 짝이 없는 부부, 리처드 메이들리와 주디 피니건이 채널 4에서 오후에 방송되는 「리처드와 주디의 북 클럽」으로 시청자들의 눈길을 사로잡는다. 누가 봐도 오프라 윈프리의 북 클럽을 본뜬 것이 확실한 이 텔레비전 클럽은 처음에는 발행인들에게서 회의와 빈정거림이 담긴 시선을 받았지만, 이 역시 얼마 지나지 않아서 읽게 만드는, 그리고 자연적으로 사게 만드는 놀라운 기계인 것으로 드러난다. 2007년에는 이 방송 덕에 책의 매출이……3,000퍼센트나 상승했다고 한다![28]

이처럼 텔레비전은 세계 곳곳에서 카리스마 있는 사회자 하나(혹은 둘)를 중심으로 하는, 하지만 독자들의 행태에 엄청난 영향을 미치는 똑같은 스타일의 방송을 내보낸다. 2006년 『리브르 엡도』에 의해서 발표된 TNS-소프레스 설문조사에 따르면, 1995년에는 질문을 받은 사람의 60퍼센트가 이 문학방송들이 그들의 서적 구매에 결정적인 영향을 끼쳤다고 인정했다.

황금시대의 종말?

이미 말했듯이, 이 모든 위대한 추천자들은 거의 확실하게, 그리고 즉시 판매를 폭발적으로 증가시키는 공통점을 가지고 있다. 금요일 밤에 「아포스트로프」가 방송되던 시절에는, 토요일이 서점가의 축제일이었다. 미국에서 '오프라 효과'는 어떤 책이 선택되었는지 발표되자마자, 그러니까 작가와 오프라가 대면하는 방송이 녹화되기 이전에 벌써 느껴진다. 그런데 이로 인해서 불미스러운 일이 발생하기도 한다.

2001년 9월, 오프라는 대중에게 잘 알려지지 않은 조너선 프랜즌의 세 번째 소설 『인생 수정(The Corrections)』을 선택한다. 오프라 북 클럽(OBC)에 의해서 선택되었다는 사실이 알려지자마자, 이 책은 베스트셀러가 된다. 하지만 10월이 되자, 프랜즌이 투덜대며 그 상황이 불편하다고 말하고, 심지어 한 라디오 인터뷰에서 OBC의 로고, 선택된 책의 표지에 찍히는 황금색의 커다란 'O' 때문에 남성 독자들이 책의 구매를 단념할 위험이 있지 않을지를 묻기까지 한다. 이같은 배은망덕한 언행에 단단히 화가 난 오프라는 책을 선택한 다음에 당연히 가지는 텔레비전 대담을 취소하기로 결심한다. 그러나 너무 늦었다. 이 철회는 도리어 홍보만 해줄 뿐, 소설의 성공에는 전혀 영향을 끼치지 못한다. 2002년, 프랜즌의 신작 표지에는 『인생 수정』이 "2001년에 가장 높은 평가를 받고 가장 많이 언급된 소설"로 소개된다.[29] 오프라의 선택이 없었다면 세 번째 소설 역시 그의 앞선 두 소설만큼이나 안 팔렸을 텐데도, 그런 언급은 전혀 없이.

이런 방송들의 두 번째 공통된 특징은 예전에 사람들이 '기차역 문학'이라고 불렀던 것에 속하는 쉬운 작품들과 나란히, 시청자들이 구매할 생각도, 욕망도, 심지어 용기도 가져보지 못했던 수준 높은 문학을 소개함으로써 그들의 관심의 폭을 넓히는, 의심의 여지없이 긍정적인 효과를 발휘한다는 것이다. 1996년 10월, 오프라 윈프리가 선택한 두 번째 책은 한 달 전에 선택된 재클린 미처드의 소품과는 전혀 상관이 없는 것이었다. 그것은 그녀의 친구 중 하나로, 1993년 노벨 문학상을 수상한 토니 모리슨의 소설 『솔로몬의 노래(Song of Solomon)』였다. 원래 1977년에 출간된 이 소설은 명망 높은 여러 상을 받았고, 노벨 상을 수상했을 때 언론을 통해서 자세히 소개되었음에도 불구하고 약 20년 동안 수만 부밖에 팔리지 않았었다.[30] 그러나 오프라에게 낙점을 받자마자, 『솔로몬의 노래』는 날개 돋친 듯 팔려나간다. 1996년 12월, 『퍼블리셔스 위클리』는 그 책의 주문이 60만 건에 달한다고 소개한다. 그것은 시작에 불과하다. 이 책은 전혀 기대하지 않았던 성공을 거두게 되고, 그 성공은 토니 모리슨의 다른 소설들, 『파라다이스(Paradise)』(1998), 『가장 푸른 눈(The Bluest Eye)』(2000), 『술라(Sula)』(2002)가 OBC에 의해서 선택될 때마다 여러 차례에 걸쳐 재현된다.

오프라는 친구나 가까운 지인들에 대해서 이야기하는 것으로 만족하지 않는다. 그녀는 같은 방식으로, 그리고 같은 확신의 힘을 가지고, 그녀가 택했다는 이유 하나만으로 대중에게 『안나 카레니나(Anna Karenina)』(2004년, 80만 부)를, 이듬해에는 윌리엄 포크너의 소설들을, 다시 말해서 그때까지 지적인 소수 엘리트만 읽던 책들을 읽게 만들거나 적어도 사게 만드는 데 성공한다.

프랑스에서는 그 몇 해 전에 「아포스트로프」의 마술사가 대중에게 뒤라스, 보르헤스, 솔제니친, 심지어 언어학자 클로드 아제주의 책을 읽게 만드는 힘든 곡예를 성공시켰다. 한편 영국의 리처드와 주디는, 다른 많은 것들 중에 한 예로, 조지프 오코너의 『바다의 별(The Star of the Sea)』을 스타덤에 올려놓는 데 성공했다. 2002년에 출간된 이 소설은 2004년에 이 부부가 선택한 첫 열 권의 목록에 넣는 날까지는 1만4,000부 주변에 머물러 있었다. 이 소설은 결국 60만 부 판매를 돌파한다.

메달에는 가끔 아주 격렬한 비판을 불러일으키는 이면이 있다. 위대한 문학과 삼류소설을 나란히 놓음으로써, 그 두 경우에 대해서 동일한 열의를 드러냄으로써, 동일한 효율성으로 그 책들을 "베스트셀러로 만듦으로써", 텔레비전의 위대한 추천자들은 그것들을 동등한 가치를 가진 것으로 생각하게, 말하자면 위험하게도 "문화상품들"을 평준화하게 만든다.

2011년 4월, 문학 비평가 피에르 아술린의 블로그에서 폴 에델이라는 사람이 약간은 서툴게 베르나르 피보를 공격한 것도 바로 그 점 때문이다. 그에 따르면, "피보가 「아포스트로프」로 프랑스를 매료시킨 것은 사실이다. 그가 서점들을 도운 것도 사실이다. 그러나 그는 위대한 작가들과 아마추어 작가들을 동등한 자격으로 한자리에 앉힘으로써 [……] **혼란을 가중시켰고, 문학적 가치의 위계를 없애버렸다.**……'이 자리에 모인 사람들을 모두 좋아한다'는 측면을 강조함으로써 문학 비평가가 하는 작업인 가치의 위계를 세우는 일을 하는 대신에 그것을 없애버렸다. 쿤데라보다 뱅스노를 '확연하게' 선호하는 그는 재미있게, 그리고 웃음을 띤 채, [그러나] 쿤데라나 뒤라스 같은 작가의 위대함을 전혀 이해하지 못한 채, 쿤데라를 '호감이 가는' 사람이라고 칭했다.……[그러나] 곰브로비치나 뒤라스는 라공이나 팡콜과 동등한 작가들이 아니다. 그것은 '장사'이지 문학이 아니다."

이 '평준화'가 의도적이거나, 이념적 접근에서 발생하는 경우도 있다. 리처드와 주디가 소개하는 책들을 선별하는 임무를 맡은 어맨다 로스는 독서를 통해서 얻을 수 있는 **즐거움**을 선택의 유일한 기준으로 삼으며, 한 작품의 소위 '문학적' 혹은 그외 특징에 근거한 모든 접근들을 거부한다고 밝혔다. 게다가 그녀는 이 점에 대해서 그런 종류의 구별은 많은 경우 작위적인 것으로 드러나며, 디킨스, 키플링, 혹은 조지프 콘래드의 시대에는 그런 구별이 아예 존재하지 않았다고 지적한다. 리처드와 주디가 조금의 망설임도 없이 윌리엄 보이드와 존 코널리를 나란히 소개한 것은 이 때문이다. 프랑스에서도 1971년에 『바보짓거리(*Les Bêtises*)』

로 공쿠르 상을 수상한 소위 '진지한' 작가인 동시에, 세실 생 로랑이라는 필명으로 『사랑스런 카롤린(*Caroline chérie*)』 같은 베스트셀러를 낸 '대중적인' 작가이기도 한 자크 로랑 같은 작가는 이런 접근법을 마다하지 않았을 것이다. "저는 소설을 장르별로 구별할 수 있다고 생각하지 않습니다. [……] 그것은 저는 한번도 가져보지 않은 [……] 학자적인 생각이에요. 소위 '대중적인' 작가라 하더라도 하나의 우주를 창조해서 생동하게 한다면 저에게는 아주 위대한 작가입니다. 그는 결코 무시당해서는 안 되고, 지적이지만 변변치 않은 작가보다 훨씬 더 높은 곳에 위치합니다."[31]

그러나 모든 것은 지나간다. 진화가 점점 더 빨라지는 이 분야에서는 특히 더 그렇다. '문학방송'의 황금시대가 이제는 과거지사가 아닌지 묻게 될 정도로.

프랑스에서는 책의 세계가 「아포스트로프」의 폐지에서 결코 회복되지 못했다. 그 뒤를 이은 문학방송들은 당시의 시청률을 다시는 되찾지 못했다. 1999년에서 2008년까지 파트리크 푸아브르 다르보르가 진행한 「야간비행」처럼 자정 무렵에 하는 것이든, 프랑수아 뷔스넬이 진행한 「거대한 서점」처럼 **황금 시간대**에 하는 것이든, 유명한 언론인이 감독하든, 잘나가는 작가가 지휘하든, 이 방송들은 50만에서 60만, 다시 말해서 베르나르 피보보다 너덧 배나 적은 시청자도 확보하지 못한다. 게다가 이 시청자들은 예전보다 훨씬 덜 충실하다. 이들은 방송에서 추천한다고 해서 예전처럼 무턱대고 책을 사지는 않는다. 독일이나 영국도 사정은 마찬가지이다. 「읽읍시다!」나 「리처드와 주디의 북 클럽」 같은 컬트 방송마저도 결국 사라지거나, 텔레비전을 떠나서 다른 미디어 쪽으로 방향을 틀었다.

　미국에서도, 결코 녹슬지 않는 오프라 윈프리가 장장 25년간의 훌륭하고 충실한 봉사 끝에, 작별 시즌과 마지막 방송은 화려한 불꽃놀이의 대미처럼 지나치게 매체를 탄 측면이 있었지만, 어쨌거나 2001년 5월 25일 자신의 쇼 진행을 그만두었다. 이제는 다른 화면에서, 컴퓨터와 휴대전화의 화면에서 훨씬 더 넓게 흩어져 있지만, 이미지의 매력과 입소문의 엄청난 영향력을 겸비하고 있다는 점에서 예전의 추천자들 못지않게 효과적인 새로운 추천자들, 즉 트위터리안, 블로거 등등이 속속 등장하고 있다.

제3부

독자,
왜 베스트셀러를 구입하는가

사람들은 왜 이 책보다는 저 책을 읽을까? 이 함정 질문에는 세상에서 가장 많이 읽힌, 혹은 적어도 가장 많이 팔린 책들은 **어떤 것들**일까라는 또다른 질문으로 대답하는 수밖에 없다. 왜냐하면 답변을 검토함으로써, 예를 들면 역사상 가장 위대한 베스트셀러들, 1억 부 이상이 팔린 책들의 목록을 자세히 살펴봄으로써 성공의 비결이 무엇인지 짐작할 수 있을 것이기 때문이다.

역사상 가장 많이 팔린 책들이 어떤 것들인지는 아마추어 기록광들, 분류의 편집광들이 우글대는 인터넷을 단 몇 초만 검색해봐도 알 수 있다. 그들은 대개 다음의 결과에 의견의 일치를 보인다.

－ 1위는 이론의 여지없이 40-60억 부가 팔린 『성서』이다.
－ 2위는 신뢰할 만한 모든 관찰자들이 10억 부가 넘게 팔렸다고 평가하는 『마오쩌둥 어록(毛主席语录)』이다.
－ 3위는 8억 부가량이 팔린 『코란(al-qur'ān)』이다.
－ 4위는 1957년에 출간된 이래로 대부분의 중국 대학생들이 사용하는, 따라서 최소한 4억 부 이상이 발행된 웨이젠궁이 편집한 책『신화자

전(新華字典)』이다.

- 5위는 위대한 조타수 마오 주석에 대한 숭배가 한창이던 1966년에 출간된 마오 주석의 『시 모음집(毛主席诗词)』이다. 두말할 필요 없이 위대한 조타수는 역사상 가장 위대한 시인이며, 시집의 발행부수가 4억 부나 되는 가장 많이 읽힌 시인이기도 하다.

- 6위 또한 1966년에 출간되었고 총 2억5,000만 부가 발행된 마오의 『선집(毛泽东选集)』이다.

- 7위는 찰스 디킨스의 『두 도시 이야기(*A Tale of Two Cities*)』(1859)로 총 2억 부가 팔렸다.

- 8위는 1908년에 출간된 스카우트 활동의 교본, 베이든 파월의 『소년들을 위한 스카우팅(*Scouting for Boys*)』으로, 반세기 만에 1억5,000만 부 이상이 배포되었다.

- 9위는 다른 것은 전혀 읽지 않은 사람들의 컬트 서적인 J. R. R. 톨킨의 『반지의 제왕(*The Lord of The Rings*)』(1954–1955)이다.

- 10위는 1억5,000만 부가량이 발행된 『모르몬경(*The Book of Mormon*)』(1830)이다.

- 11위는 1968년에 출간되어 여호와의 증인들이 경전으로 사용하는 『영생으로 이끄는 진리(*The Truth That Leads to Eternal Life*)』로, 1억1,000만 부 이상이 발행되었다.

- 12위는 1억1,000만 부가 팔린, 안경을 쓴 어린 마법사 시리즈의 첫 권, 혹은 조앤 K. 롤링에게 찾아온 엄청난 행운의 시작인, 『해리 포터와 마법사의 돌』(1997)이다.

- 13위는 정치적으로 올발라야 한다는 요구에 따라, 몇몇 나라에서는 『열 명의 작은 인디언』, 『열 명의 작은 병사』로, 혹은 앵글로색슨 세

계에서는『그리고 아무도 없었다』로 개명된, 애거사 크리스티의『열 명의 검둥이 꼬마(*Ten Little Niggers*)』(1939)로, 1억 부가 팔렸다.

— 14위는 역시 1939년에 출간된 톨킨의『호빗(*The Hobbit*)』이다.

— 15위는 중국 공산당 총서기가 공식 버전으로 내놓은 새로운 국가이 론, 장쩌민의『3개 대표론』이다.

우리는 이 목록에 종교서적이 네 권(1, 3, 10, 11위), 정치 관련 텍스트 가 네 편(2, 5, 6, 15위), 실용서 혹은 교과서가 두 권(4, 8위), 그리고 마지막으로 소설 다섯 권(7, 9, 12, 13, 14위)이 올라 있는 것을 확인할 수 있다. 소설들이 훌륭한 성적을 거두기는 했지만, 디킨스의『두 도시 이야기』(7위)보다 높은 순위가 없어 상대적인 성공이라고 할 수 있다. 또한『두 도시 이야기』가 놀라운 성공을 거둔 것은 앵글로색슨계의 학 교에서, 가끔은 요약본의 형태로, 끊임없이 추천되었기 때문이다. 이상 하게도, 프랑스 대혁명에 바쳐진 이 소설은 프랑스에서는 거의 알려지 지 않았다.

여기서 답변의 첫 번째 요소가 나온다. 사람들이 책을 읽는 데는, 적 어도 책을 사는 데는 다양한 이유가 있다. 물론 취향이나 기분 전환, 남 들과 구별되고자 하는 욕구도 이유가 되지만, 이 세상에서든 저 세상에 서든, 구원을 얻기 위해서 또는 성공을 일궈내기 위해서 책을 강요당하 는 것도 이유가 된다.

9
의무적인 독서

태초에 『성서』가 있었다. 『성서』는 인쇄된 것들 중에 가장 오래된 (1452년과 1455년 사이) 책인 동시에 가장 다량으로 배포된 책이기도 하다. 『성서』를 연구하는 최근의 역사학자 중 한 사람에 따르면, 1990년 기준으로 『성서』는 총 2,167개 언어로 번역되었다.[1] "해마다 매출액이 거의 믿을 수 없을 정도이다."[2] 예를 들면, 지극히 평범한 해였던 1996년에 완전판 『성서』(1,670쪽이 2단으로 빽빽하게 인쇄된, 소위 예루살렘 성서라고 일컬어지는 판)가 1,940만 부가 팔렸는데, 거기에 신약 1,220만 부, 발췌본 4,110만 부를 추가해야 한다. 『성서』는 장기간에 걸친 베스트셀러로, 1996년에만 총 7,770만 부 이상이 팔렸다. 1452년에 구텐베르크는 180부밖에 인쇄하지 않았지만.

예외적인 경우를 제외한다면, 『성서』는 재미로 읽기 위해서가 아니라 의무적으로 사는 베스트셀러이다. 실제로, 16세기 초에 벌써 프로테스탄트 종교개혁파는 가톨릭 교회가 지키는 전통에 반해서 **솔라 스트립투라**(Sola Scriptura, 오직 성서) 원칙을 선포한다. 『성서』에 담긴 말씀만이 영적인 삶과 창조주와의 관계에서 신자들을 이끄는 유일한 안내자라는 것이다. 따라서 모두가 읽을 수 있게 그것을 일상 언어로 번역하는 작업이 꼭 필요하게 되었다. 루이 프레데리크 갈랑 목사는 『진정한 프로테스탄트가 무엇인지 아십니까?(*Savez-vous bien ce que c'est qu'un vrai protestant?*)』라는 짧은 에세이에 이렇게 쓴다. "『성서』는 신앙과 관련하여 우리가 따라야 할 유일한 권위이며, 도덕과 종교 분야에 속하는 모든 것에서 우리가 지켜야 하는 무류(無謬)의 절대적 규율이다."[3] 따라서 가능한 한 자주 『성서』를 읽어야 한다. 반종교개혁 시대에는 『성서』에 직접적으로 접근하는 것을 극도로 경계하던(『성서』를 주로 라틴어로 발행한 것은 이 때문이다) 가톨릭 교회도 20세기에 들어 태도를 바꾸는데, 그렇다고 해서 프로테스탄트 원칙인 **솔라 스트립투라**를 받아들이거나 『성서』 강독을 진정한 종교적 의무로 삼는 것은 아니다. 어쨌거나, 가톨릭 교회의 이런 변화는 『성서』의 보급을 더욱 가속화시킨다.

세계적인 베스트셀러인 『성서』는 순위의 선두를 차지하는 이런 '의무적인 책들'의 공공연한 모델이기도 하다. 이 책들은 때로는 종교적이고, 때로는 정치적인 컬트 서적들이지만, 또 때로는 몸이나 외모의 숭배 같은 다른 종류의 숭배와 결합된 성공 지향적인 서적들이기도 하다.

컬트 서적들

종교적 컬트

몇몇 성스러운 책들의 엄청난 판매량은 거의 기계적으로 그것을 구입하고자 하는 신자의 수에서 나온다. 『코란』이 8억 부나 팔린 것은 15억7,000만 명에 달하는 무슬림 때문이고, 위에서 말한 것처럼 『성서』가 40-60억 부나 팔린 것은 20억 명에 달하는 기독교도 때문이다. 비율의 차이는 종교사회학에 속하는 문제인데, 기독교가 지배한 지역과 이슬람교가 지배한 지역 사이에 오랫동안 존재했던 문화적 혹은 경제적 발달 수준의 차이로 설명할 수 있을 것이다.

베스트셀러의 역사라는 관점에서 볼 때, 가끔 **종파**(宗派)라고 칭해지는 종교 그룹과 같은 훨씬 더 흥미로운 경우들이 존재한다. 이들 그룹에는 그들이 기준으로 삼는 책의 **양적인** 성공이 주요한 목표, 거의 그 자체로 목적이 된다. 마치 많은 판매량이 그렇게 유포된 메시지를 **유효화하**는 데 공헌하는 하는 것처럼.

1823년 9월 21일, 갓 청년이 된 조지프 스미스는 천사의 방문을 받는다. 천사는 그에게 15세기 전에 제작된 금판들이 감춰져 있는 장소를 가르쳐준다. 그 금판에는 콜롬비아가 미 대륙을 발견하기 이전에 그곳으로 건너와서 활짝 꽃피웠던 히브리 문명의 역사가 새겨져 있다. 그 문명은 기원전 600년에 가족과 함께 예루살렘을 탈출하여 사막과 대양을 가로질러 결국 아메리카 대륙에 이르게 된, 그리고 거기서도 계속 메시아의 도래를 이제나저제나 기다린 리하이(Lehi)라는 사람이 건설했다고 한다. 이 인내는 보상을 받는데, 그의 후손들이 결국에는 부활한 그리스도의 방문을 받았기 때문이다. 그로부터 4세기 후, 그 종족의 마지막 자손 중 하나인 모르몬이 그 역사를 되새겨 금판에 새겼고, 그의 아들 모로니가 그것을 뉴욕 주 서부, 웨이드 카운티에 위치한 쿠모라 계곡에 숨겼다. 금판에는 그 종족의 역사 외에도 『성서』를 보완해줄 아주 중요한 도덕적, 영적 가르침이 담겨 있었다고 한다. 그래서 신적인 영감에 휩싸인 조지프 스미스는 서둘러 그것을 훌륭한 영어로 번역했다.

이런 천사의 계시에 근거하여, 스미스는 자비로 『모르몬경』을 출간하고 한 달 후인 1830년 4월에 말일성도 예수그리스도회를 세웠다.[4] 새로운 종교의 성스러운 텍스트인 그 책은 종교의 확장에 비례하는 성공을 거둔다. 말일성도 예수그리스도회가 제시한 수치에 따르면, 신도의 수가 1960년경에는 150만, 1980년에는 460만, 2000년대 중반에는 1,250만 명으로, 메시지를 전파하는 임무를 맡은 선교사의 수도 같은 시기에 4,700명에서 3만4,000명 이상으로 늘었다고 한다. 이와 더불어, 1988년에 "『모르몬경』으로 지상을 뒤덮을" 때가 되었다고 선언한 모르몬 교회의 수장 에즈라 태프트 벤슨의 뜻에 따라서, 『모르몬경』의 발행부수와 번역이 폭발적으로 증가한다.[5] 1830년과 1988년 사이에 대략 3,900만 부가 인쇄되었던 것이 1990년대에는 5,000만 부, 2000년대에는 1억 부, 2010년대에는 1억5,000만 부로 껑충 뛴다. 2005년, 교회의 새 수장이 된 고든 B. 힝클리는 모든 이들에게 『모르몬경』을 읽으면 삶에 성령(聖靈)이 깃들 것이고, 더욱 단호하게 주님의 계율에 따르게 될 것이라고 약속했다. 달리 말해서 구원의 가능성을 높이려면 반드시 『모르몬경』을 읽어야 한다는 것이다.

모르몬 교도들에게 성스러운 책을 읽는 것은 종교적인 의무인 동시에 이성적인 계산에 속한다. 보다 실용적이고, 소비사회의 규준에 더 잘 적응된 사이언톨로지 교회에서는, 창시자의 작품을 사는 것이 하나의 의무이다.

1950년 5월, 다시 말해서 조지프 스미스가 계시를 받은 지 120년 후, B급 공상과학 소설의 작가인 라파예트 론 허버드가 과학적 주장이 담긴 시론 『다이아네틱스 : 정신건강의 현대 과학(Dianetics : the Modern Science of Mental Health)』을 출간한다. 장차 사이언톨로지 교회의 기본 텍스트가 될 이 시론은 그 신봉자들에 의해서 『북 원(Book One)』으로 일컬어진다.

이 책의 목적은 정신적 장애의 근원이 무엇인지 밝히고, 그것을 치료할 수 있는 확실한 방법을 가르쳐주는 데 있다. 당시 유명한 신문기자였던 월터 윈첼은 이렇게 말한다. "그것은 정신적인 영역에서 물리학의 법칙들처럼 불변하는 방식으로 작동하는 새로운 과학이다. 이 과학은 필시 동굴의 인간이 불을 발견하고 사용한 것만큼이나 인류에게 혁명적인 것으로 밝혀질 것이다."

이런 지나친 주장은 우리를 약간 당혹스럽게 만든다. 출간 몇 주 전에 요약된 형태로 과학적 엄격함을 크게 따지지 않는 잡지 『어스타운딩 사이언스 픽션(Astounding Science-Fiction)』에 실린 『다이아네틱스』는 재미있는 장난으로 여겨질 수도 있었을 것이다. 하지만 수만 명의 독자가 그것을 진지하게 받아들였다. 1950년 7월부터 12월까지, 『다이아네틱스』는 장장 28주 동안 「뉴욕 타임스」 베스트셀러 목록에 오르고, 1년 만에 15만 부 이상이 팔려나간다. 사이언톨로지의 공식 사이트가 인정하고 있듯이, 이런 성공이 그 운동에 활기를 불어넣는다. 우선 수많은 다이아네틱스 클럽이 생겨나고, 1953년에는 엄밀한 의미의 교회가 세워진다. 사이트는 이렇게 선언한다. "『다이아네틱스』의 출간이 인류를 위한 새로운 희망의 시대를 열었다." 이처럼 베스트셀러는 종교를 탄생시킬 수도 있다.

사이언톨로지는 탄생되자마자 창설자의 작품을 널리 퍼뜨리는 것을 주요 목표 중의 하나로 삼는다. 이에 대해서 한때 사이언톨로지 간부였던 이는 이렇게 전한다. "교회는 신도들에게 그들 종교의 미래와 영혼의 구원이 론 허버드가 쓴 책들의 성공에 달려 있다고 가르칩니다."[6]

『다이아네틱스』를 출간한 브리지 퍼블리케이션스는 과도한 텔레비전 광고, 신문 전면광고, 주요 스포츠 경기 후원, 그리고 당연히 일반적인 것보다 적어도 두 배는 높은 서점 할인 등, 극도로 공격적인 판매촉진 기법들을 사용한다.[7] 브리지 퍼블리케이션스, 그리고 그 배후에 있는 사이언톨로지 교회의 목표는 돈을 버는 것이 아니라 어떤 대가를 치르더라도 가능한 많은 부수의 『다이아네틱스』를 배포하는 것이다. 1988년, 『퍼블리셔스 위클리』는 『다이아네틱스』가 100주째 베스트셀러 목록에 오른 것을 기념했다. 그리고 이듬해, 브리지 퍼블리케이션스는 40년이 조금 되지 않는 기간 동안 『다이아네틱스』가 8,300만 부나 팔렸다고 선언한다.[8]

사이언톨로지가 공을 들여 판매를 촉진한 책은 『다이아네틱스』만이 아니다. 론 허버드가 소설의 형식을 빌려 사이언톨로지의 주장들과 이상한 우주론을 밝힌 공상과학 소설 『배틀필드(*Battlefield Earth*)』(1982) 역시 그 대상이 된다. 여러 대형 출판사에서 거절을 당한 그 소설은 일단 출간되자 금세 여러 베스트셀러 목록에, 특히 「뉴욕 타임스」와 『타임 매거진(*Time Magazine*)』의 베스트셀러 목록에 오른다. 초판 15만 부가 1년 만에 주인을 찾았고, 1985년 3월에는 포켓판으로 80만 부가 팔렸다고 한다. 이런 전례가 없는 성공 덕분에, 1989년의 한 내부 광고는 라파예트 론 허버드가 "역사상 가장 유명하고 가장 많이 읽힌 저자 중의 하나"로 간주될 수 있다고 뽐냈다.[9]

그러나 그런 수치들, 그리고 그런 주장은 60-90만으로 추산되는 그 종교의 신도들과 연관시켜볼 때 약간은 황당해 보인다. 또 그런 만큼 의심스러워 보이기도 한다. 사이언톨로지는 메시아의 책을 대량으로 유포하기 위해서, 또한 그 사실을 알리기 위해서, 간단히 말해 살짝 속임수를 쓰더라도, 문제의 책들을 베스트셀러 목록에 올려놓기 위해서 무엇이든 할 각오가 되어 있는 것으로 보인다. 그래서 그들은 1980년대에 이미 적발된 방법, 신도들을 시켜 베스트셀러 목록을 작성하기 위해서 기준으로 사용되는 (이론적으로는 비밀에 붙여진) 테스트 서점들을 돌아다니며 10여 부씩 사게 하는 방법을 사용한다. 교회의 지역 책임자들에게 수치화된 할당량을 내려보내고, 그 할당량을 채우지 못하면 파면해버린다는 말까지 돈다.[10] 이것이 흔히 인위적인 베스트셀러라고 불리는 것이다.

정치적 바이블들

의무적인 독서 가운데, 몇몇 전체주의 체제의 '정치적 바이블'도 이런 성스러운 책들과 나란히 위치시켜야 한다.

이 점에서, 20세기의 전체주의들이 모두 같은 깃발 아래 나란히 세워지지는 않는다. 물론 소비에트 연방이나 파시스트 체제의 이탈리아에서도 최고 권력자들의 저작을 대량으로 발행하기는 했다. 소비에트 연방이 건설되고 첫 50년 동안, 레닌의 책은 3억5,000만 부, 스탈린의 글은 6억7,200만 부가 출간되었다고 한다.[11] 그러나 이 수치들이 아무리 어마어마하다고 해도, 그 체제에서 그들 우두머리의 (많은) 저작에 특별한 신성성을 부여하려고 했던 것 같지는 않다. 어쨌거나 훌륭한 시민이라면 누구나 지도자의 책을 소유하고 읽어야만 하는 히틀러의 독일이나 마오의 중국에서 관찰할 수 있는 그런 신성성은 발견되지 않는다.

독일에서 '바이블'이라는 용어는 비판자들이나 지지자들이나 명백하게 『나의 투쟁』을 지칭하기 위해서 사용했다. 나치당의 창설, 투쟁, 주장, 목표가 담긴 이 두꺼운 저작은 히틀러가 1924년에 쓴 것이다. 그는 당시 그전 해에 꾸민 반란기도 때문에 란츠베르크의 감옥에 투옥되어 있었다. 주요 발행인들에게 거절당한 『나의 투쟁』은 결국 당 기관지를 내는 작은 출판사 프란츠 에허 페르라크에서 출간된다. 발행부수는 고작 1만 부로, 아직은 변변치 않은 저자의 대중성과 비례한다. 하지만 책은 그럭저럭 잘 팔린다. 초판이 그해 말에 소진되어, 1925년 말에 재판에 들어간다. 사실, 『나의 투쟁』은 처음부터 주요한 역사적 역할을 한다. 국가사회당을 이끄는 히틀러의 입지를 공고히 했고, 그 당에 이념적 일관성을 부여했으며, 그럼으로써 선거를 유리한 국면으로 이끌게 했기 때문이다. 경제위기로 수백만의 독일인이 실업상태에 빠지고, 당의 지지율이 급등하는 1930년, 『나의 투쟁』은 5만 부를 돌파한다. 같은 해, 발행인은 보급판을 내놓아 몇 개월 만에 8만 부를 팔아치운다. 책은 나치당이 선거에서 거둔 성적에 비례해서 점점 더 많이 팔린다. 히틀러가 권좌에 오르기 직전인 1933년 초, 『나의 투쟁』은 이미 28만7,000부가 팔린 상태였다.[12] 요컨대, 당시 나치에 반대하던 사람들이 "히틀러 운동의 입문서"[13]라고 불렀던 것은 이미 베스트셀러였다.

그러나 1933년 1월 이후로 모든 것이 달라진다. 판매량뿐만 아니라, 어용언론이 "독일 인민의 생명의 책"으로 소개하여 책의 위상도 올라간다.[14] 이 시기 판매의 폭증을 설명해주는 것은 아직은 호기심, 총통이 생각하는 것, 그리고 앞으로 벌어질 수도 있을 일을 미리 알고자 하는 욕구이다. 따라서 그해에 팔린 100만 부는, 앙투안 비트킨이 지적하듯이 "국가가 그 저작을 대대적으로 선전하고 배포하기 이전에 [독자들이] 자유롭게" 선택한 것이다.[15]

본격적인 배포가 시작된 것은 2년 후인 1935년, 괴링 원수가 라디오를 통해서 "『나의 투쟁』은 우리의 바이블"이라고 선언하면서부터이다.[16] 1936년, 독일 내무상은 막 결혼한 모든 신혼부부에게 그 책을 한 권씩 선물하라고 각급 행정관청에 넌지시 권한다. 처음에는 반드시 지켜야 하는 의무사항은 아닌지라, 라이프치히 같은 몇몇 대도시들이 재정적 어려움을 내세워 참여를 거부한다. 그러나 그 행사는 강력하게 권장되었고, 그것은 당시의 정치적 맥락 속에서 실질적으로 명령이나 다름없었다. 그렇게 해서, 『나의 투쟁』 400만 부가 신혼부부들에게 배포되었다고 한다.[17] 게다가 정권에 잘 보이기 위해서 노심초사하던 대기업, 은행, 공장 등등이 그 책을 대거 사들여 우수 직원들에게 배포함으로써 그 뒤를 따른다.

배포된 양은 괴벨스가 『나의 투쟁』을 "역사상 가장 큰 성공을 거둔 책"이라고 말할 정도로 엄청나다.[18] 그 책은 1939년에 미국에서 그해 가장 많이 판매된 열 권의 목록에 든다.

반면에 총통의 두꺼운 책을 읽는 사람의 비율은 훨씬 더 미미하다. 한스 몸젠은 이렇게 말한다. "그 책을 산 사람들은 어쩔 수 없이 그렇게 했거나, 그 책을 소유하고 있다는 사실이 알려지는 것에 더 큰 관심이 있었다." 반면에 책 자체를 "읽는 경우는 거의 없었다."[19] 신혼부부나 일과에 지친 우수 직원들이 정치서적이나 읽으며 여가시간을 보내지는 않았을 것이다. 넓게 볼 때, 이런 베스트셀러의 운명은 대개 유사하다. 그런 책은 사람들이 사기는 하지만, 거의 읽지 않는다. 왜냐하면 그런 책을 인쇄해 배포하는 목적이 읽게 만들기 위한 것이 아니기 때문이다. 나치 체제로서는 독일인들이 체제의 근거가 되는 빈약한 교리를 잘 아느냐 아니냐는 전혀 중요하지 않았다. 체제는 그 책을 읽으라고 배포한 것이 아니라 그 책을 식별의 표지로, 자신을 적과 구별하는 수단으로 소유하고 내보이라고 배포한 것이다. 그 증거로, 1944년 말까지 출간된

『나의 투쟁』1,245만 부 가운데 800만 부가 전쟁 중에 나왔다. 더욱 충격적인 것은, 500만 부 이상이 1942년과 1944년 사이에 출간되었다는 점이다.[20] 피할 수 없는 종말이 가까워질수록, 국가사회주의라는 종교의 바이블을 유포하는 일이 더욱 시급하기라도 한 것처럼.

25년 후, 문화혁명기의 중국에서 각국 특파원들이, 끝없이 반복되는 바람에 결국에는 새 체제의 하나의 아이콘이 되어버린 장면을 영원한 것으로 만들어놓는다. 수수하지만 자긍심과 행복감에 차 있는 한 가족이 아버지를 둘러싸고 모여 있고, 군복 차림의 아버지는 전등 불빛 아래 『마오쩌둥 어록』에 모아놓은 마오 주석의 어록을 읽고, 해설하고, 동의한다. 그 촌극은 학교, 운동장, 공장, 기차에서도 재현되는데, 매번 그 이미지의 중심에는 역사상 『성서』 다음으로 많이 팔린 책인 『마오쩌둥 어록』이 있다.

원래 그것은 병사들에게 나눠주기 위해서 1964년 린뱌오가 주도해서 만든 마오쩌둥의 저작 발췌본 모음집에 불과했다. 그러나 1966년 문화혁명이 시작되자, 표적이 바뀐다. 마오쩌둥을 당대에 가장 위대한 마르크스 레닌주의자로 소개하는 린뱌오의 서문과 그의 사상을 정확하게 연구하기 위한 방법론이 곁들여진 『마오쩌둥 어록』은 그때부터 "광범위한 대중"을 겨냥한다. 그들은 대중에게 "지속적인 공부와 적용을 위해서 몇몇 핵심적인 문장을 암기할 것"을 권장한다.[21] 문화혁명이라는 전망 속에서 『마오쩌둥 어록』은 진정한 "정치적 지식의 민주화", 다시 말해서 권력 자체를 민주화하는 첫 단계처럼 보인다. 루소의 『사회계약론(Contrat social)』에서처럼, 예전의 황제들처럼 신성화된 '위대한 조타수'에 대한 숭배를 정착시키는 동시에, 중국 인민을 강제로 자유로워지게 만드는 것이다. 스승의 준엄한 지도 아래, "『마오쩌둥 어록』을 숙지함으로써 중국 인민 전체가 학교로 간다."

이로 인해서 출판 역사상 전례가 없는 일이 벌어지는데, 국가가 관할하는 인쇄소 1,800곳 이상이 오직 마오 주석의 저작을 인쇄하는 일에만 전념한다.[22] 정위안 푸에 따르면, 당시 『마오쩌둥 어록』은 무려 65억 부나 인쇄되었다고 하는데, 거기에 『선집』 시리즈(네 권)가 8억4,000만 질로 총 33억6,000만 권, 그리고 『시 모음집』 4억 권도 보태야 할 것이다. 끝으로, 국가 인쇄소 외에도 각급 교육기관, 기업, 지역 행정관청을 통해서 마오 주석의 작품 17억 부가 제작되었다고 한다. 연간 그리고 주민당 인쇄된 책의 평균 권수를 갑자기 수직 상승시킨 놀라운 책의 해일이라 할 수 있을 것이다.[23] 같은 책을, 그렇게 짧은 기간에, 그토록 많은 양을 인쇄한 예는 역사적으로 단 한번도 없었다.

중국에서는 나치 독일보다 각종 의무가 더 엄격했고, 더 치밀하게 통제되었으며, 그것을 위반할 경우 더 가혹하게 처벌된 것도 사실이다. 문화혁명이 진행되는 동안, 『마오쩌둥 어록』은 외출을 할 때 반드시 소지해야 하고, 매순간 존경을 표해야 하는 물건이 되었다고 정위안 푸는 강조한다. 책의 형태와 작은 크기, 붉은 플라스틱 표지는 이론적으로는 "정치적 문학을 탈신성화하는 것"을 목표로 삼지만,[24] 그 자체가 전형적으로 성스러운 책, 수억 명의 사람이 매일 올리는 의식의 대상이 된다.

성공을 위한 책들

우리는 정신적이거나 물질적인 구원을 얻기 위해서 책을 읽을 (혹은 살) 수도 있지만, 사회적으로, 학업에서, 혹은 개인적으로 성공을 거둘 수 있는 최선의 방법이기 때문에 책을 읽기도 (혹은 사기도) 한다. 사실, 문제는 의무적이거나 필요 불가결한 것(그렇게 느껴지는 것)이 무엇인지 아는 데 있다. 대답은 장소와 시대에 따라서 달라질 수 있지만, 그것은 상기한 의무에 따르는 아주 적합한 수단으로 간주되는 책의 판매에 언제나 영향을 미친다. 이때 베스트셀러는 개개의 사회가 가지고 있는 강박이나 욕구를 충실하게 반영한다.

동화(同化)

이주민이 물밀듯 몰려든 19세기 미국의 상황은 세계 어디서도 찾아볼 수 없는 것이었다. 그것이 다른 곳에는 존재하지 않는, 특히 언어적, 문화적 측면에서 주로 **독자를 동화시키는** 것을 목적으로 하는 저작들의 아찔한 성공을 설명해준다. 독립이 선언되자마자, 기초적인 영어 학습서인 노어 웹스터(1758-1843)의 『아메리칸 스펠링 북(*American Spelling Book*)』이 정한 목표도 그것이었다.

후에 "미국 교육의 아버지"라고 불리게 되는 웹스터는 아주 정치적인, 그리고 국가주의적인 교육관을 가지고 있었다. 그는 교육을 통해서 늙은 유럽 군주국들의 몽매주의(蒙昧主義), 의고주의(擬古主義), 그리고 부패를 몰아내겠다고 주장한다. 이 장 자크 루소의 독자는 주권을 가진 인민은 자신의 언어를 완벽하게 구사해야 하기 때문에 **말하는 방식**에서도 전형적으로 미국적이고 민주적인 문화를 발명해야 한다고 생각한다. 예외적으로 잡다한 국민에게 아주 적합한, 합리적이고 점진적인 접근을 통한 학습 방법이 거기에서 나온다.

1783년『영어 문법 강습 제1부, 아메리칸 스펠링 북』이라는 소박한 제목으로 출간된 이 책은 친근하게『블루 백 스펠러(*Blue Back Speller*)』

라는 이름으로 불리다가, 3년 후에 그 고전적인 제목을 취하고는 훨훨 날아오른다. 1818년, 미국 인구가 1,000만이 채 되지 않는데도, 책의 판매량은 이미 300만 부를 돌파한다. 그러고는 판매가 더욱 가속화된다. 웹스터가 사망한 1843년에는 판매량이 2,400만 부에 도달했는데, 미합 중국 국민의 수를 훨씬 초과하는 수치이다. 이 시기에는 매년 100만 부가량이 팔리고, 1883년에는 인구 약 5,300만 명에 총 판매량이 6,200만 부에 달한다. 믿기 힘든 놀라운 수치지만, 당시 비영어권 국가에서 유입된 이주민의 수가 기하급수적으로 늘어난 것을 고려할 때 설득력 있는 수치이기도 하다. 모든 것을 버리고 건너온 이 이주민들은 새로운 삶의 터전에 동화되고, 나아가 그곳에서 성공을 일구는 데 필요한 열쇠 중하나를 『아메리칸 스펠링 북』에서 발견했다.

그러나 1836년 이후로는 『아메리칸 스펠링 북』도 장차 베스트셀러가 될 또 한 권의 책, 맥거피(1801-1873)의 『삽화가 실린 아동용 첫 독본 (The Eclectic First Reader for Young Children with Pictures)』과 경쟁하게 된다. 줄여서 『맥거피 리더스(McGuffey Readers)』라고도 불리는 이 읽기 책 시리즈는, 이 시리즈를 연구한 첫 역사학자의 말에 따르면 시리즈 자체의 적응 능력과 발행인의 활력 덕에 성공했다고 한다.[25] 아직 칼뱅주의 전통이 깊이 뿌리를 내리고 있는 미국 사회에서 『맥거피 리더스』의 최초 버전은 저자의 신념에 따라서 아주 종교적인 어조를 채택한다. 하지만 판이 거듭됨에 따라서 이런 양상은 조금씩 사라진다. 나중에 나온 판들은 삽화에 점점 더 많은 공을 들이다가, 1901년 이후에는 선생과 학생들을 매료시키기 위해서 사진 제판과 화려한 색깔을 사용한다. 장기적으로는 『맥거피 리더스』가 『아메리칸 스펠링 북』보다 나은 성적을 거둔다. 1900년 기준으로 『아메리칸 스펠링 북』은 1억 부가량 팔렸고,[26]

『맥거피 리더스』는 1억2,500만 부가 팔렸다.[27]

교육

동화의 문제가 제기되지 않았던 프랑스에서 그만큼 시사성이 있는 문제는 교육이다. 그리고 교육에는 이념적 속셈이 없지 않다. 이 점에서 교과서는 전체주의 체제의 베스트셀러들과 당혹스러울 정도로 흡사한 면이 있다. 특히, 책을 집권 체제를 공고히 하는 도구로 삼으려는 의지가 그렇다. 『마오쩌둥 어록』이 모든 중국인을 위한 교육 매뉴얼로 특별히 고안되었다면, 프랑스 역사상 교과서로 가장 큰 성공을 거둔 책 중 하나인 G. 브뤼노의 『두 아이의 프랑스 일주(Le Tour de la France par deux enfants)』 역시 그 붉은 책에 적의를 품고 있지 않은 역사학자들에 의해서 "공화국의 붉은 소책자(마오쩌둥 어록)"라고 불릴 수 있었을 것이다.[28] 실제로 1937년 다니엘 알레비는 이렇게 지적했다. "그 책을 읽는 것은 대단히 교육적이다. 책에 말해진 것만큼이나 말해지지 않은 것에 의해서도, 책에 강조된 것만큼이나 슬그머니 지워진 것에 의해서도." 슬그머니 지워진 것……왕이 지배했던 프랑스의 과거, 가톨릭교, 보복의 군대와 사상, 산업의 발달과 프롤레타리아 계층의 증가, 다시 말해 막 태어난 공화국이 잊게 만들고 싶어하는 모든 것 말이다.[29] 1887년에 출간된 『두 아이의 프랑스 일주』는 1906년 체제의 진화, 공화국의 급진화, 탈기독교화에 부합되는 방향으로 개정된다. 이런 이념적 순종은 "중급 강좌를 위한 일반 강독서적"인 동시에 공화국 선전용 작은 입문서인 이 책의 놀라운 성공을 더욱 견고하게 한다. 자크 오주프와 모나 오주프의 평가에 따르면, 이 책은 1877년과 1887년 사이에 최소한 300만 부가 인쇄되고,[30] 1906년까지는 매년 10만 부가량, 그러고도 몇십 년 동안 해마다 몇십만 부가 출간된다. 1977년, 출간 100주년을 맞은 이 "공화국의 베스트셀러"는 총 850만 부를 돌파했다.[31]

　"순수하게 학업과 관련된" 책들, 달리 말해서 체제의 선전이 능숙하게 혹은 서툴게 감춰져 있지 않은 책들이 정상에 오르는 경우는 드물다. 그러나 그 드문 책들이 올린 판매고는 오랫동안 모든 장르를 통틀어 대부분의 저자들을 질투심으로 창백해지게 만들었고, 많은 경우 그 발행인들에게 큰돈을 안겨주었다.

　국가가 개입하여 학교에서 사용될 수 있는 저작들의 목록을 일일이 정하지 않은 구체제하의 프랑스에서는 교육적 용도로 출간되는 책의 발행부수가 이미 엄청났다. 도미니크 쥘리아에 따르면, 1781년 사후에 작성된 트루아의 인쇄업자 J. A. 가르네르의 자산 목록에는 예절에 관한 책 11만4,000권이 포함되어 있었다. 이것만 봐도 "인쇄업자들이 어떤 규모로 일을 했는지" 알 수 있다.[32]

　그러나 대혁명과 제정(帝政)을 거쳐, 7월 왕정하에서 기조법(1833년 6월 28일)이 채택되면서 시장이 폭발적으로 성장해, 몇몇 과감한 출판업자들에게 어마어마한 이득을 안겨준다. 그 선두에 자유주의를 신봉하는 젊은 발행인 루이 아셰트가 있다.

　고등사범학교 출신의 똑똑한 청년 루이 아셰트는 1826년 출판업 쪽으로 눈을 돌려, 파리 사라쟁 가 12번지에 소재한 아주 작은 출판사 '리브레리 클라식 에 엘레망테르'를 인수한다. 그는 천재적인 직감에 따라서, "대부분의 사람들이 행상이 판매하는 전통적인 소책자로 만족하던" 시기에 질 좋은 초등교육 서적을 만드는 데 과감한 투자를 한다.[33] 기조법이 채택되었을 때, 아셰트는 이미 완벽하게 준비가 되어 있었다. 1835년 그는 엄청난 주문을 받는다. 어린이용 초보 독본 50만 부, 기초 국어 10만 부, 베르니에의 산수 4만 부, 지리 4만 부, 생투엥 부인의 『프랑스사(*Histoire de France*)』 4만 부. 이 『프랑스사』는 시의적절하게도 3년 전에 낭시의 한 출판사로부터 사들인 것인데, 아셰트 출판사는 반세기 만에 이 책만으로 같은 기간 동안 팔린 알렉상드르 뒤마의 소설의 부수와 맞먹는 227만6,000부 이상을 판다.[34]

1836년, 루이 아셰트는 7월 왕정이 추구하는 방향과 완벽하게 일치하는 온건한 자유주의적 성향 덕분에 모두가 탐내는 '대학 출판업자'의 자격을 획득하고, 두 종의 직업적 정기 간행물 『르 리세(*Le Lycée*)』와 『일반 매뉴얼, 기초교육 신문(*Manuel général, le journal de l'instruction primaire*)』을 출간하여 명성을 드높이려고 애쓴다. 아셰트 출판사는 곧 "전 대륙에서 찬양과 질시의 대상"이 된다.[35]

아셰트만 유일하게 베스트셀러들을 양산한 것은 아니다. 제3공화국 치하에서 커리큘럼의 안정, 문맹퇴치, 학업의 의무에 대한 강조로 인해서, 1930년대 초에 100만 부를 돌파한 미로노의 『독서의 선택, 초보 강좌(*Choix de lectures, cours élémentaire*)』, 111판을 찍게 되는 오제와 프티의 『프랑스사 준비(*Livre préparatoire d'histoire de France*)』, 그리고 1871년 아르망 콜랭 출판사에서 출간되어 1920년까지 2,600만 부가 팔리는 라리브와 플뢰리의 『1학년 문법(*Première année de grammaire*)』과 같은 대형, 나아가 초대형 베스트셀러들이 만들어진다.[36] 1872년과 1889년 사이, "학교라는 부대가 약 430만 명의 아이들을 끌어들이는 이 시기에" 아르망 콜랭에서만 5,000만 권의 책을 팔아치운다.[37]

당시에 엄청난 성공을 거둔 몇몇 책들은 20세기 후반에도 여전히 살아 있다. 보르다스 출판사에서 출간된 '라가르드와 미샤르' 컬렉션은 1948년과 1990년 사이에 2,000만 부 판매를 돌파했다고 한다.[38] 또한 아셰트 출판사의 온라인 카탈로그를 살펴보면, '베슈렐' 컬렉션은 베스트셀러 목록 선두권에, 심지어 『2011년판 프티 라루스 사전(*Petit Larousse 2011*)』과 불멸의 베스트셀러 카트린 팡콜의 최신작 앞에 올라 있다.

외모

모든 시대의 인간은 먹는 것에 관심을 쏟았다. 그리고 그것은 무엇보다 요리책, 요리 매뉴얼, 식도락 개론, 음식이나 술을 즐기는 이야기 등등의 방대한 문학을 통해서 표현되었다. 16세기 초에는 라블레의 『가르강튀아』가 르네상스 시대의 첫 베스트셀러 중 하나가 되었고, 3세기 후인 1838년에는 샤르팡티에가 브리야사바랭이 남긴 불멸의 걸작 『미각의 생리학』으로 프랑스 출판계의 풍경을 완전히 바꿔놓은, 그 유명한 3.50프랑 균일가 총서 '비블리오테크'의 문을 열었다. 인간은 언제나 먹는 생각을 했다. 그러나 인간이 **살을 뺄** 생각을 하기 시작한 것은 기껏해야 반세기밖에 되지 않는다.

몸의 숭배

날씬한 몸매를 유지하거나 다시 날씬해지고 싶어하게 되려면, 아주 예외적인 몇 가지 조건이 결합되어야만 한다. 우선, 문제의 남자(혹은 여자)가 영양이 더는 문제되지 않을 정도로, 혹은 오히려 영양 과잉이 문제로 보일 정도로 부유한 나라에 살아야 한다. 다른 한편으로, 그 나라가 전쟁이나 위기 없이 평화로워야 한다. 전쟁이나 위기가 닥치면, 날씬한 몸매 외에도 다른 걱정거리가 많아진다. 1963년과 1965년 사이, 미국을 발칵 뒤집어놓은 케네디 대통령의 암살은 책 판매에 엄청난 영향을 미친다. 대통령의 저작들, 대통령에 관한 책들, 그의 죽음이나 가족에 관한 책들이 몇 년 전에 베스트셀러 목록에 요란스럽게 진입한 다이어트 매뉴얼 같은 경박한 책들을 몰아내버렸던 것이다.

나르시시즘과 위생 사이 어딘가에 위치하는 몸의 숭배가 다른 고려사항, 특히 종교적인 고려사항보다 우위에 서야 한다. 19세기 미국 문화를 여전히 지배하는 청교도적인 엄격함은 다이어트와 유사한 효과를 발생시킬 수 있다고 하더라도, 1960년대부터 서구의 주부들에게 "몸매를 관리하라고", 혹은 "먹는 즐거움과 날씬한 몸매라는 두 마리 토끼를 동시에 잡으라고", 그러려면 어떻게 해야 하는지 가르쳐주겠다고 주장하는 책들을 사러 당장 달려가라고 부추기는 생활 철학과는 정확하게 반대되는 지점에 위치한다.

실제로 제1차 세계대전이 끝나자마자 건강하고, 구릿빛으로 그을리고, 날씬해서 언제나 젊어 보이는 몸에 대한 숭배가 각종 신문, 광고판, 스크린을 점령한다. 행복하고, 편안하고, 느긋한, 한마디로 말해, "현대적"이기 위해서는 **그렇게 보여야만 한다.** 그러기 위해서는 먹는 것을 조절해서 체중을 줄여야 한다. 프랑스의 경우를 보자. 1922년 공쿠르 상을 수상한 앙리 베로의 소설『살찐 자의 수난(*Le Martyre de l'obèse*)』은 날씬해야만 하는 세상에서 사랑에 빠진 (퇴짜 맞은) 뚱보가 겪는 불행과 다이어트의 지옥을 상세히 전하는, 20년 전만 해도 상상도 할 수 없는 내용이다. "한때는 말만 들어도 당신의 발가락이 뒤틀릴 고문을 저에게 가한 한 의사의 처방 덕분에, 저도 살을 빼는 데 성공했었습니다. 그 순간, 제가 너무나 큰 행복감을 맛보는 바람에 그 즉시 본격적으로 다시 살이 찌기 시작했죠. 그때 제가 느낀 분노와 절망을 묘사해드릴까요? 어느 날 아침, 치료비를 받으러 찾아온 의사는 내 눈길을 보고는 자신의 생명이 위태롭다는 것을 즉각 알아차렸습니다. [……] 난 그래도 그 기름과, 그 위에 겹겹이 쌓인 다른 기름을 그대로 간직했습니다.”³⁹ 미국에서도 한때 비만으로 고생한 룰루 헌트 피터스라는 로스앤젤레스의 여의사가 『다이어트와 건강, 칼로리로 가는 열쇠로(*Diet and Health, with the Key to the Calories*)』(1918)라는 책으로 1922년부터 1926년까지 매년 베스트셀러 1위에 오르고, 100만 부가 넘게 팔리는 어마어마한 성공을 거둔다. 그 책에서 그녀는 그녀의 성공에 단단히 한 몫을 한 친근한 스타일로, 그리고 당시로서는 혁신적이게도, 여성 독자들에게 칼로리를 계산하라고 가르친다. 하지만 곧 다른 주제들이 사람들의 정신을 빼앗는다. 화폐위기, 대공황, 극좌와 극우의 부상, 그리고 점점 짙어지는 전운(戰雲)이 몸매 따위에는 신경을 쓸 수 없게 만든다. 1927년에 베스트셀러 목록에서 사라지는 룰루 피터스는 자신의 뒤를 잇는 후계자를 당장은 얻지 못한다. 프랑스에서도 1930년대에 마티외 박사의 『브리드 레 뱅 요법은 어떻게 비만을 치료하는가(*Comment la cure de Brides-les-Bains fait maigrir les obèses*)』,⁴⁰ 롱종 레노 박사의 『전기로 살빼는 법(*Maigrir par l'électricité*)』,⁴¹ 또는 라투르 박사의 『어떻게 살을 뺄 것인가(*Comment maigrir*)』⁴² 같은 책들이 등장하기 시작하는데, 이들은 순수하게 의학적인 영역에 머물 뿐 대중의 관심을 끌려고 하지는 않는다. 이런 종류의 책들은 1940년대에 완전히 사라진다. 배급과 보급의 시기에 다이어트를 말하는 사람은 없다. 거의 20년 동안, 유럽에서든 미 대륙에서든, 베스트셀러 목록에서 그런 종류의 책은 더 이상 찾아볼 수 없게 된다.

다이어트 지침서

미국에서 1960년대 초에 이런 종류의 책이 아주 좋지 않은 조짐을 보이며 등장한다.[43] 1961년, 루마니아 출신의 산과의사 허먼 탤러 박사가 사이먼 앤드 슈스터 출판사에서 날씬한 몸매를 추구하는 대식가들이 듣고 싶어하는 말을 정확하게 해주는 『칼로리를 계산하지 마라(*Calories Don't Count*)』를 출간한다. 룰루 피터스가 주장한 것과는 반대로, 칼로리는 상관없다. 나아가서 먹는 양도 상관없다. 중요한 것은 피루빈 산과다로 인해서 위협받는 생리학적인 균형을 유지하는 것이다. 간단히 말해 탤러 박사가 직접 제조한 알약을 복용함으로써 그 위험을 피하는 순간부터는 원하는 것을, 원하는 만큼 먹어도 된다. 요컨대, 문제는 아주 간단하다. 돈만 지불하면 된다. 이 책은 대성공을 거둔다. 1961년에 베스트셀러 순위 8위로 시작해서 이듬해에는 1위 자리를 꿰차며 승승장구한다. 저자가 사람들에게 고소를 당하는 날까지는. 1967년 그의 알약은 전혀 효과가 없는 것으로 드러나고, 그는 사기로 유죄를 선고받는다. 그사이, 그의 책은 200만 부나 팔려나갔다(마술 알약이 얼마나 팔렸는지는 아무도 모른다). 탤러가 일을 벌이기 3년 전에 이미 자비스 박사라는 사람이 『민간의학 : 한 버몬트 의사의 건강 가이드(*Folk Medicine : A Vermont Doctor's Guide to Good Health*)』(1958)라는 책을 100만 부 이상 팔아치웠다. 능금 식초와 살균처리되지 않은 꿀을 만병통치약으로 기술하는 이 책을 당시 영양학자들은 말도 안 되는 소리라고, 그리고 보건부 장관 아서 S. 플레밍은 "의학적인 난센스"라고 고발했다.[44]

이 모든 것도 몸에 대한 숭배가 번지는 것을 막지는 못한다. 1968년, 다이어트 관련 서적 세 권이 베스트셀러 10위권에 진입하는 데 성공한다. 특히 진 니데치의 『체중을 감시하는 요리책(*Weight Watchers Cook*

Book)』은 긴 베스트셀러 시리즈의 첫 권이 된다. 1970년대부터 움직임이 지속적으로 변하고, 관련 서적들이 쏟아져나옴으로써 숭배의 열기와 숭배자들의 욕구를 확인시켜준다. 끊임없이 쏟아지는 책의 물결 속에서, 1972년에 출간된 앳킨스 박사의『다이어트 혁명(*Diet Revolution*)』과 1981년에 출간된 주디 마젤의『베벌리힐스 다이어트(*Beverly Hill's Diet*)』같은 몇몇 책들이 눈에 띈다. 비서로 일하던 서른아홉 살의 주디 마젤은 스키를 타다가 다리가 부러진다. 평소 살을 몇(혹은 몇십) 킬로그램 정도 빼야겠다고 생각하던 그녀는 병원에 입원해 쉬는 틈을 이용해서 영양에 관심을 기울이기 시작한다. 몇 개월 후, 그녀는 소화와 효소에 대한 자신의 이론을 세우는데, 거기에서 출발하여 (6주 코스의) 다이어트 사업을 시작하고, 베벌리힐스에 클리닉을 열어「달라스」의 린다 그레이 같은 유명한 다이어트 지원자들을 받아들인다. 그리고 책을 출간한다.『베벌리힐스 다이어트』는 전문가들의 우려 섞인 의견에 불구하고, 심지어 그들 덕분에, 곧 "서점가의 놀라운 현상"이 된다. 대세가 되면, 호평이든 혹평이든 모든 것이 광고가 된다.[45] 더 최근에는 또 한 명의 자칭 전문가,「아메리칸 그래피티」의 풍만한 금발 여성, 몸의 여사제로 변신한 텔레비전 드라마 배우 수잔 소머즈가 열여덟 권의 책을 내는데, 그중에서『실컷 먹고, 체중은 줄여라(*Eat Great, Loose Weight*)』(1997),『실컷 먹고, 지방을 속여 녹여라(*Eat, Cheat and Melt the Fat Away*)』(2001) 등, 여덟 권이「뉴욕 타임스」베스트셀러 목록에 오른다. 같은 장르의 책으로, 2003년과 2004년에 미국 베스트셀러 2위에 오른 애것스턴 박사의『더 사우스 비치 다이어트(*The South Beach Diet*)』, 일명 "마이애미 다이어트", 그리고 처음에는 루이지애나의 영세 출판사에서 배포되어 입소문을 통해서 1년에 16만5,000부가 팔리고, 이후에 발

렌타인 북스로 넘어가 200만 부가 팔리는 깜짝 베스트셀러, 라이튼 스튜워드의 『슈거 버스터스(*Sugar Busters*)』(1998)를 예로 들 수 있다.

프랑스에서도 같은 종류의 기적이 일어난다. 1986년, 체중 문제로 고생한 전직 고위간부 미셸 몽티냐크가 『사업상의 식사를 하면서 살을 빼는 방법(*Comment maigrir en faisant des repas d'affaires*)』이라는 책을 자비로 출간한다. 그의 공식 사이트에는 그 책이 50만 부 이상 팔렸다고 나와 있다. 이듬해에 나온 『나는 먹는다, 고로 살이 빠진다(*Je mange donc je maigris*)』는 그가 직접 대중에게 자신의 방법을 설명하는 매력적인 프로그램으로, 40개국에서 1,600만 부가 팔렸다고 한다.[46]

날씬한 몸매의 또다른 구루, 자신의 이름을 딴 초단백질 강화 다이어트의 발명자인 피에르 뒤캉이 1960년대부터 21세기 초까지 겪은 모험도 그런 것이다. 1971년에 출간된 그의 첫 책 『셀룰라이트가 문제다(*La Cellulite en question*)』(이상하게도 타블 롱드 출판사에서 출간되었다)는 미미한 성공밖에 거두지 못한다. 1978년에 출간된 두 번째 책 『살빼기의 절대적 무기(*Maigrir, l'arme absolue*)』도 마찬가지이다. 뒤캉은 그후로도 여러 권의 책을 내지만, 읽는 사람은 거의 없다. 그러나 2000년에 기적이 일어난다. 『살빼는 법을 나는 모른다(*Je ne sais pas maigrir*)』가 천천히 시동을 걸더니 갑자기, 뚜렷한 이유도 없이, 불티나게 팔려나간다. 사람들이 불을 지피고 열광적인 미디어들이 부채질한 뒤캉 다이어트 열풍은 프랑스에서 300만 부, 전 세계에서 1,000만 혹은 2,000만 부가 팔려나간다.[47] 이번에도, 금맥은 날씬해 보이고자 하는 욕구만큼이나 무궁무진한 것으로 드러난다.

10
파뉘르주 콤플렉스

양차 세계대전 사이에 베스트셀러를 만들어내는 비법을 발견했다고 뽐내곤 했던 베르나르 그라세는 『출판의 성공 조건들에 관해서 앙드레 질롱에게 보낸 편지』에 이런 말을 남긴다. "모든 것이 속물근성에 의해서 시작되었다."[1] 그러고는 부연한다. "관리되는 속물근성, 나는 그렇게 말하고 싶다."

쥘 르메트르가 내린 '속물'의 정의인 "줄을 지어 만족스러운 표정으로 뛰어내리는 [……] 파뉘르주의 양"과 비교해보면,[2] 이 말의 의미가 더욱 명확해진다. 속물 독자는 자신의 취향에 따르기보다는 다른 사람들의 취향, 더 정확하게는 '엘리트' 혹은 그가 그런 부류로 생각하는 사람들의 취향을 추종하는 독자이다. 그는 읽고 싶은 것이 아니라, 책장에 꽂아둘 만한 것, 저녁 식사를 하면서 화제에 올릴 만한 것을 산다. 요컨대, 그는 언제든 시대의 유행에 따를 준비가 되어 있는 **품위** 있는 독자이다.

1885년에 한 기자가 「르 피가로」에 쓰고 있는 것처럼,[3] "많은 일에서 [……] 천재적인 사람에 대한 판단에서도 부화뇌동하는" 이런 습관은 전혀 새로운 것이 아니다. 17세기에 재치 있는 귀부인들의 성공, 18세기에 볼테르와『백과전서』의 성공, 19세기에 젊은 라마르틴의 성공, 그리고 20세기 초에 장 콕토나 폴 발레리의 성공을 결정한 것은 궁정이나 살롱의 호평이다. 1926년 모리스 작스는 이렇게 말했다. "살롱이 아니었다면, 아마 300여 명의 문인을 제외하고 발레리를 아는 사람이 아무도 없었을 것이라고 말하는 것은 과장이 아니다. 그래서 그는 외출을 하려고 애썼다. 그것만으로도 주로 문인들만 읽는 그의 작품을 아주 대중적으로 만들기에 충분했다."[4]

베르나르 그라세가 말하는 시기에 달라지는 것은 독자들의 속물근성에서 유래되는 성공의 규모이다(예전에 살롱의 취향을 추종하는 독자들은 그 수가 그리 많지 않았다). 또한 그 시기부터는 문제의 속물근성을 관리할 수 있게 되었다는 것이다(예전에는 속물들 자신이 추종해야 할 것을 판단했기 때문에 그 근성을 관리하는 것은 있을 수 없는 일이었다). 그 시기부터는 대개 출판사들에 의해서 지배되는 문학상과 클럽 같은 중계물들이 유행에 뒤처지지 않기 위해서 어떤 것을 사야 하는지 그들에게 가르쳐준다. 그리고 그것이 모든 것을, 특히 그 속물근성의 화력(火力), 진정한 성공을 가져다줄 수 있는 그 근성의 위력을 바꾼다. 사실 문제는 다른 곳에, 부화뇌동하는 근성은 책을 사게 만들 수 있지만 반드시 읽게 만들지는 못한다는 데에 있다.

문학상과 클럽

명망이 높든 그렇지 않든, 문학상은 세계 곳곳에 존재한다. 그러나 많은 경우, 그 상들은 대중에게 한정된 영향력밖에 미치지 못한다. 판매에서도 마찬가지이다. 게다가 저자가 거둔 대중적 성공이 상을 타는 데 가장 큰 장애가 되는 일도 잦다. 예를 들면, 1901년에는 졸라가(상은 독자들이 거의 읽지 않는 시인인 음울한 쉴리 프뤼돔에게 돌아갔다), 1938년에는 마거릿 미첼이(『바람과 함께 사라지다』는 엄청나게 팔렸지만, "위대한 예술은 아니죠"라고 한 스웨덴 심사위원은 논평했다), 1948년에는 콜레트가("그녀는 노벨 문학상 후보로 진지하게 고려될 수 없는 수준에 있습니다." 분명히 자기 자신을 아주 진지하게 생각하는 또다른 심사위원은 이렇게 거드름을 피웠다) 이미 거둔 대중적 성공 때문에 노벨 문학상을 타지 못했다.[5] 1985년 당시 안젤로 리날디는, 심사위원들은 아무 망설임 없이 "카시미르 들라비뉴가 사라진 이래로 가장 지루하고 가장 작위적인 작가",[6] 따라서 그의 세대에서 가장 덜 읽힌 작가 중 하나인 클로드 시몽에게 노벨 상을 줄 것이라고 강조했다. 간단히 말해서 문학상과 베스트셀러 사이에는 필연적인 관계가 없다. 아마도 프랑스를 제외하고.

공쿠르 상의 서사시

1896년 7월 16일 밤, 자정을 넘긴 새벽 1시경, 에드몽 드 공쿠르가 폐울혈로 오퇴이의 자택에 사망했다. 그는 1870년에 사망한 동생 쥘과 함께 쓴 일부 소설, 희곡, 역사 에세이, 예술 단평 등의 풍성한 작품과 상당한 액수의 재산, 그리고 유언장을 남겼다. 유언장에는 회원 10명으로 구성된 아카데미를 만들고, 매년 문학작품 한 편을 선정해서 상금 5,000프랑 수여하는 데 유산을 사용하라는 내용이 담겨 있었다. 유언장에는 "상은 그해에 출간된 책 중에 최고의 장편소설, 최고의 단편집, 최고의 인상을 남긴 책, 최고의 상상력이 담긴 책 중에 산문으로 된, 오직 산문으로 된 책에만 수여할 것"이라고 적시되어 있었다.[7]

에드몽 드 공쿠르가 그 상을 만든 목적은 어떤 책을 요란하게 선전해

서점가에서 큰 성공을 거두게 하는 데에 있지 않았다. 오히려 정반대였는데, 『일기(*Journal*)』에서 털어놓고 있듯이 공쿠르는 자신의 작품은 "성공의 문턱도 넘지 못하는데", 이해할 수 없게도 그가 보기에 "아무 재능도 없는" 사람들이 "압도적인" 성공을 거둔다며 늘 가슴 아파했다.[8] 공쿠르 아카데미 회원인 폴 느뵈는 공쿠르 형제에 대해서 언급하면서 그들의 뚜렷한 특징 중 하나로 "대중을 멸시하는 귀족적 면모"를 들었다.[9] 에리히 아우어바흐는 심지어 이렇게 평가한다. "공쿠르 형제는 대중에 대해서 공개적으로 절망감을 드러낸, 쉬운 것에 대한 대중의 취향을 비난한",[10] 그리고 "좋게 끝나서 소화도 마음의 평화도 방해하지 않는, 위험하지 않고 위안을 주는 독서를 비난한 최초의 예술가들이었다."[11] 그들에게 책이 많이 팔리는 것은 일반적으로 나쁜 신호이다. 대중이 마음에 들어하는 것은 책이 그들의 (나쁜) 취향에 적합하다는 것을, 따라서 책의 질이 낮다는 것을 의미하기 때문이다. 둘도 없는 친구 알퐁스 도데가 『쾌활한 타르타랭(*Tartarin de Tarascon*)』의 후속편을 쓰기 위해서 어렵기만 하고 팔리지는 않는 위대한 책을 쓰는 것은 포기했다고 털어놓았을 때, 에드몽이 격하게 질책한 것도 바로 그것이다. 공쿠르의 안 좋은 표정을 보고는, 도데는 슬픈 표정을 지으며 이렇게 자신을 정당화한다. "이보게, 난 돈을 위해서 일하지는 않아. 하지만 자식이 셋이나 되네. 『타르타랭』을 쓰면 10만 프랑을 벌 수 있을 것이고, 그러면 빚도 갚을 수 있을 거야."[12] 질과 양은 원래 사이가 좋지 않다. 공쿠르에게, 그해 최고의 소설에 상을 주는 것은 대중에게는 그 작품을 평가할 능력이 없으므로 논리적으로 많은 판매를 기대할 수 없는 작가에게 보상을 해주는 것과 같다. 보상을 해준다는 것은 높은 실패 가능성으로 인해서 입을 손해를 배상해주고, 오직 매출을 올리기 위해서 글을 쓰는 문학

기업가들의 틈바구니에서 고군분투하는 진정한 예술가들을 격려하는 것을 의미한다.

1903년 12월 21일 공쿠르 아카데미가 라 부르스 광장에 있는 샹포 식당에 모여 처음으로 공쿠르 상을 수상했을 때의 취지도 그것이었다. 첫 상은 무명 작가 외젠 토르케, 일명 존 앙투안 노의 소설 『내 안의 적(Force ennemie)』에 돌아갔다. 정신병원에 갇힌 화자가 자기 안에 "무시무시할 정도로 적대적인" 존재가 있다는 것을 조금씩 깨달아가는 이 환각에 사로잡힌 이야기에, 르네 부알레브의 매력적인 소설 『사랑수업 (Leçon d'amour dans un parc)』이 밀리고 만 것인데, 르네 부알레브가 돈 많은 여자와 결혼을 했고 이미 많이 알려진 작가라는 것이 그 이유였다.[13] 실제로, 『사랑수업』은 10년간 가장 큰 성공을 거둔 소설 중 하나가 되는 반면, 『내 안의 적』은 딱 한 번 1,000부를 더 찍어 총 판매량이 3,000에서 4,500부 사이에 머문다.[14] 공쿠르 아카데미의 사료 편찬관인 자크 로비숑은 초기에는 "해마다 약간씩 다르기는 해도 공쿠르 상을 타면 500부 정도 더 팔린다는 것이 당시 발행인들의 일반적인 평가"였다며 훨씬 더 초라한 수치를 제시한다.[15]

따라서 1914년 이전에는 "공쿠르 효과"가 극히 한정되어 있었던 것으로 보인다. 1911년에 알퐁스 드 샤토브리앙의 『루르딘의 영주(Monsieur des Lourdines)』(그라세 출판사에서 가져간 최초의 공쿠르 상으로, 1년에 1만3,000부가 팔렸다)와 같은 몇몇 수상작이 좋은 성적을 거두기는 했지만, 다른 작품들은 이듬해에 수상한 앙드레 사비뇽의 『비의 딸들 (Les Filles de la pluie)』(이번에도 그라세 출판사이다)처럼 소리 소문 없이 사라져버렸다. 요컨대, 공쿠르 상은 서점가의 판매에 제한적이고 예측 불가능한 영향력밖에 미치지 못했다.

이런 상황은 제1차 세계대전 이후에 바뀌는데, 당시에 앙리 마시스가 지적한 것처럼, 그것은 "사람들이 1914년 전보다 독서를 훨씬 더 많이 하기" 때문이고, "아직 명확하게 정의되지 않은 그 새로운 고객이 [······] 새로운 작가를, [······] 알려지지 않은 얼굴들을 원하기" 때문이다.[16] 경험도 지표도 없는 이 새로운 독자들이 공쿠르 상을 하나의 나침반으로, 나중에는 하나의 "머스트(must)"로 간주하기 시작한다. 베르나르 그라세는 이런 흐름 또한 놓치지 않는다. 어떤 책을 띄우기 위해서는 저자의 비천한 태생이나 어린 시절의 불행, 전쟁 기간 동안 견뎌내야 했던 고통, 때 이른 사망 등과 같은 객관적인 **사실**을 대대적으로 홍보해야 한다고 그는 설명한다. 그런데 그런 "**사실 중의 사실**"이 이제는 공쿠르 상이다.[17] 말하자면, 수상한 작품의 질과 상관없이, 수상작 심사와 발표가 "그해의 문학적 **그레이트 이벤트**"가 되어버린 것이다.[18]

전쟁 이후로는 일부 독자들이 심사위원단이 뽑은 책을 무조건 샀다. 소설가 피에르 밀이 주장하는 것처럼, 그것은 정말 "그 작은 동아리가 상업적 정치적으로 전혀 구속을 받지 않는, 가치 있는 작가들로 구성되어 있기" 때문일까?[19] 그러기 위해서는 독자들이 아카데미 회원들의 면면을 알아야만 할 것이고, 매년 그맘때만 되면 몇몇 심사위원과 이런저런 거물급 발행인 사이에 맺어진 위험한 관계에 대해서 떠도는 추문들을 까맣게 잊을 수 있어야 할 것이다. 사실, 그들이 공쿠르 상 수상작을 사는 것은 그것을 가져야만 하기 때문이다. 그라세가 말하는 것처럼, 속물근성에 따라서, 뭘 좀 아는 사람처럼 행동함으로써 자신이 그들과 같은 정신적 귀족계층에 속한다고 믿게 만들려는 허위의식에 따라서. 그리고 외국인 관찰자들이 말하는 것처럼, 유행에 따라서. 1990년, 『이코노미스트(*The Economist*)』의 한 기자는 파리에서는 "카페 테라스에 앉아서 공쿠르 상 수상작을 읽는 것이 휴대전화를 들고 런던 거리를 활보하는 것과 같다"고 말했다. 말하자면 당시에는 그것이 멋이었던 것이다.[20]

따라서 공쿠르 상 수상이 발행부수에 엄청난 영향을 끼치는 현상이 1920년대 말부터 의미심장한 방식으로 나타난다. 1928년, 10명의 심사위원은 무명 작가 모리스 콩스탕탱 베이어가 쓴 3부작 『캐나다 서사시 (L'Épopée canadienne)』의 마지막 편을 수상작으로 뽑는다. 1편 『매니토바(Manitoba)』와 2편 『다섯 번 번쩍인 부싯돌(Cinq éclats de silex)』은 각각 950부와 750부가 팔렸다. 그런데 1928년 공쿠르 상 수상작인 3편 『자신의 과거를 들여다보는 남자(Un homme se penche sur son passé)』는 무려 10만 부가 넘게 팔린다. 저자 자신이 "카우보이 복장을 하고 오페라 대로를 거니는 것과 같이 오늘날의 취향과 동떨어진"[21] 작품이라고 평한 이 소설은 "공쿠르 상 수상이 발행부수를 수직 상승시키는 시대의 시작"을 알린다.[22] 이 시기부터 공쿠르 상은 성공을 보장해주는 증서가 되고, 수상작은 거의 확실하게 베스트셀러가 된다.

1932년 『밤 끝으로의 여행』이 출간되었을 때, 루이 페르디낭 셀린이 공쿠르 상을 기대한 것도 그 때문이다. 수상작 발표 전날인 12월 6일, 그는 당시 그의 정부(情婦)였던 실리 앙보르에게 이렇게 쓴다. "당신도 분명 그 상에 대해서 들어봤을 거요.(그전 달에 보낸 편지에서 그가 이미 두 차례나 그 상 이야기를 했으니까) 그 상은 원칙적으로 그해 최고의 소설에 주어지지. 난 그런 영광에는 관심이 없어. 하지만 그것이 가져다주는 엄청난, 그리고 내 꿈인 물질적 독립을 보장해주는 재정적 결과는 정말 탐이 난다오."[23] 11월 12일자 편지에서,[24] 그는 실리에게 "기적이 필요할 것"이라고 말했다.

그 기적은 일어났어야 했다. 공식 모임이 있기 일주일 전인 11월 30

일, 아카데미 회원들은 비공식 투표를 했고, 그 결과 『밤 끝으로의 여행』이 뽑혔다. 하지만 아주 의심스러운 정황 속에서 과반수가 뒤집어져 결국 상은 갈리마르 출판사에서 출간된 평범한 기 마즐린의 소설 『늑대들(Les Loups)』에 돌아간다. 이렇게 해서, 갈리마르 출판사는 휴전 이후 7번째 공쿠르 상을 가져간다. 그러자 추문이 터진다. 갈티에 부아시에르는 『박격포(Le Crapouillot)』의 지면을 빌려 아카데미 의장인 로스니 에네가 매년 자신의 표를 팔아왔다고 비난하며 그의 사임까지 요구한다. 그사이 르노도 상을 수상한 셀린에게는 그 추문이 행운이 된다. 셀린은 "『밤 끝으로의 여행』이 공쿠르 상 수상작보다 더 잘 팔리고 있다!"고 말한다.[25]

이듬해에는 앙드레 말로의 『인간 조건(La Condition humaine)』이 추문은 없지만 가까스로 공쿠르 상을 가져간다. 이 소설은 공쿠르 상 역사상 가장 많이 팔리는 베스트셀러 중 하나가 된다.

이렇게 해서 시험 운전은 끝난다. 이제는 상을 수상하기만 해도 발행부수와 판매량이 수직 상승한다. 1958년, 심사위원단은 무명의 벨기에 작가 프랑시스 발데르의 역사소설을 수상작으로 뽑는다. 고작 3,000부를 찍었는데 6개월 동안 거의 대부분 창고에 쌓여 있었던 『생 제르맹 혹은 협상(Saint-Germain ou la Négociation)』이 그 상을 따내자 모두가 놀란다. 그 책이 잘 팔리지 않을 것이라고 생각했던 갈리마르 출판사도 놀라기는 마찬가지이다. 한시라도 빨리 서점에 공급해 독자들을 만족시키기 위해서 3만3,000부를 허겁지겁 다시 찍는다.

그후로, 공쿠르 상 수상작의 발행부수는 더 폭발적으로 증가하는데, 특히 1974년 파스칼 레네의 『레이스 뜨는 여자(La Dentellière)』, 1984년 마르그리트 뒤라스의 『연인(L'Amant)』, 1985년 얀 크펠레크의 『야만의 결혼(*Noces barbares*)』의 발행부수는 현기증이 일 정도이다. 공쿠르 상을 수상한 작가들이 다음 작품을 내면서 겪게 되는 발행부수의 추락 역시 현기증을 일으키기는 마찬가지이다. 파스칼 레네는 문학상 시스템을 미스 선발대회에 비하면서 "한때의 미녀들"이라고 빈정거렸다.[26] 많은 예들 중에 하나만 들어보자. 1979년에『펠라지의 수레(*Pélagie-la-Charrette*)』로 공쿠르 상을 수상한 앙토닌 마이예가 2007년에 출간한『피에르 블뢰(*Pierre Bleu*)』는 고작 500부밖에 팔리지 않았다고 한다.『텍사코(*Texaco*)』로 1992년 공쿠르 상을 수상해 50만 부 판매를 돌파했던[27] 파트리크 샤무아조도 그해『감옥에서 보낸 일요일(*Un dimanche au cachot*)』로 똑같은 실패를 경험하게 된다.[28] 판매가 왜 이렇게 들쑥날쑥할까? 독자들이 작품이나 작가보다는 상에 관심이 있기 때문이다. 유행에 뒤처지지 않기 위해서는, 빨간 띠지가 증명하는 그해의 공쿠르 상 수상작을 샀다는 것만으로 충분하다.

르노도, 페미나, 퓰리처, 그리고 다른 상들

공쿠르 상이 베스트셀러 생산 기계가 된 것도, 부상하는 출판사들이 점점 더 그 상을 탐내는 것도 제1차 세계대전이 끝난 이후부터이다. 알뱅 미셸은 1917년, 1921년, 1922년에, 갈리마르는 1923년과 1933년 사이의 황금기에 7번이나 그 상을 수상한다. 베스트셀러를 만드는 데에 문학상이 아주 중요한 역할을 한다는 것을 굳게 믿는 베르나르 그라세는 심사위원들이 자기만 따돌린다고 울분을 토하면서, 1922년에 대포상인 배질 자하로프가 후원한 두둑한 상금이 걸린 '발자크 상'을 제정하는 데에 참여한다. 그런데 이것이 뜨거운 논란을 불러일으킨다. 앙리 마시스는 이렇게 전한다. "동료 발행인들과 출판업 종사자들 사이에 잠시 동요와 불안의 기운이 일었다. 아니, 베르나르 그라세는 한 출판사가 독점하다시피 하는 상을 보이콧하자고 주장하지 않았던가! 그리고 얼마 후 분노가 가라앉자, 대응을 해야 한다고 생각한 몇몇 발행인이 집단적인 문학상을 만들자고 제안한다." 더 큰 상금이 걸린.[29] 결국 발행인 조합이 그라세한테 수상작은 반드시 그의 출판사에서 출간되어야 한다는 조항을 포기하겠다는 다짐을 받아냄으로써 갈등이 해소된다. 하지만 그 작은 소동은 문학판에서 상의 위력이 어떤 것이었는지를 여실히 보여준다. 그 와중에도 문학상들은 우후죽순처럼 생겨난다. 공쿠르 상 심사위원들의 공공연한 여성 혐오증에 반발한 20여 명의 여성 문인들이 1905년에 페미나 상을 만든 이후로, 1936년에는 일군의 문학담당 기자들이 르노도 상을 만들어 공쿠르 상 심사위원들의 선택을 바로잡는 것을 임무로 삼는다. 이 상은 마르셀 에메, 루이 페르디낭 셀린, 아라공, 로제 페르피트, 르 클레지오 같은 몇몇 위대한 아웃사이더에게 돌아간다. 그로부터 4년 후, 다른 기자들이 엥테랄리에 상을 만드는데, 첫해 수상작으로 앙드레 말로의 『왕도(*La Voie royale*)』가 선정된다. 그후로도 '공쿠르 효과'에는 미치지 못하지만 '최고의 책'을 알리고 되도록 많이 팔리게 하는 것을 목표로 하는 상들이 다수 생겨난다.

같은 시기에, 독일의 괴테 상(1927), 이탈리아의 비아레지오 상(1929), 벨기에의 빅토르 로셀 상(1938) 등 세계 각지에서 문학상이 만들어진다. 그러나 퓰리처 상의 경우가 보여주듯이, 그 의미와 영향력은 때로 프랑스의 문학상들과는 많이 다르다.

1904년 뉴욕의 한 언론사 사장 조지프 퓰리처가 설립한 상금 1만 달러의 이 상은 매년 콜롬비아 대학교의 틀 안에서 기자와 대학교수들로 구성된 심사위원단이 21개 부문에 걸쳐 선정한 작품들에 수여된다. 상을 받는 장르 가운데에는 물론 소설도 끼어 있다(1917년부터 1947년까지는 노블, 그 이후로는 픽션). 다른 부문에서와 마찬가지로, 유일한 선정기준은 **탁월함**이다. 그것은 어떤 의미에서 에드몽 드 공쿠르가 목표로 삼은 것이기도 하지만, 실제로 퓰리처 상은 장기적으로 볼 때 문학적 성공이라는 문제를 이해하는 방식에서 공쿠르 상의 **안티테제**로 보인다.

이미 살펴보았듯이, 원래 공쿠르 상은 책의 판매에 한정된 영향밖에 미치지 못했을 뿐만 아니라 이미 성공을 거둔 책에는 절대 수여되지 않았다. 1926년에 조르주 베르나노스의 걸작『사탄의 태양 아래(*Sous le soleil de Satan*)』가 심사위원 다수의 지지를 받았음에도 경쟁에서 자동 탈락된 것은 바로 이 때문이다. 심사위원단은 어쩔 수 없이 앙리 드베를리의 졸작『페드르의 수난(*Supplice de Phèdre*)』을 수상작으로 결정한다. 정반대로 같은 시기에 퓰리처 상 심사위원단은 아무 망설임 없이 아주 대중적인 작품을 수상작으로 뽑는다. 예를 들면, 1925년 퓰리처 상은 그전 해에 베스트셀러 1위였던 에드나 퍼버의『소 빅(*So Big*)』*에, 1926년 역시 베스트셀러 상위권에 올랐던 싱클레어 루이스의『애로스미스(*Arrowsmith*)』에 돌아간다. 요컨대 퓰리처 상 심사위원들에게는 탁월함과 대중적 성공 사이에 필연적인 모순이 없다. 1925년과 1940년 사이에 퓰리처 상을 수상한 15편 중에서 10편이『퍼블리셔스 위클리』베스트셀러 목록에 올랐고, 그중에서 1937년의『바람과 함께 사라지다』와 1940년의 스타인벡의『분노의 포도(*The Grapes of Wrath*)』를 비롯한 5편은 1위를 차지했다. 사실 그 시기에 질 좋은 작품들이 특별히 많이 나왔던 것으로 보인다. 그러나 좀더 물러서서 시야를 넓혀보면, 퓰리처

---

* 영화「자이언트」의 원작이다/역주

상 첫 50년 동안, 그러니까 1918년부터 1968년까지 수상작 43편 가운데 21편, 다시 말해 2분의 1가량이 베스트셀러 10위 안에 들었다.

그러나 1968년 이후로 완전한 반전이 일어난다. 더 이상 어떤 퓰리처 상 수상작도 미국 연간 베스트셀러 목록에 오르지 못한다. 대중의 취향 이 바뀐 것일까? '문학적 탁월함'을 받아들이는 방식이 달라진 것일까?

그 사실은 프랑스에서는 정반대로 그 이후로 **모든 공쿠르 상 수상작**이 베스트셀러 목록에 오른 만큼 더욱 흥미롭다. 2006년『리브르 엡도』에 실린 한 연구에 따르면, 공쿠르 상을 수상한 소설의 평균 판매량은 23만 7,000부가량이고, 2002년 파스칼 키냐르의『떠도는 그림자들(*Les Ombres errantes*)』처럼 대중적이지 않은 소설도 최소한 10만 부는 팔렸다고 한다.

대중이 좋아하는 책과 심사위원들이 뽑은 책 사이의 간극은 퓰리처 상에만 고유한 것은 아니다. 1950년 "미국 문학 최고의 작품을 축하하기 위해서" 만들어진 전미도서 상 역시 같은 종류의 균열을 드러낸다. 1950 년부터 2000년까지는 미국 베스트셀러 10위권에 든 책들 가운데 7편이 그 상을 수상했는데, 1968년 이후로는 단 2편(1980년 윌리엄 스타이런의 『소피의 선택[*Sohpie's Choice*]』, 1997년 찰스 프레이저의『콜드 마운틴 [*Cold Mountain*]』)뿐이다. 2007년에 한 프랑스 기자에게 질문을 받은[30] 소설가 조너선 프랜즌은 미국에서 "가장 존경받는 상이 아마도 전미도서 상이라면, 가장 탐을 내는 상은 단연 오프라 윈프리의 선택이다. 이제 그외에는 어떤 것도 돈이 되지 않는다"고 털어놓았다. 적어도 모든 것이 명료하기는 하다.

프랑스와 미국의 본질적 차이는 오늘날 공쿠르 상이 대대적인 판매를 불러오고, 많은 경우 그 자체의 힘만으로 어떤 책의 성공을 일궈낸다면,

퓰리처 상과 전미도서 상은 1968년의 후퇴 이전에도 일반적으로 그전 해에 베스트셀러 목록에 올랐던 소설에 주어졌다는 사실에 있다. 그 상들은 대중에게 이미 알려진 작품을 수상작으로 뽑음으로써 책의 성공에는 전혀 기여하지 못했다.

결론을 내리면, 아무리 명망이 높다고 할지라도, 문학상이 반드시 베스트셀러를 만드는 것은 아니다. 미국에서 베스트셀러를 만들기 위해서는 좀처럼 찾아볼 수 없는 특별한 몇몇 조건이 필요하다.

북 클럽

미국에서는 문학상이 프랑스에서와 같은 반사적 행동을 촉발시키지 않는 것처럼 보인다고 해서, 그곳에서의 독서가 파뉘르주 콤플렉스로부터 자유롭다는 것을 의미하지는 않는다. 그 콤플렉스는 각종 "북 클럽"을 통해서 오래 전부터 확인된다.

1926년, 프랑스에서 공쿠르 상 발표가 한 해의 문학을 결산하는 중요한 순간이 되고 있을 때, 미국에서는 천재적인 광고업자 해리 셔먼이 책을 파는 새로운 방식, '북 오브 더 먼스 클럽(Book of the Month Club, BOMC)'을 상상해낸다. 새로운 시스템은 시중가보다 저렴한 가격으로 제안된 책들을 선정해 클럽 회원들에게 우편으로 보내주는 데 있다. 몇몇 도서 역사학자들은 셔먼이 제1차 세계대전 직후 독일에서 시행된 방식에서 영감을 얻었다고 주장한다. 다른 역사학자들은 독일의 북 클럽은 중간계층의 구매력 저하에 대한 대응에 불과했지만, 미국의 북 클럽은 1930년 당시 서점이 인구 3만 명당 한 곳에 불과했던 미국 도서배급 체계의 결함을 보완하기 위해서 생겨났다고 반박한다.[31]

시작은 회원수가 4,750명에 불과할 정도로 미미했다. 그러나 이런 클럽은, 그 사업을 시작한 신중한 사업가들이 알았던 것처럼, 사람들이 그것을 필요로 하기 때문에 생겨났다. 1926년 말에 벌써 4만6,500명 이상이 선정된 책들을 주기적으로 받아본다. 이 전격적인 성공이 수많은 모방자들을 만들어낸다. 1928년에는 BOMC 외에 8개의 대형 클럽이 경쟁을 벌이는데, 그중에서도 '리터러리 길드(Literary Guild)'는 2001년에 하나로 통합될 때까지 세기 내내 BOMC와 치열하게 다툰다.

따라서 모방자들뿐만 아니라, 수많은 비방자들도 생겨난다. 정정당당하지 않은 경쟁을 두려워하는 서점 주인들과 더틴 출판사 사장이자 전미 출판업자 협회 전 회장인 존경스러운 존 맥레이가 이끄는, 할인에 노이로제가 걸린 발행인들이 그들이다. 1929년에는 비방문, 격문, 회람, 신문광고가 난무해 "클럽들의 전쟁"이라는 말까지 나오게 된다. 클럽을 비난하는 사람들은, 클럽의 난립이 수준 미달의 작품들을 사게 만들어 "독자의 코를 꿰어 질질 끌고 다니는" 동시에, 전통적인 배급망을 파괴하고 독자들을 독점하는 결과를 가져오게 될 것이라고 말했다.

그러나 이것은 사실 근거가 없는 비난이다. 우선, 클럽들은 총 독자수를 증가시키는 데 일조한다. 1946년 『타임(Time)』지에 실린 한 조사에 따르면, 1926년 미국에는 정기적인 독자가 100만 명 있었다고 한다. 그런데 20년 후에는 클럽 회원수만 300만을 넘어선다.[32] 클럽은 독자의 수를 증가시키는 것뿐만 아니라 작품의 판매부수에도 영향을 끼친다. 한 작품이 클럽에 의해서 선정되면, 클럽의 틀 안에서 배포되는 부수 외에도 서점에서 판매되는 양이 두세 배 증가한다.[33] 따라서 그렇게 선정된 책은 클럽의 인증을 받는 동시에 엄청난 광고 효과를 누리게 된다. 1933년 12월에 BOMC가 선정한 작품 전체에 대해서 행해진 한 연구는, 그 작품들이 서점에서 평균 4만8,983부가 팔리는 혜택을 입었다는 것을 보여준다. 이는 당시로서는 엄청난 수치로, 선정이 판매량 증가에 미치는 영향을 확연하게 보여준다.

1934년, 셔먼은 높은 수준에도 불구하고 "올해 가장 주목받지 책"을 한 선정 부문으로 정해 전면에 내세우는 새로운 아이디어를 내놓는다. 클럽 선정위원회의 평가에 따라, 그해에는 릴런드 홀의 『살라와 그의 미국인(*Salah and His American*)』이 낙점을 받는다. 영국과 미국의 비평계가 만장일치로 호평한 이 책은 독자들로부터는 따돌림을 받았었다. 클럽이 그 책을 선정해 회원들에게 경품으로 보냈을 때, 그 책은 2,000부도 채 팔리지 않은 상태였다. 그런데 그후 몇 개월 동안 그 책이 부활해 서점가에서 총 7만 부 이상이 팔리는 믿을 수 없는 일이 일어난다. 상업적으로 죽었다고 생각되던 책에 작은 기적이 일어난 것이다. 요컨대, 클럽들은 독자를 서점으로부터도, 그들이 선정하는 책으로부터도 떼어놓지 않는다. 정반대로, 그들은 대중의 관심을 그 책에 집중시킨다.

끝으로, 비방하는 사람들의 주장과는 달리, 클럽 회원들은 "코가 꿰어 질질 끌려다니지" 않는다. 최소한 다른 독자들보다 더 그런 것은 아니다. 1929년, 명실상부한 서적 권위자로, 콜롬비아 대학교 도서관 사서인 로저 호슨은 이렇게 강조한다. "최고의 클럽들에서는, 회원들이 판단의 자유를 조금도 희생하지 않았다."

1929년, 이 새로운 "책의 전쟁"에서 클럽들은 승리를 거둔다. 처음에 적대적이었던 발행인들, 특히 존 맥레이는 자신의 잘못을 인정하기까지 한다. 실제로 클럽들은 책 산업을 돌아가게 하는 점점 더 중요한 톱니바퀴처럼 보였다. 그들의 발전을 가로막는 정가제에도 불구하고, 클럽 시스템은 영국까지 퍼져서 1929년에는 '북 소사이어티(Book Society)'가,

1935년에는 '리프린트 소사이어티(Reprint Society)'가 만들어졌다.[34]

클럽의 견고함을 나타내는 또다른 지표도 있다. 그들은 대공황과 전쟁도 꿋꿋하게 견뎌냈다. 라디오 광고가 점점 더 늘어난 1930년대 말은, 그들에게는 심지어 풍요의 시기이기도 했다. 1934년에 9만 명이었던 BOMC의 가입자 수가 1939년에는 36만2,000명, 1946년에는 88만9,000명으로 증가했다.[35] 위기와 전쟁은 독서에 적합하다. 사람들은 푼돈을 치르고 현실에서 탈출하고 싶어한다. 1939년과 1946년 사이에 클럽들의 총 판매고는 세 배나 증가하고,[36] BOMC의 경우에는 선정된 책의 평균 판매량이 46만 부나 되었다. 이처럼, 클럽들은 베스트셀러를 만드는 기계가 되었을 뿐만 아니라, 그 시기를 특징짓는 판매량의 폭발적 증가에 무시할 수 없는 역할을 했다고 간주할 수 있다. 1948년에는 60개의 클럽이, 1953년에는 90개의 클럽이 존재했다. 그들은 서로 경쟁하긴 했지만, 그들 중 영향력이 큰 클럽들에는 경쟁이 해가 되지 않았다. 1988년에는 BOMC의 회원수만 해도 150만 명을 헤아렸다.[37] 이런 지배력은 1990년대까지 지속되는데, 그 이후로는 점점 커져가는 온라인 서점과의 경쟁에서 밀려 큰 클럽들의 입지가 서서히 위태로워지기 시작한다.

독자와 구매자 우리는 파뉘르주의 양들을 본떠, 희화적인 방식으로, 같은 이름의 콤플렉스 희생자들은 타인이 그들에게 암시하는 행동을 따라한다고 말할 수도 있을 것이다. 다시 말해, 그들은 타인이 그들에게 좋다고 말하는 책을 산다. 유행에 뒤떨어지지 않기 위해서는 그것으로 충분하다고 확신하고는 책장에 꽂아 두고 두번 다시 손대지 않는다. 앞서 살펴본 것처럼, 당연히 현실은 그렇게 간단하지 않다. 우선 책을 사는 사람들 중에 앞서 말한 콤플렉스의 희생자들이 차지하는 비율이 얼마나 되는지 알 수가 없기 때문이고, 다음으로는 희생자들 자체가 균일한 집단을 형성하지 않기 때문이다. 즉, 식견을 갖춘 또는 그렇게 되어가는 양들도 있는 것이다. 끝으로 그 순응주의 자체가, 그것이 아니었다면 감히 범접할 생각도 하지 못했을 야심만만한 작품으로 일부 독자를 이끈다는 점에서 반드시 해로운 것만은 아니기 때문이다. 수십만 명의 평균적인 미국인들이 톨스토이, 포크너, 토니 모리슨 혹은 조너선 프랜즌을 읽을 생각을, 욕구를, 기회를 가지게 된 것은 순전히 오프라 윈프리 덕분이다. 사실 이 속물근성, 이 지적인 속물근성은, 자주 조롱거리가 되기는 하지만, 20세기 초에 모리스 작스가 이미 강조했던 것처럼 아주 이로울 수도 있다. "심사를 받아야 하는, '여러 시대를 통해서 살롱이 문인들의 삶에 미친 영향'이라는 제목의 흥미로운 논문이 있다면, 아마도 우리는 살롱들이 상당한 악영향을, 그리고 많은 경우 좋은 영향도 끼쳤다는 것을 알게 될 것이다."[38]

그러나 현실의 끝없는 복잡성을 감안해야 한다고 할지라도, 우리는 스스로 다음과 같은 질문을 던져볼 권리가 있다. 우리의 양들 혹은 속물들은 정말 그들이 구매한 책을 읽기까지 할까?

장식용 책

1985년, 『더 뉴 리퍼블릭(*The New Republic*)』의 영악한 기자 마이클 킨슬리는 진상을 명확하게 파악하기 위해서 전대미문의 술수를 고안해낸다. 그는 워싱턴에서 사람들로 붐비는 서점 몇 곳에 들어가, 베스트셀러 코너에 꽂혀 있는 수십 권의 책 속에 '이 번호로 전화를 거는 모든 사람에게 5달러를 주겠다'는 솔깃한 제안이 인쇄된 카드를 슬그머니 끼

위놓는다. 전화를 거는 사람은 그 카드가 끼워진 쪽까지 읽었다는 것이 증명될 테니까. 결과는 이렇다. 카드를 끼워놓은 책들은 금방 다 팔려나갔지만, 전화를 걸어 5달러를 요구한 구매자는 없었다. 따라서 킨슬리는 이렇게 결론짓는다. "그 책들은 읽히기 위해서 존재하지 않는다." 그것들은 논평, 토론, 집계, 그리고 물론, 구매와 소유의 대상이 되기 위해서 존재한다.[39]

당시 워너 북스 사장이었던 하워드 카민스키는 움베르토 에코의 『장미의 이름(Il Nom de la rose)』을 예로 들면서 "해마다 도무지 읽을 수 없는 어마어마한 베스트셀러가 한 권씩 있다. 그 책을 사는 대부분의 사람들은 그 책을 읽지 않을 것이다. 하지만 그 책은 그들에게 지적인 체면의 패스포트로 사용된다"고 말했다.[40] 정말 1년에 한 권뿐일까? 실상, 우리는 모두가 알고 있고 모두가 샀지만 아무도 읽지 않은 책 몇 권쯤은 앉은 자리에서 읊을 수 있다. 고어 비달이 알렉산드르 솔제니친의 웅대한 『1914년 8월(Avgust 1914)』에 대해서 말한 것도 바로 그것이다. "평소 책을 읽지 않는 많은 사람들이 그 책을 샀고, 그 책을 읽고 있다고 자랑스럽게 말했다. 하지만 난 지금까지 그 책을 다 읽은 사람은 단 한 명도 만나보지 못했다."[41] 프랑스에서, 2006년 공쿠르 상을 수상한 조나탕 리텔의 『착한 여신들』도 비슷한 회의감을 불러일으킨다. 이 방대한 소설이 출간되었을 때, 비평계는 입을 모아 호평을 쏟아냈고, 몇몇 비평가는 망설임 없이 세기의 걸작을 운위하며 그 암흑기의 교훈을 『전쟁과 평화』에 비했다. 10월 말, 『착한 여신들』은 프랑스 아카데미 소설 대상을, 그리고 며칠 후에는 공쿠르 상을 수상한다. 그리고 평소처럼 군중이 몰려든다. 11월 중순에 벌써 2만5,000부가 팔려나간다. 출판계에서는 이러다가 종이 품귀 현상이 발생하지 않을까 걱정하는 목소리들이 나오기 시작한다. 크리스마스 시즌 고객들이 판매를 두 배로 늘려놓는다. 사람들은 다시 고전적인 질문에 맞닥뜨리게 된다. 50만 구매자들 가운데, 과연 몇 명이나 그 책을 펼쳐보았을까? 과연 몇 명이나 (매혹적이지만 복잡한) 프롤로그 너머까지 읽었을까? 당시 프랑스에서는 비평가 피에르 주르드가, 그리고 독일에서는 「프랑크프루터 알게마이네 차이퉁(*Frankfurter Allgemeine Zeitung*)」의 스타 논설위원 중 한 사람인 프랑크 쉬르마허가 썼듯이, 과연 몇 사람이나 그 "도무지 읽을 수 없는 소설"을 끝까지 읽었을까?[42]

공쿠르 형제는 이렇게 썼다. "집을 장식하는 데 사용되는 책들이 있다. 가장 많이 팔리지만 가장 적게 읽히는 것이 바로 그 책들이다."[43] 2007년, 영국에서 4,000명을 대상으로 시행된 한 설문조사에 따르면, 공쿠르 형제가 의심한 것처럼 조사 대상의 55퍼센트가 오직 장식품으로서 책을 산다고 답변했다고 한다.

읽을 수 없는 책들이 거둔 성적

그러나 사다만 놓고 읽지 않는 비율이 다른 책보다 훨씬 더 높은 책들이 있다. 픽션의 영역을 벗어나는 경우에 특히 그렇다.

예를 들면, 19세기 프랑스 출판계에서 가장 큰 성공을 거둔 책 중 하나인 에르네스트 르낭의 『예수의 생애』를 보자. 한때 신학생이었던 르낭의 요란한 평판, 예수에게서 신의 아들이 아니라 "훌륭한 인간적 모습", 열정적이고 매력적이며 감미롭지만 또한 무지한, 여느 남자들과 똑같은 남자를 보여주겠다는 집필 의도가 대중이 앞다퉈 그 책을 산 이유를 부분적으로 설명해준다. 그럼에도 우리는 사료 편찬에 관한 60쪽의 서론, 문헌학자의 밀도 높은 논리, 혹은 텍스트 곳곳에 널린 그리스어, 아람어, 히브리어, 칼데아어 인용문, 그리고 페이지 아래쪽에 달린 지루한 주석에 당혹스러워하는 독자를 어렵지 않게 상상할 수 있다. 제목과 소문만 믿고, 반교권주의 팸플릿은 아니더라도 약간은 볼테르적인 시원시원한 전기를 기대했던 구매자는 나폴레옹 3세 시대의 평균적인 프랑스인을 위해서 구상된 것이 아닌 매우 학술적인 "기독교의 기원에 관한 이야기" 제1권과 마주하게 된다. 간단히 말해서 『예수의 생애』가 몇 부나 팔렸는지는 적어도 대략은 알 수 있다면, 그 책을 실제로 읽은 독자가 얼마나 되는지는 결코 알 수가 없다.

한 세기 후, 전혀 예상치 못한 『몽타이유 : 중세 말 남프랑스 어느 마을 사람들의 삶(Montaillou, village occitan de 1294 à 1324)』의 대성공이 불러일으키는 것도 똑같은 의심이다. 파미에 교구에 종교재판소가 설치되었을 당시 한 카타리파 마을의 일상생활에 바쳐진 역사학자 에마뉘엘 르 루아 라뒤리의 책은 흥미진진하지만 대단히 학술적이라, 명백히 그 분야에 일가견이 있는 사람들을 위한 것이었다. 저자는 어느 정도의 성공은 예상했다고, 2만 부 정도는 팔릴 것이라 생각했다고 한다.[44] "2만 부 너머에서 오해가 시작된다." 말로는 이렇게 말했다.[45] 그 '새로운 역사'의 베스트셀러는 무려 200만 부가량이 팔렸다고 한다.[46] 그렇다면 대략 198만 명의 구매자는 엄한 곳에 헛돈을 쓴 셈일까?

이 점에서 프랑스도 예외가 아니며, 미국에서는 몇몇 사람이 "안 읽힌 베스트셀러" 10위를 뽑으며 재미있어했다. 그 읽을 수 없는 책의 순위표를 보면, 1912년에 베르그송의 『창조적 진화(L'Évolution créatrice)』 영역본이 7위에 올랐지만, 스티븐 호킹의 『짧고 쉽게 쓴 시간의 역사(A Briefer History of Time)』에 가볍게 밀리고 만다. "빅뱅에서 블랙홀까지"

라는 부제가 붙은 이 책은 보통의 교양을 갖춘 독자들에게 현대의 우주론적, 물리학적, 수학적 이론들을 접근 가능하게 종합해 보여주는 것으로 여겨졌다. 데이비드 블럼은 이 문화적 현상에 바쳐진 『뉴욕 매거진(New York Magazine)』의 한 기사에서 이렇게 재미있게 지적한다. 스티븐 호킹이 그의 책을 읽기 시작하는 순간과 끝내는 순간 사이에 끝없는 시간이 흐른다는 물리학의 일반 법칙을 그 책에 인용하는 것을 깜빡했다고. 그 기자는 같은 의미로 매주 그 책을 20부씩 파는 덴버의 한 서점 주인의 말도 인용한다. "그 책을 프로그램에 넣는 지역 북 클럽도 있어요. 하지만 전 그 책에서 뭔가를 이해하는 사람을 한번도 만나본 적이 없습니다. 그렇다고 그것을 트집 잡는 사람 또한 아무도 없죠. 사실, 사람들은 그냥 그 책을 가지고 있기를 원해요."[47] 사람들? 이 경우에는 아주, 아주, 아주 많은 사람들, 900만에서 1,000만 사이의 사람들이 심사위원들의 축하를 받으며 물리학 박사학위를 취득한 사람이 아니면 아무것도 이해할 수 없는 그 책을 사기 위해서 몰려갔고, 그 책을 조심스럽게 책장에 꽂으며 이렇게 말했다. 언젠가, 나중에, 아마도…….

11
안락의 문학

　공포소설의 최고 권위자 스티븐 킹의 작품에서 『미저리』는 별도의 자리를 차지한다. 그 소설을 영화로 만든 로브 라이너가 말한 것처럼, 킹은 그 어두운 소설에 야만적인 독자와 마주한 저자로서 그가 느끼는 불안을 투사했을 것이다. "나는 솔직히 그가 사람들이 자신에게 기대하는 것에 발목이 잡히고 말았다고 느끼고 있다고 생각한다. 『미저리』가 그 두려움을 적나라하게 보여준다."[1] 잘 알려진 줄거리는 대충 이렇다. 감상적인 소설 시리즈 『미저리』로 세계적인 인기를 얻은 작가 폴 셸던은 막 그 시리즈의 마지막 권에, 그와 동시에 여주인공의 삶에 마침표를 찍었다. 그런데 소설을 쓸 때 습관적으로 묵는 호텔에서 돌아오는 길에 셸던은 눈폭풍에 휩쓸리고 만다. 그의 자동차는 협곡에 처박히고, 그는 인근의 외딴 농장에 사는 전직 간호사 애니 월크스 덕분에 겨우 목숨을 건진다. 따라서 모든 것이 좋게 끝날 것처럼 보인다. 붕대에 둘둘 말려 깨어난 셸던이 애니 월크스의 입을 통해서 그녀가 "그의 가장 열광적인 팬"이라는 것을 알게 되는 순간까지는. 『미저리』의 주인공을 중심으로 불행했던 자신의 삶을 다시 건설한 열정적이고, 게걸스럽고, 광적인 독자인 그녀는 저자를 침대에 묶어 꼼짝 못하게 만들어놓고는 자신이 가장 좋아하는 여주인공을 죽게 만든 원고를 태워버리라고 요구하기 시작한다. 그리고 그 시리즈의 속편을 그에게 성공을 가져다준 달짝지근한 스타일로 쓰라고 명령한다. 만약 실패하거나 거부할 경우에는 그를 살해할 의도가 있음을 은근히 내비치면서. 애니 윌크스는 끔찍하지만 투명한 방식으로 야만적인 독자, 아무런 가책 없이 작가를 노예로 만들어 늘 같은 것을 다시 쓰라고, 모든 독창성을 포기하라고, 한마디로 말해서 범용함과 반복성에 굴복하라고 강요하는 독자를 구현한다. 이것이 이 방면의 권위자 스티븐 킹이 전하는 베스트셀러의 비밀스런 비극이다.

왜냐하면 대부분의 평균적인 독자가 원하는 것은 "위대한 책"이 아니라 크게 놀랄 것도 실망할 것도 없는, 접근이 용이한 책이기 때문이다. 그것이 피에르 주르드가 필리프 들레름의 『맥주 첫 모금(*La Première Gorgée de bière*)』을 해설하며 같은 이름의 약을 빗대서 "안락의 문학"이라고 불렀던 것이다. "독서에 최소한의 노력만을 요구하는"[2] 한마디로 독자의 무료함을 달래주는 혹은 안심시켜주는 책들 말이다.

기분 전환을 위해서

"오락거리가 없는 왕은 불행으로 가득한 사람이다." 파스칼은 이렇게 썼다. "아무리 슬픔으로 가득한 사람이라도, 그를 어떤 오락에 빠져들게 할 수 있다면, 그 시간 동안 그는 행복하다. 아무리 행복한 사람이라도, 지겨움을 막아주는 어떤 놀이로 기분을 전환시켜주지 않으면, 그는 곧 슬프고 불행해질 것이다."[3] 요컨대, 기분 전환은 안락의 조건 중 하나이다. 그리고 그것이 책을 구할 때 일반 독자가 추구하는 것으로 보이는 첫 번째 목표이다.

베스트셀러의 역사는 이 기분 전환— 자기 자신의 조건이 주는 권태나 불안 바깥으로의 탈출— 이 주로 두 가지 길을 이용한다는 것을 보여준다. 클라이브 블룸은 1900년 이후 영국인들의 독서 습관을 상기시키며 "20세기 말에 가장 대중적인 장르들은 사실상 세기 초와 같은 것들이었다. 픽션 판매의 대부분이 탐정소설이나 미스터리 소설, 혹은 감상적인 로맨스 소설의 몫으로 돌아갔다"고 확인했다.[4] 이는 몇 가지 세세한 사항을 제외하면, 이전의 세기들에도 유효했다. 사람들은 기분 전환을 위해서 더 나은 것을 찾지 못했다.

피와 눈물

아닌 게 아니라, 현대 역사의 첫 베스트셀러 중 하나인 『돈키호테』도 바로 거기서 시작한다. "1년 내내라고는 할 수 없어도 연중 대부분이 그렇긴 한데, 우리의 신사가 한가한 날이면 하도 부지런히, 그리고 즐거이 기사도 책을 읽는 일에 빠져들어 사냥과 본업은 거의 까맣게 잊어버렸다. 그의 몰두가 워낙 심해서 소설을 사기 위해서 수확이 좋은 땅뙈기를 여러 번 팔아치웠고, 손에 넣을 수 있었던 수많은 책으로 집을 가득 채웠다."[5] 슬픈 얼굴의 기사는 아침부터 저녁까지 돈 벨리아니스, 돈 갈라도르, 르 시드 루이 디아즈, 불타는 검의 기사, 베르나르 드 카피오, 르노 드 몽토방의 빛나는 무훈을, 그 시대와 이전 시대의 모든 성공작들을 읽고 또 읽었다.

첫 번째 범주에 드는 작품들을 특징짓는 것은 죽음, 폭력, 위험 혹은 기이한 것들과의 대결을 연출하는 것인데, 그 대결은 시간의 흐름에 따라서, 그리고 유행에 따라서 다양한 형태를 취한다.

15세기와 16세기에 주가를 올린 것은 돈키호테가 사모은 것들과 같은 기사도 소설이지만, 사람들은 그때 이미 여행 이야기(상상의 여행까지 포함해서)에 큰 관심을 보였다. 1516년에 토머스 모어가 막을 올린 유토피아의 시대는 『로빈슨 크루소』가 나온 지 채 몇 년도 지나지 않아 출간된 『걸리버 여행기』같은 몇몇 세계적 베스트셀러와 함께 여러 세기 동안 이어진다. 프랑스에서는 이런 유행이 1787년에 샤를 가르니에가 대량으로 찍어낸 『상상의 여행, 꿈, 망상, 그리고 신비스런 소설(*Voyages imaginaires, songes, visions et romans cabalistiques*)』(총 36권)과 같은 전집의 출간에 빌미를 제공한다. 같은 시기에 영국에서는 범죄소설이 인기를 얻는데, 그것은 곧 월터 스콧이라는 이름과 결부된 역사소설의 유행으로 대체된다. 그렇다고 해서 그것이 유토피아에 종말을 고한 것은 아니다. 19세기 말, 에드워드 벨러미의 사회주의적 성향을 띤 '유크로니아'*, 프랑스에는 『100년 후, 혹은 2000년(*Cent ans après ou l'An 2000*)』[6]이라는 제목으로 번역된 『뒤를 돌아보면서(*Looking Backward, 2000–1887*)』가 세계적인 성공을 거둔다. 당시 프랑스어 번역본 서문을 쓴 테오도르 레나슈는 이렇게 지적했다. "이 책은 영국과 미국에서 지난 10월에 벌써 40만 부가 넘게 팔렸다. 사람들은 이 작은 책이 모든 중학생들의 책상과 모든 사무실 직원들의 가방 속에 감춰져 있는 것을 발견했다."[7] 1960년에 출간된 포켓판에 서문을 쓴 에리히 프롬은 미국에서 수백만 부가 인쇄되고 20개 이상의 언어로 번역된 『뒤를 돌아보면서』가 그의 시대에 세 번째로 많이 팔린 베스트셀러라고, 『톰 아저씨의 오두막』과 『벤허(*Ben Hur*)』 바로 다음이라고 말한다. 그리고 그것은 그

---

* 유토피아(Utopia)는 U(없다)와 Topia(장소)의 합성어로, '없는 곳'을 뜻하고, 유크로니아(Uchronia)는 U(없다)와 Chronia(시간)의 합성어로 '없는 시간'을 의미한다/역주

책이 끼친 지적, 도덕적 영향에 비하면 아무것도 아니라고 덧붙인다. 1890년과 1891년 사이에 책에 나온 주장들에 대해서 토론을 벌이고 그것들을 전파하기 위해서 미국에서는 최소한 166개의 '벨러미 클럽'이 만들어졌다.[8]

19세기 초로 돌아오면, 독자가 증가하고 출판의 산업화가 시작됨으로써 장르가 다양화되고, 다소간 안정되고 균질적인 하위 범주들이 출현한다.

가장 주요한 장르는 물론 탐정소설이다. 일반적으로 에드거 포, 그리고 지상의 모든 홈스, 푸아로, 매그레, 뷔르마의 조상으로 간주될 수 있는 슈발리에 뒤팽을 주인공으로 한 3부작 덕분에 이 장르가 탄생되었다고 한다. 『기담』의 저자 에드거 포는 세 편의 단편 『도둑맞은 편지(The Purloined Letter)』, 『모르그 가(街)의 살인 사건(The Murders in the Rue Morgue)』, 『마리 로제의 수수께끼(The Mystery of Marie Rogêt)』로 이 장르의 기초를 닦는다. 이 장르는 끝없이 다양한 형태로 변주되면서, 19세기 말부터는 베스트셀러를 단연 많이 생산하는 장르로 군림한다. 우리는 이미 앞에서 애거사 크리스티는 20-30억 부, 조르주 심농은 6-7억 부가 팔렸다고 말했다. 독자들의 변하지 않는 열정을 보여주는 지표 중 하나만 들면, 법정 스릴러의 세계 챔피언인 존 그리샴은 1994년부터 1998년까지 연속으로, 또 2000년, 2002년, 2005년에 미국 베스트셀러 1위에 올랐다.

넓은 의미의 탐정소설이 한 세기 반 전부터 지속적인 성공을 거둔 반면, 이웃하는 다른 하위 범주들은 가끔씩 더 강렬하지만 훨씬 단기간의 인기를 누렸다. 예를 들면, 이국적 정취와 폭력을 조합하여 기분 전환용으로 딱 좋은 웨스턴 장르는 『마지막 모히칸』(1826)의 저자인 제임스 페니모어 쿠퍼의 소설들과 함께 19세기 초에 최초로 인기를 얻는다. 19세기 말에 독일 작가 카를 마이가 어마어마한 성공을 거둔 이후로, 그 바통을 이어받은 것은 20세기 초에 최초로 백만장자가 된 소설가 중 하나인 제인 그레이 같은 미국인들이다. 당시에 웨스턴 장르는 이런 종류의 이야기들을 영화로 만들면 진정한 금맥이 될 수 있다는 것을 깨달은 영화산업의 시작과 일치하여 더욱더 적절한 선택으로 밝혀진다. 제인 그레이의 전기 작가는 그의 작품들이 총 4,000만 부 이상 팔렸다고 평가한다.[9] 몇십 년 후, 이번에는 영국에서 루이스 라무르가 더 큰일을 해낸다. 그는 87편의 웨스턴으로 총 2억5,000만 부를 팔 테니까.[10] 이것은 그 장르가 1960년대에 빠르게 사양길로 접어든 이후로 감히 접근조차 할 수 없는 기록으로 남아 있다.

불안정한 또 하나의 장르, 전쟁 문학은 픽션이든, 역사책이든, 회고록이든, 주로 갈등이 한창이거나 그것이 해소된 직후에 큰 성공을 거둔다. 1948년, 윌리엄 포크너가 제2차 세계대전에서 탄생한 단 한 권의 위대한 책이라고 말했던 피에르 클로스테르만의 걸작 『거대한 서커스(Le Grand Cirque)』는 전 세계에서 붐을 일으켜 총 300만 부가 팔려나간다.[11] 마찬가지로 1948년에는 아이젠하워 장군의 회고록 『유럽 십자군(Crusade in Europe)』이 미국 베스트셀러 1위를 차지한다. 몇 년 후, 여섯 권으로 된 윈스턴 처칠의 『제2차 세계대전(The Second World War)』도, 출간된 지 3주 만에 40만 부 이상이 팔린 드골 장군의 『전쟁 회고록(Mémoires de guerre)』과 마찬가지로 서점가에서 엄청난 성공을 거둔다. 하지만 웨스턴과 마찬가지로, 전쟁 문학의 인기도, 몇몇 화제의 인물이나 비극적 사건에 대한 지속적인 관심에도 불구하고, 1970년대에 들어서 시들해진다.

실질적으로 『39계단(*The 39 Steps*)』(1915)의 저자인 영국인 존 버컨에 의해서 처음 시도된 스파이 문학은 또다른 종류의 변주를 겪는다. 이 장르는 1920년대부터 눈에 띄게 부상한 이후로 냉전 시대 동안 절정에 도달한다. 그 시기에 아주 다양한 스타일, 접근 방식, 그리고 제임스 본드나 OSS 117, 일명 위베르 보니쇠르 드 라 바트 같은 천하무적의 슈퍼맨에서 존 러카레이의 우울한 반(反)영웅들에 이르기까지 다양한 등장인물이 독자들에게 소개된다. 존 러카레이의 세 번째 소설 『추운 나라에서 온 스파이(*The Spy Who Came in from the Cold*)』(1963)는 2,000만 부 이상이 팔렸다.[12] 베를린 장벽이 무너지고 고갈되지 않는 악당과 음모의 저장고인 소비에트 연방이 해체되었음에도, 2억1,000만 부를 팔아치운 황금 펜의 남자,[13] 로버트 러들럼 같은 몇몇 작가들의 지속적인 성공은 모든 시대, 모든 환상에 적응할 수 있는 놀라울 정도로 유연한 이 장르의 생명력을 증명한다.

마지막 하위 범주로, 환상소설, 공상과학 소설, 공포소설을 포함하는 범주에 대해서도 같은 지적을 할 수 있다. 이 범주 역시 나름의 역사를 가지고 있다. 왜냐하면 그 시조를 찾으면, 카조트에서 메리 셸리, 그리고 호프만에서 브램 스토커, 18세기와 19세기의 몇몇 위대한 이름으로까지 거슬러올라갈 수 있기 때문이다. 명망 높은 조상들에다가, 결코 등을 돌린 적이 없는 독자들. 현실은 존재하지 않는다고 혹은 현실은 더 눈부시거나 더 불안한 다른 세상들을 감추는 가면에 지나지 않는다고 암시함으로써, 현실을 아예 무시하는 것보다 더 극단적으로 현실에서 탈출하는 방법이 있을까? 바로 그것이 20세기의 마지막 몇십 년 동안, 그리고 21세기 초의 몇 년 동안 스티븐 킹, 마이클 크라이턴, 스테파니 메이어의 소설들, 또한 어떤 의미에서 댄 브라운, 조앤 K. 롤링, 파울로 코엘료의 작품들이 거둔 세계적인 성공이 확인시켜주는 것이다. 탐정소설의 복잡한 줄거리, 전쟁 이야기, 스파이 작전의 마키아벨리적 술책보다는 절대적으로 다른 세계로 불쑥 난입해 들어가는 것이 이 세상에 붙들려 있는 것을 점점 더 피곤해하는 독자들의 근본적인 기대에 더 잘 부합된다.

넓은 의미의 환상이 성공적인 베스트셀러의 생산에 반드시 들어가야 하는 구성 성분이 된 이유가 여기에 있다. 그 베스트셀러가 근본적으로는 감상적인 로맨스에 속한다고 할지라도.

언제나 사랑

"감정, 서스펜스, 그리고 초자연적 현상", 기욤 뮈소나 마르크 레비가 써내는 베스트셀러의 비밀을 요약하면 이런 것이다.[14] 마르크 레비는 망설임 없이 그에 대한 설명을 내놓는다. "환상적인 것은 메타포를 허락하죠. 『그것이 사실이라면(Et si c'était vrai)』에서 저는 도시의 고독에 대해서 이야기합니다. 그림자에 관한 이야기인 『그림자 도둑(Le Voleur d'ombres)』에서는 자신이나 타인에게 뭔가 잘 안 되어가는 것과 맞서는 용기의 문제에 접근합니다. 그것은 어린 시절의 메타포이기도 하죠. 아이는 아직 자신의 그림자를 바라볼 줄 압니다. 그리고 이해할 수 없는 일들에 맞설 줄도 알죠."[15] 갈피를 잡을 수 없는 자기 정당화의 변(辯) 뒤에, 자신의 레시피를 손가락 끝으로 꿰고 있는, 그리고 되는 것과 안 되는 것을 완벽하게 아는 진정한 프로의 직관이 있다. 안락한 문학의 프로인 그가 자신의 글쓰기를 요리에 비교하는 것이 크게 놀랍지는 않다. "우리는 주방에서 여러 시간을 보낼 수 있습니다. 거창한 주장을 내세우지 않고, 사랑을 담아 다른 사람들을 즐겁게 해주는 행복을 기대하며 요리할 수 있죠. 제가 제 책들을 가지고 하고자 하는 것이 바로 그것입니다."[16]

창작의 자잘한 비밀, 그리고 "개인적인 필치"가 무엇이든, 마르크 레비와 기욤 뮈소의 작품들은 구성 요소가 완벽하게 정해져 있는 장르, 즉 감상적인 로맨스에 속한다. 언제나 똑같은 주제들 주변을 맴돌지만, 이 장르에도 하위 구분과 위계가 있다. 단숨에 읽고 쓰레기통에 던져버리는 싸구려 소비 문학에서 『매디슨 카운티의 다리(*The Bridges of Madison County*)』처럼 성공해서 고전의 지위까지 오른 컬트 소설까지.

"그것은 좋은 남편과 결혼한 유부녀가 좋은 남자와 사랑에 빠지는 이야기이다. 그리고 남자는 떠나버린다."「카나르 앙셰네(*Canard enchaîné*)」에 따르면,[17] 프랑스 공화국 대통령 니콜라 사르코지가 그 소설을 원작으로 만든 영화를 "정말 아름답다"고 평하면서 이렇게 요약했다고 한다. 일시적인 지성 편중 상태에 빠진 「카나르 앙셰네」야 어떻게 생각하든, 영화의 원작소설을 1990년대에 가장 큰 성공을 거둔 베스트셀러 중 하나로 만든 것은 어쩌면 부분적으로는, 지나치다 싶을 정도의 단순함일 것이다.

그러나 주인공들의 나이와 상황도 한몫을 했다. 지붕으로 덮인, 매디슨 카운티의 유명한 다리를 찍으러 온 사진기자 로버트 킨케이드, 그리고 온 가족이 농업공진회에 간 사이 우연히 그를 만나게 되는 아이오와의 농장 여주인 프란체스카 존슨은 둘 다 한창 나이가 아니다. 그의 나이 쉰둘, 사람들은 클린트 이스트우드의 주름지고 따뜻한 얼굴을 보며 그를 떠올린다. 그녀의 나이 마흔다섯, 그녀에게는 메릴 스트리프의 환하게 빛나는 원숙함이 잘 어울린다. 두 사람 모두 장성한 자식들이 있고,

다사다난한 삶을 살아왔다. 신인 작가 로버트 제임스 월러의 천재적인 발상은, 특히 청춘남녀의 사랑 이야기에서 더 이상 재미를 느끼지 못하는 40-50대 남녀들이 자신과 동일시할 수 있는, 비교적 평범한 중년남녀의 벼락같은, 출구 없는 사랑 이야기를 쓸 생각을 했다는 데에 있다. 1992년 4월에 워너 북스에서 출간되어 비평계로부터 크게 호평을 받지 못한『매디슨 카운티의 다리』는「뉴욕 타임스」베스트셀러 목록에 오른 8월부터 주목받기 시작한다. 그리고 1993년 5월,「오프라 윈프리 쇼」에 소개된 이후로 판매에 속도가 붙는다. 오프라는 그 멜로에 열광하며 "올해 가장 좋았던 책", 그녀가 읽은 것 중에 가장 낭만적인 사랑 이야기 중 하나라고 소개한다. 그러자 갑자기『매디슨 카운티의 다리』가 베스트셀러 1위에 오르고, 엄청난 성공작이라는 사실 때문에 또다시 수많은 사람들이 그 책을 사러 몰려가는 눈덩이 효과를 톡톡히 본다. 1993년『뉴스위크(Newsweek)』의 한 논설위원이 말한 것처럼, "『매디슨 카운티의 다리』는 베스트셀러이기 때문에 베스트셀러이다." 1995년, 클린트 이스트우드의 영화가 나오자, 책이 다시 팔리기 시작한다. 그때까지 이미 1,600만 부가 팔렸는데, 그중에 600만 부가 미국에서 팔렸다. 15년 후, 164주 연속「뉴욕 타임스」베스트셀러 목록에 오른 이 책의 판매량을 어떤 이들은 5,000만 부로 평가한다.『러브 스토리』의 남녀 주인공, 제니퍼와 올리버를 물리친 로버트와 프란체스카는 로미오와 줄리엣도 권좌에서 내려오게 만들까?

안심하기 위해서

앙드레 지드는 좋은 감정으로는 좋은 문학을 할 수 없다고 말했고, 루이 아라공은 가시 돋친 말투로 지드가 그런 식으로 표현한 것은 그가 그런 감정을 가질 수 없기 때문이라고 쏘아붙였다. 확실한 것은 좋은 감정을 가지고 잘만 하면 많은 책을 팔 수 있다는 사실이다. 특히, 자신이 좋은 쪽에 있다고 느낄 필요가 있는, 혹은 두려움에서 벗어날 필요가 있는 사람들에게.

아주 힘든 시기나 집단적으로 정신적 외상을 입는 사건이 발생한 후에 이런 문학 장르가 성공을 거두는 것은 그 때문이다. 비평가이자 소설가인 대니얼 멘델슨이 지적하듯이, 서점에 나온 지 겨우 2개월 만인 2002년 9월에 200만 부 판매를 돌파한 앨리스 시볼드의 『러블리 본즈 (The Lovely Bones)』 같은 소설의 믿기 힘든 인기는 우리 시대에 벌어진 9.11 테러에 의해서 설명될 수 있을 것이다.[18] 이웃 남자에게 강간과 고문을 당하고 결국 살해되는 열네 살 소녀 수지가 천국에서 들려주는 이야기를 담은 이 소설은 "정신을 자극하는 것이 아니라 진정시키는 것으로 보인다." 이 소설의 중심 주제는 "여주인공의 가족과 친구들이 경험하는 것과 같은 진정 과정('페이지를 넘길 수 있게' 해주는 치료 과정으로 이해하자)에 있다."[19] 실제로 『러블리 본즈』는 "죄 없는 사람들이 끔찍한 상황 속에서 죽어가는 것을 지켜본", 그리고 "무의식적으로 시볼드가 펼치는 재생의 환상에 매달리고자 하는 생존의 욕구를 느끼는" 9.11 테러 이후의 대중에게 호소력 있게 다가간다.[20] 이것이 바로 그의 책이 "올해의 소설"이 된 이유이다.

마음을 다독이는 데에는 여러 가지 방법이 있다. 신이나 초월적 존재를 향해서 나아가거나, 사람들이 우러러볼 만하다고 판단하는 모델과 자신을 동일시하거나……

경건한 독서

종교적 베스트셀러

20세기 초까지 프랑스가 그랬듯이, 교회가 아직 중요한 자리를 차지하는 사회에서 종교서적의 출판이 활발하게 이루어지는 것은 전혀 놀라운 일이 아니다. 17세기나 18세기에는 한 가정에 단 한 권의 책밖에 없었는데, 그것은 주로 달력이거나 종교서적이었다. 그리고 종교서적의 경우에는 일반적으로 그 장르의 몇몇 베스트셀러 중 하나인 『예수 그리스도를 따라서(*L'Imitation de Jésus-Christ*)』, 『신앙생활 입문(*Introduction à la vie dévote*)』 혹은 『길잡이 천사(*L'Ange conducteur*)』와 같은 책이다. 『신앙생활 입문』과 『길잡이 천사』는, 그것을 겉으로 표현하지 않을 때조차, 무엇보다 이 세상에서 그리고 영원한 구원의 전망 속에서, 자신의 마음을 다스리려는 평균적인 독자의 태도를 잘 나타낸다.

『신앙생활 입문』은 프랑수아 드 살레가 17세기 초에 이 세상에서 자신이 차지하고 있는 높은 지위를 포기하지 않은 채 신에게 다가가고자 한 대귀족 샤르무아지 부인의 요청에 따라서 쓴 책이다. 현세를 포기하지 않은 채 내세를 추구하는 일이 어떻게 가능할까? 기독교 신앙과 사회생활의 양립성을 긍정하는 『신앙생활 입문』이 샤르무아지 부인과 수없이 많은 독자들의 기대를 충족시켜주는 방식과 문체로 상세하게 설명하는 것이 바로 그것이다. 따라서 『신앙생활 입문』은 출간되자마자 "어마어마한 성공"을 거둔다.[21] 장차 성녀가 될 잔 드 샹탈도 당시에 "어딜 가나 칭송이 자자해서 [……] 자국어로 된 그 책을 가지고 싶어하지 않는 나라가 거의 없으니, 사람들이 곳곳에서 나온 수많은 판본에 놀라움을 금치 못한다"고 언급한다.[22] 17개 언어로 번역된 『신앙생활 입문』은

특히 스페인에서 큰 성공을 거두는데, 18세기에만 20여 개의 판본이 쏟아져나온다.[23]

예수회 수도사 코레 신부가 쓰고, 1683년에 출간된 『길잡이 천사』는 탄생에서 죽음까지, 한시도 한눈을 팔지 않고 기독교도의 곁을 지켜 안정감을 주는 존재, 수호천사의 이미지를 그린다. 말브랑슈의 무심한 신, 이신론자(理神論者)들의 머나먼 신, 얀센파의 잔인한 신과는 대척점에 있는, 마음을 진정시켜주는 이 천사 역시 광범위한 대중의 욕구에 부응한다. 몇몇 역사학자에 따르면, 17세기부터 19세기까지 나온 『길잡이 천사』의 판본이 500개 가까이 된다고 한다.[24]

관용적인 표현에 따르면 '영혼의 위대한 세기'였던 17세기는 종교서적 출판의 세기이기도 했다. 때로 국가가 나서서 지원을 한 만큼 더욱 그랬다. 낭트 칙령이 폐지된 후, 독실한 기독교 왕권이 싫든 좋든 왕국의 모든 신교도들을 개종시키려고 시도했을 때, '개종 기금'에서 비용을 들여 1683년에서 1687년까지 『예수 그리스도를 따라서』를 약 13만 부 인쇄하게 해서 빈민들에게 나누어주었다.[25]

그렇다고 해서 다음 세기들이 그보다 뒤처졌다고 결론지어서는 안 된다. 우선 18세기를 보면, 볼테르와 백과전서파의 등장에도 불구하고, 대중은 가장 전통적인 신앙심과 그것을 찬양하는 문학에 여전히 충실했다. 19세기에는, 마틴 라이언스가 집계한 판매 수치들만 보아도 종교서적이 계속 선두를 달리고 있었다는 것을 확인할 수 있다. 예를 들면, 1679년에 초판이 나온 플뢰리 신부의 『역사적 교리문답서(Catéchisme historique)』가 1816년부터 1845년까지 연간 판매량 평균 2만 부를 넘기면서 계속 판매순위 1, 2위를 차지한다. 이 기간 동안 마시용의 『소사순절 설교(Petit carême)』가, 1840년대에 들어서는 라므네의 『어느 신자의 말』이 플뢰리 신부의 『역사적 교리문답서』를 끊임없이 추격했다. 새로운 황금시대? 1850년과 1880년 사이, 질서당*이 승리를 거두자, 종교서적의 출간이 증가해서 1861년에는 프랑스에서 출간된 서적 전체의 20퍼센트를 차지한다.[26] 끝으로, 20세기에는 엄밀한 의미의 종교서적 판매는 계속 줄어드는 반면, 1930년대에 루티 주교, 일명 은둔자 피에르의 베스트셀러들을 통해서 알려진 가톨릭 소설이나, 매년 30만 부가 넘게 팔린 『주일 미사경본(Missel des dimanches)』 같은 다른 장르들이 출현한다.

현대의 영성(靈性)

오귀스트 콩트 시대의 실증주의자들이 의미심장한 웃음을 지으며 종교적 혹은 영적 의미를 내포하는 책들은 사라질 것이라고 예고했지만, 20세기도 그런 일은 결코 일어나지 않았다. 사정은 정반대로, 거대한 전쟁과 전체주의의 세기는 새로운 희망을 제안하는 문학이 발달하기에 적합한 것으로 드러났다. 베스트셀러의 관점에서 보면, 20세기가 『쿠오바디스?』와 함께 시작되어 신앙심 가득한 파울로 코엘료의 소설들로 끝났다고 해도 큰 과장은 아닐 것이다. 위에서 이미 지적했듯이, 특히 불안, 동요, 혼란의 시기에 영성을 추구하는 저작들이 많은 독자에게 호소력을 가진다.

뒤늦게 글쓰기를 시작한 목사 로이드 더글러스의 작품들이 승승장구하는 것은 대공황 때부터이다. 1929년에 출간된 신앙, 자비, 의학적 헌신 이야기인 『위대한 망상(Magnificent Obsession)』은 초반에 잠시 머뭇거린 후로 엄청난 대중적 성공을 거둔다. 루스벨트가 대통령에 당선된

---

* 1848년에 혁명세력에 맞서 생겨난 보수정당이다/역주

해인 1932년에 이 책은 미국에서 8번째로, 히틀러가 권좌에 오른 해인 1933년에는 4번째로 많이 팔린 소설이 된다. 사실 『위대한 망상』은 1940년대 말까지 이어질 '더글러스 시대'의 개막을 알릴 뿐이었다. 1935년, 전작과 똑같은 부류의 책인 『그린 라이트(*Green Light*)』가 베스트셀러 목록의 선두를 차지한다. 이듬해에 나온, 살짝 감상적인 『화이트 배너스(*White Banners*)』는 6위를 차지한다. 그러나 로이드 더글러스의 절대적 베스트셀러는 아직 나오지 않았다. 십자가형을 당한 그리스도의 성의(聖衣)에 관한 역사적, 영적 소설 『성의』가 바로 그것이다. 놀랍게도 이 책은 미국 베스트셀러 10위 목록에 4년 연속 오른다. 1942년에는 7위, 1943년에는 1위, 1944년과 1945년에는 2위로. 1953년에 5번째로 오르는데, 앞에서 보았듯이 영화로 만들어진 후 1위로 돌아오는 것이다. 이 보수주의적인 고대 사극은 1945년에만 125만 부가 팔렸고, 오늘날까지 600만 부가 넘게 팔린 것으로 알려져 있다. 그사이, 성(聖) 베드로에게 바쳐진 로이드 더글러스의 마지막 대작인 『갈릴리 큰 어부(*The Big Fisherman*)』 역시 출간된 해인 1948년에는 베스트셀러 1위에, 이듬해에는 2위에 올랐다. 더글러스의 책들은 1932년에서 1953년까지 총 12차례에 걸쳐 미국 베스트셀러 10위 안에 들었다.

이 점에서는 한층 더 커진 불안을 질질 끌고 다니는 21세기 초도 결코 뒤지지 않는다. 그것은 그 불안과 드잡이를 하는 저작들, 특히 미국에서는 복음서에서 영감을 얻은 책들이 거둔 결과에 반영된다. 이런 책의 물결을 불러온 주요 인물 중 하나는 "기독교 교회는 불가피하게 모든 세계에 영향을 끼치게 될 새로운 개혁의 시초에 있다"고 선언한 캘리포니아 목사 릭 워런이다.[27] 릭 워런은 2002년에 『목적이 이끄는 삶(*The

Purpose Driven Life)』을 출간해, 그가 접촉하는 목사 13만8,000명으로 구성된 조직망의 덕을 톡톡히 본다. "독자들에게 각자가 지상에 현존하는 이유를 찾으라고 독려하는" 이 책은 2004년에 무려 2,000만 부가 팔렸다. 『퍼블리셔스 위클리』에 따르면, 그 이후로 5,200만 부를 돌파했다고 한다. 콜로라도의 목사 존 엘드리지가 2002년에 출간한『마음의 회복(*Wild at Heart*)』은 100만 부 이상이 팔렸다. 하지만 어느 누구도 샌디에이고의 80대 복음주의자 팀 라헤이를 능가할 수는 없다. 묵시록적인 스릴러 16편으로 구성된『레프트 비하인드(*Left Behind*)』는 1995년에 1권이 출간된 이래로 6,500만 부가 팔렸다. 당시 언론은 "톰 클랜시 식의 서스펜스, 멜로, 하이테크, 그리고『성서』에 나오는 내용들을 조합하는 공식", [28] "적그리스도와 싸우는 일종의 람보"[29]라고 비꼰다. 이처럼, 마음을 다독이는 방법에는 참으로 여러 가지가 있다.

찬탄할 만한 인물들의 카니발

장 루이 퀴르티스가 쓴『네온사인 성인(*Un saint au néon*)』의 겸손한 주인공 로랑 씨는 위험에 처한 생명을 구하며 8년을 보낸 후에 프랑스로 돌아온다. 사람들이 그를 살아 있는 신으로 추앙하지만, 그는 그것에 혹할 정도로 어리석지 않다. "제가 정반대 뜻의 희생양이 되었다고 생각해 보세요. 저는 세상의 죄악과 더러움이 아니라 미덕을 짊어진 겁니다. 그들은 마음의 평화를 얻기 위해서 제가 필요한 거예요. 무슨 말인지 이해하시겠습니까? 그들은 저에게 고양된 자신의 모습을 투사하기로 결정한 거예요. 선의, 자비, 봉사, 영혼의 위대함 같은 것들 말입니다. 그들이 저 개인이나 저의 전설을 부조리할 정도로 숭배하는 것은 바로 그 때문입니다."[30] 퀴르티스의 단편은 1956년에 출간되었지만, 그가 조롱하는 대중의 성향, 자신을 성인들과 동일시함으로써 평안을 얻고자 하는 성향은 어느 시대에나 존재한다. 이런 성향은 별도의 문학 장르를 탄생시킬 정도로, **코메디아 델라르테**에서처럼 가면을 통해서 전형적인 인물들, 즉 순교자, 선인, 반항인 혹은 구원자를 알아보는 '찬탄할 만한 인물들의 카니발'을 탄생시킬 정도로 그들의 책 혹은 전기를 탐하게 만든다.

순교자

사람들은 그가 결백하고, 고결하고, 호의적이고, 관대하고, 그리고 무정한 형리(刑吏)들의 희생자이기를, 요컨대 그가 사실이기에는 너무나 아름답기를 요구한다. 플로베르가 『톰 아저씨의 오두막』에 대해서 비판하는 것도 바로 그 점이다. "내가 사람들에게 괴롭힘을 당하는 한 노예를 불쌍히 여기기 위해서 그 노예가 선량한 사람이고, 훌륭한 아버지이자 좋은 남편이며, 찬송가를 부르고 복음서를 읽으며, 자신을 괴롭히는 사람들을 용서할 필요는 없다. 숭고하고 예외적인 것이 그때부터는 특별한 것, 가짜가 된다."[31] 하지만 어쩌면 그 소설에, 그리고 15년 전쯤에 펠리코의 회고록에 성공을 안겨준 것이 부분적으로는 그것일지도 모른다.

낭만적인 기독교인이자 급료로 생활하는 지식인인 실비오 펠리코는 1789년 이탈리아 피에몬테 주의 살루치에서 태어났다. 그는 가정교사라는 직업 때문에 이탈리아의 독립이라는 대의에 전적으로 헌신하는 교양 있는 상류사회에 자주 드나들었다. 실비오 펠리코는 극작가이기는 하지만(1818년 밀라노에서 출간된 그의 『프란체스카 다 리미니[*Francesca da Rimini*]』는 친구인 바이런에 의해서 영어로 번역되었다), 정치 참여에 뜻을 두고 있었다. 그런데 순진하기 짝이 없는 그가 믿을 수 없을 정도로 경솔한 짓을 저지르고 만다. 동향 친구에게 편지로 오스트리아의 지배에 대항해서 싸우는 비밀단체 카르보나리에 가입할 경우에 자신의 의무가 무엇인지를 물었던 것이다. 당연히 그가 교류하는 집단을 밀착 감시하던 경찰이 편지를 압수하고, 1820년 10월 13일 그를 체포한다. 끝없는 심문이 이어진 후 대충 치러진 재판에서 실비오 펠리코는 사형을 선고받는다. 그러나 오스트리아 황제의 명에 의해서 스필베르크 요새에서 15년 동안 "징역"을 사는 것으로 감형된다. 악몽 같은 10년을 보낸 후 1830년에 석방된 그는 2년 후에 자신의 기나긴 시련을 담은 『나의 옥중기(Le mie prigioni)』를 출간하는데, 그것이 곧 세계적인 베스트셀러가 된다.

그 책은 문학적 질보다는 주제, 그리고 어느 정도는 이념적 애매성 덕분에 성공할 수 있었다. 사실 『나의 옥중기』는 자유의 순교자, 경찰을 앞세운 전제정치에 희생당한 아무 죄 없는 사람이 내놓은 증언이다. 그것만으로도 특히 영광의 3일* 이후의 자유주의적인 프랑스에서는 독자들을 감동시키기에 충분했다. 또한 그것은 톰 아저씨처럼 언제든 형리들을 용서하고 모든 것을 주님의 뜻에 맡길 준비가 되어 있는 열렬한 가톨릭 교도의 작품이기도 했다. 그래서 성직자들이 젊은 세대를 교화할 목적으로 그 책을 이용하기도 했다.[32] 결국 성인뿐만 아니라 아이도, 자유주의자뿐만 아니라 교황권 지상주의자도 독자로 삼는 『나의 옥중기』는 그야말로 대성공을 거둔다. 프랑스에서는 벌써 1833년에 그 책을 지치지 않고 읽어낼 대중 독자에게 서로 다른 4개의 번역본이 제안된다. 그 책은 1834년부터 1840년까지 7만 부가, 그리고 1841년부터 1845년

---

* 1830년 7월 27, 28, 29일의 가두 봉기를 말한다/역주

까지 3만5,000부가 더 팔린다. 더욱 놀라운 것은, 그 고통주의 걸작이 출간된 시점에서 20세기 중반까지 프랑스에서만 150개 이상의 판본으로 나왔다는 점이다.

40개 언어로 번역된 이 책은 곳곳에서, 영광의 절정에서조차 희생자의 길을 걷도록 운명지워진 병약한 펠리코를 질겁하게 만들 정도의 성공을 거둔다.

선인(善人)

현대의 신화지에서, '선인'은 대개 의사이다. 할리퀸 시리즈에 의하면, 보다 정확하게는 외과의나 응급처치 전문의이다. 20세기에 의학소설은 떠들썩한 몇몇 성공을 거둔다. 프랑스에서는 막상스 반 데르 메르슈의 『육체와 영혼(*Corps et âmes*)』(1943)이나 앙드레 수비랑의 『흰 가운을 입은 사람들(*Hommes en blanc*)』 시리즈가 기록을 깨고 있었다. 물론, A. J. 크로닌 박사가 거둔 어마어마한 성적에는 한참 못 미쳤지만. 본인이 빈민 출신인 이 웨일스 광부들의 의사는 2년 동안 미국 베스트셀러 목록에 머물렀고, 1938년에 할리우드에서 영화화되는 반자전적 소설 『성채(*The Citadel*)』(1937)의 출간 이후 세계적으로 유명해졌다(그리고 지나칠 정도로 부유해졌다).

기분 전환용 독서에서 동일시 독서로, 그리고 픽션에서 전기로 넘어가면, 거기서도 선택은 난감하기만 하다. 떠돌이 의사 빅터 하이저(그의 책 『어느 의사의 놀라운 오디세이[*An American Doctor's Odyssey*]』는 BOMC에 의해서 선정되어 1936년과 1937년에 베스트셀러 10위 목록에 오른다)에서 람바레네의 성인 알베르트 슈바이처에 이르기까지, 선인은 수없이 많다. 양차 세계대전 사이에는 또다른 착한 의사인 스웨덴 사람

악셀 문테가 『산 미켈레 이야기(*The Story of San Michele*)』(1929)로 판돈을 싹쓸이한다. 이 책은 시골 노파에게나 여왕에게나 천사에게나 작은 새에게나 똑같은 공감을 가지고 말한, 사람과 동물의 친구였던 사람의 자서전이다.

당시 또다른 중량급 베스트셀러였던 피에르 브누아가 1935년에 그 유명한 카프리 빌라로 악셀 문테를 방문했을 때, 문테 박사는 브누아에게 "그때까지 아무도 그에게 설명할 수 없었던 것"에 대한 의견을 묻는다. "왜 『산 미켈레 이야기』가 23개 언어로 번역되었죠? [……] 전 감당이 안 되네요. 도무지 이해할 수도 없고요." 피에르 브누아는 그 책의 서문에 이렇게 쓴다. "내 생각에 이 책의 존재 이유는 거기서 울려퍼지는 믿음의 노래, 삶에 대한 믿음의 노래, 이 모든 형태의 삶에 대한 경배, [……] 특히 아무 죄 없이 괴롭힘을 당하는 불쌍한 짐승들에 대한 사랑이라는 가장 단순하고 가장 감동적인 형태의 삶에 대한 경배에 있다."[33] 새로운 전쟁의 소문이 점점 더 커지던 그 시기에 독자들이 필요로 했던 것은 기쁨의 찬가였던 듯하다. 결국, 펠리코와 마찬가지로, 문테 박사의 책도 40개 언어로 번역된다.[34] 독일에서만 100만 부 이상 팔리게 된다고 발행인인 쿠르트 볼프는 씁쓸하게 말한다. 당시 볼프는 그 책이 보잘 것 없고 구성도 엉망이라고 판단해서 출간을 거절했고, 진정한 발행인은 사람들이 읽고 싶어하는 것이 아니라 읽어야만 하는 것을 출간해야 한다고 큰소리를 치면서 자신의 선택을 축하했다.[35]

반항인

2010년 말, 프랑스에서 "출판계를 뒤흔든 놀라운 현상"이 매체들을 사로잡을 정도로, 사이좋게 앞서거니 뒤서거니 하던 각종 주간지의 베

스트셀러 순위를 발칵 뒤집어놓는다. 그 사건은 바로 스테판 에셀의
『분노하라!(*Indignez-vous!*)』가 거둔 예상치 못한 어마어마한 성공이다.
아흔세 살의 저자는 특정 부류의 독자들이 마음에 들어할 모든 것을 갖
추고 있다. 어떤 의미에서, 그는 앞서 말한 두 유형, 순교자와 선인을
동시에 구현한다. 순교자? 이 저항하는 유대인은 탈출에 성공하기 전에
부헨발트 수용소에 갇혀 게슈타포에게 고문을 당하고 교수형을 선고받
았으니까. 말하자면 그는 펠리코와 파피용을 합쳐놓은 것보다 더 세다.
그는 또한 선인이기도 하다. 그가 줄기차게 상기시키듯이, 전쟁 후에
그는 인권의 보편적 선언의 주된 작성자 중 한 사람이었다. 나중에는
알제리 독립, 인종차별 종식, 팔레스타인인, 집시, 불법 체류자와 이주
자들, 땡전 한 푼 없는 은퇴자와 사회보장제도 수혜자들의 권리 등, 모
든 선한 대의를 위해서 투쟁했다. 한마디로, 그는 위대한 영혼이다. 한
때 헤겔주의자였고 언제나 낙관론자인 이 늙은 청년은 "사회의 역사는
진보하며, 인간이 끝내 완전한 자유를 얻게 되면, 우리는 이상적인 형태
의 민주국가를 가지게 될" 것이라고 확신한다.[36]

그러나 거기에 이르려면 우리의 손에 흙을 묻혀야만 한다. 그 자신이
자기 시대에 그랬듯이, 진보가 폭풍으로 변하는 것을 보게 되는 한이
있더라도 참여를 해야만 한다. 그러므로 사람들은 분노하는 법을, **반항
하는 법을**, 그렇게 해서 분노가 "기본적인 동기"였던 레지스탕스의 교훈
을 되찾는 법을 다시 배워야만 한다고 현자는 가르친다. 거꾸로 무관심
은 "최악의 태도"이다. 우리는 분노함으로써 "각 개인 덕분에, 평화적인
봉기 덕분에 계속 이어져가는 역사의 거대한 흐름"에 합류하게 된다. 에
셀은 이 "평화적인 봉기"를 기원하고는 대문자로 인쇄된 경구로 자신의
텍스트를 마무리한다. "창조하는 것은 저항하는 것이고, 저항하는 것은

창조하는 것이다."[37]

왜 진부한 생각들을 줄줄이 꿰어놓은 이 책을 사러 사람들이 몰려들었을까? 뤼크 로젠츠바이그 기자는 이렇게 논평한다.[38] 그것은 바로 "에셀이 그 혼자만으로도 선의 축이기 때문이다. 그는 평생 올곧았고, 언제나 옳은 편에 섰으며, 더러운 놈들과 결코 타협을 하지 않았고, 늘 자신의 전기가 성인전 외에는 다른 것이 될 수 없도록 행동해왔다. 보통 사람들이 그의 책을 사는 것은 그의 책을 읽으면 자신도 더 나은 남자 혹은 여자가 될 수 있을 것이라는, 우리 각자 내부에 잠들어 있는 에셀을 깨울 수 있을 것이라는 마술적인 믿음 때문이다." 그 모든 것을 단돈 3유로와 큰 활자로 인쇄된 짧은 책으로. 요컨대 고통 없이, 지체 없이 정의를 위해서 참여하고픈 갈증을 해소할 수 있는 아주 편한 반란인 셈이다. 2011년 5월, 역설적이게도 "바람에 맞서 걸어가는 사람들"이라는 제목이 붙은 총서 중의 한 권으로 출간된 『분노하라!』는 약 200만 명이 구매했다. 200만 명의 반항인들이.

구원자

반세기의 시간적 거리가 있는 J. F. 케네디와 버락 오바마 사이에는 어떤 공통점이 있을 수 있을까? 그들의 젊음, 카리스마, 그들의 개성과 프로그램이 전 세계에 불러일으킨 놀라운 집단적 열광, 간단히 말해서 타성과 보수주의의 늪에서 허우적대는 미국을 구하기 위해서 갑자기 나타난 구원자의 모습이다. 그러나 민주당 출신의 두 대통령에게는 또다른 공통점, 대통령에 당선되기 전에 그들을 정치무대의 전면에 나서게 해준 베스트셀러의 저자였다는 공통점이 있다.

이런 측면에서, 케네디는 아버지의 지지와 후원에 힘입어 일찌감치 야심을 드러낸다. 1940년, 그가 뉴욕과 런던에서 졸업 논문 『왜 영국은 잠들어 있는가(*Why England Slept*)』를 출간할 수 있었던 것은 순전히 아버지의 지지 덕분이다. 그는 처칠의 지적 "영국이 잠들어 있는 동안"을 참조하며, 영국이 독일을 상대로 전쟁에 돌입하기 전에 그토록 오래 기다리지 말았어야 했다는 다분히 비정통적인 주장을 펼친다. 갈등이 폭발한 1940년, 이 도발적인 소논문의 출간은 절묘한 선택이었다. 그 책은 8만 부나 팔리면서 일찌감치 젊은 케네디를 세상에 널리 알렸다. 그러나 그에게 전국적인 스케일을 부여하는 것은 그가 15년 후에 출간하는 저작 『용기 있는 사람들(*Profiles in Courage*)』이다. 당시 전쟁영웅이었던 케네디는 3년 전부터 상원의원이었는데, 거의 익명으로 지내다시피한 의회에서 가능한 한 빨리 벗어나고 싶었다. 그는 그것을 펜으로 이루게 된다. 자신처럼 영웅이자 상원의원이었고 미국적 덕성인 용기, 헌신, 청렴을 다양한 형태로 구현한 역사적 위인 8명의 초상을 그림으로써 말이다. 비록 그의 비서 시어도어 소런슨이 거의 다 쓰다시피했다는 의심이 나돌기는 했지만, 이 책은 대성공을 거둔다. 비평계는 호평일색이었고 (케네디는 1957년에 이 책으로 퓰리처 상을 수상한다), 드디어 "올바른 사람"을 찾았다고 생각한 대중은 압도적인 지지를 보낸다. 그 책은 1961년 그가 대통령에 당선되기 이전에 200만 부를 돌파하고, 대통령 당선과 함께 두 번째로 베스트셀러 목록의 선두에 오르며, 1963년 암살당한 후에 세 번째이자 마지막으로 베스트셀러가 된다.

그로부터 40여 년 후, 버락 오바마가 정치인으로 경력을 쌓기 시작할 때, 이 정치와 책의 모험이 이상하리만치 유사한 방식으로 재현된다. 1955년, 막 자리를 잡은 젊은 변호사에 불과했던 오바마가 자신이 벌인 투쟁, 미국의 정체성, 두 개의 유산과 두 개의 충실성 사이에 끼인 혼혈인의 복잡하고 드라마틱한 상황에 대해서 쓴 첫 저작 『내 아버지로부터의 꿈(Dreams from My Father)』을 출간했다. 매우 유행하는 주제임에도, 판매는 7,500부 정도로 변변치 않았다. 그런데 시동이 9년 후에 걸린다. 일리노이 주 상원의원 후보였던 오바마는 2004년 7월 27일 보스턴에서 열린 민주당 전당 대회에서 큰 반향을 불러일으키는 연설을 한다. 그 연설에서도 그의 책에서처럼 희망과 열정, 신념과 꿈이 중요하게 언급된다. 거의 신비주의적인 결론과 함께. "이 정치적 어둠에서 벗어나면, 더 밝은 날이 올 것입니다.……" 하룻밤 사이에 무명의 정치인이 스타가, 당을 위해서나 나라를 위해서나 잠재적인 구원자(모든 신문에 사용된 용어)가 된다. 2주 후, 용의주도한 그의 발행인이 『내 아버지로부터의 꿈』을 페이퍼백으로 다시 내놓는다. 그러자 잭팟이 터진다. 그 책은 「뉴욕 타임스」 베스트셀러 1위에 오르고, 2년 만에 80만 부 이상이 팔린다.[39] 나중에 누군가 미셸 오바마에게 남편이 상원의원이 된 후로 그들의 삶이 달라졌느냐고 묻자, 그녀는 이렇게 대답한다. "우리의 생활이 바뀐 것은 오히려 그가 베스트셀러를 썼기 때문이에요. [……] 우리는 생애 최초로 빚 없이 살게 되었죠. 우리에게 그것은 새로운 경험이었어요."[40]

일리노이 주 상원의원이 된 오바마는 2년 동안 눈부신 부상을 이어간다. 2006년, 그는 대통령 선거의 전망 속에서 첫 책과 보스턴 연설에서 두드러졌던 주제들을 다시 논한 프로그램 에세이 『담대한 희망(The Audacity of Hope: Thoughts on Reclaiming the American Dream)』을 출간한다. 담대함, 희망, 꿈, 새로운 삼위일체. 오바마는 책을 내는 데에서도 담대하다. 발행인이 그때쯤 나오기로 예정된 존 그리샴의 첫 에세이에 묻혀버릴 것이 확실하다며 『담대한 희망』을 10월에 내는 것을 극구 반대하는데도, 자신의 별을 믿는 오바마는 밀어붙인다. 그리고 그가 옳았다. 마술이 일어났으니까. 책이 나온 지 3주 후, 책을 낸 랜덤하우스의 자회사 크라운 퍼블리셔스는 7번에 걸쳐 재판을 찍은 끝에 86만 부가 시중에 유통되고 있다고 발표한다. 「뉴욕 타임스」 베스트셀러 목록에서 오바마는 제왕 존 그리샴을 추월해버린다. 오프라 윈프리가 자신의 쇼에 그를 초대해서 대통령 선거에 나갈 의향이 있느냐고 묻고 나서는 그 움직임이 더욱 가속화된다.

이처럼 『담대한 희망』은 미국에서나, 31개 언어로 번역되어 2008년 미국 대통령 선거를 몇 달 앞두고 일제히 베스트셀러 목록에 오른 다른 나라들에서나, 오바마의 이미지를 한층 강화시켜준다. 오늘날 두 책의 총 판매량은 660만 부에 달한다고 한다.[41] 우리에게 구원자가 왔노니…….

결론
기적은 계속된다

"우리는 책의 운명에 대해서 아무것도 알지 못한다." 가스통 갈리마르는 은퇴할 무렵 이렇게 털어놓았다. 성공(혹은 실패)의 원인, 작품의 고유한 질, 저자의 재능, 발행인의 노력, 미디어 중계의 밀도를 샅샅이 해부해도 여전히 알 수 없는 뭔가가, 미스터리의 몫이 남는다는 말이다. 문학적 성공은 이성적으로 설명할 수도, 기술적으로 재현할 수도 없다. 그것은 본질적으로, 장 도르메송이 자신의 데뷔 시절을 떠올리며 인정하듯이, 예측할 수 없는 것이다. 어느 토요일 저녁, 그의 첫 원고가 당시 한창 잘나가던 발행인 르네 쥘리아르의 사무실에 도착했다. 다음날 아침 8시, 쥘리아르가 직접 전화를 걸어 그에게 계약을 하자고 한다. 그는 밤새 그 원고를 읽고 너무나 마음에 든 나머지, 젊은 소설가에게 사강식의 대성공을 약속한다. 그는 2년 전에 거의 같은 정황에서 그녀의 첫 베스트셀러 『슬픔이여 안녕』을 출간했었다. 그런 전례가 있으니, 그의 신탁은 신빙성이 있어 보인다. 쥘리아르는 자신이 무슨 말을 하는지 알고 있다. 그는 말과 약속의 무게를 아는 사람이다. 아닌 게 아니라 간결하고, 가볍고, 부드럽고, 재기발랄한 『사랑은 즐거움이다(*L'amour est un plaisir)*』는 성공의 구성 요소를 두루 갖추고 있는 것처럼 보인다. 그럼에도 대중이 반응을 보이지 않는다. "그는 제 첫 책에 대해서 성공을 약속했습니다. 두 번째, 세 번째 책에 대해서도 그랬죠. 네 번째 책에 대해서도 마찬가지였어요. 그런데 아니었죠, 전혀 아니었어요. 그래서 전 약간 절망했습니다. 『그럼 안녕히, 고마웠소(*Au revoir et merci)*』를 쓴 것이 바로 그때였죠. 여러 가지 뜻을 가진 제목이었는데, 무엇보다 '그럼 안녕히 문학이여, 고마웠소 문학이여'라는 의미가 강했죠."[1] 그런데 몇 년 후, 아름다운 미래가 약속되었던 그의 짧고 가벼운 소설들이 대중의 관심을 끌지 못한 반면, 아주 두꺼운 소설인『제국의 영광(*La Gloire de l'empire)*』이 전혀 예상치 못한 성공을 거둔다. 그라세 출판사의 독사(讀師)들에게 "음산하고 지루하다"는 평가를 받는 바람에 결국 갈리마르 출판사에서 출간된 그 어려운 책이 공쿠르 상을 놓친 것은 오직 그 직전에 아카데미 프랑세즈 소설 대상을 받았기 때문이다. 이 책은 30만 부가 팔려, 전혀 예상치 못한 방식으로, **시리얼 베스트셀러** 장 도르메송의 경력이 시작되었음을 요란하게 알린다.

이유는 알 수 없지만, 아주 잘 팔릴 것 같았던 책이 결국에는 폐기처분되고, 도무지 팔리지 않을 것 같았던 책이 날개 돋친 듯 팔려나간다. 왜 어떤 책은 뜨는데, 어떤 책은 뜨지 않을까? 스톡 출판사의 책임자이자 작가인 자크 샤르돈도 미셸 데옹에게 보낸 편지에서 그 이유를 궁금해했다. "어떻게, 어떤 경로로 그런 일이 일어나는지 도무지 이해할 수가 없었네."[2] 그런 경우에, 우리는 미스터리에서 **기적으로** 넘어가게 된다. 이 말은 도무지 예측할 수 없다고 판단되는 성공과 마주하게 될 때, 저자, 발행인, 비평가들의 입에 자주 회자되는 것이다. 예를 들면, 기념비적인 저작이지만 읽은 사람은 얼마 되지 않는『프랑스 시사(詩史)

(*Histoire de la poésie française*)』의 저자 로베르 사바티에는 1969년 어느 날, 전쟁 전의 몽마르트르에서 보낸 어린 시절을 디킨스 식으로 회고한 『안전성냥(*Les Allumettes suédoises*)』으로 전혀 예상치 못한 대중적 성공을 만나게 된다. 이 책은 무려 300만 부나 팔린다. "나는 베스트셀러를 만들 생각으로 『안전성냥』을 쓰지 않았다." 원고가 출판사로 넘어왔을 때, 그것을 읽은 첫 독자들 역시 그 시적인 이야기에 "관심을 가지는 독자는 얼마 되지 않을 것이라고 생각했다. 그래서 초판을 6,000부만 찍었다."[3] 그런 다음에는? "그런 다음, 기적이 일어났다!"

발견의 기적

문학의 역사에는 자칫 탄생하지 않을 수도 있었을 위대한 책들 혹은 엄청난 성공작들이 넘쳐난다. 이는 유산된 걸작들의 거대한 묘지를 상상하게 한다.

바람과 함께 사라지다

20세기의 가장 큰 성공작 중 하나인 『바람과 함께 사라지다』도 하마터면 세상에 태어나지 못할 뻔했던 베스트셀러에 든다. 1926년, 어쩔 수 없이 저널리즘을 포기한 마거릿 미첼은 두 번째 남편 존 마시와 막 정착한 애틀랜타의 아파트에서 몹시 따분해한다. 그래서 그녀는 남편의 권유에 따라서 어린 시절에 보고 들은 것을 떠올려 방대한 남부 이야기를 쓰는 일에 뛰어든다. 마거릿의 문학적 기획에는 계획된 것이 아무것도 없다. 그녀는 다른 장들을 쓰기도 전에 마지막 장을 타이프로 치기 시작한다. 미리 정해놓은 순서 없이, 시간을 보내기 위해서 퍼즐을 맞추는 것처럼. 그녀는 새로운 장을 끝낼 때마다 그것을 큼지막한 크라프트 봉투에 넣어둔다. 그녀는 봉투 70개를 채우고는 발행인을 물색해 보여줄 생각은 하지도 않고 5년 동안 먼지만 쌓이게 내버려둔다.

1935년 4월, 뉴욕에서 가장 큰 출판사 중 한 곳인 맥밀런의 부사장 해럴드 레이섬이 재능 있는 신인 작가를 찾기 위해서 미국 남부 순회여행을 시작한다. 아마도 그는 바로 그전 해에 서점가에서 돌풍을 일으키고 결국 퓰리처 상과 프랑스 페미나 상을 수상한 남부 여류소설가 캐럴라인 밀러의 『조지아 주의 소작인(Lamb in His Bosom)』 같은 작품을 또다시 발굴하려는 야심을 품고 있었을 것이다. 남부가 워낙 유행이니, 알 수 없는 일이 아닌가.[4] 애틀랜타에 도착한 그는 현지 사정을 잘 아는 사람들에게 장래가 촉망되는 작가들을 추천받을 심산으로, 마거릿 미첼과 한때 그녀와 함께 기자로 일했던 메도라 피커슨을 만난다. 나중에 그가 밝힌 것처럼, 그 만남에서 메도라가 비밀을 누설한다. 페기(마거릿 미첼의 필명)도 책을 썼다고…….

난처해진 마거릿이 그 사실을 부인하고 얼버무리며 화제를 바꾸려고 애쓰다가, 결국에는 어쨌거나 그 책은 아직 완성되지 않았다고 하고는 다른 이야기로 넘어간다. 그런데 밤사이에 그녀가 생각을 바꾼다. "페기"는 소설을 쓸 정도로 진지하지 않다고 넌지시 비꼰 측근들의 냉소적인 지적에 대한 기억 때문이었을까? 자신의 운명에 대한 예감 때문이었을까? 어쨌거나 그녀는 두툼한 누런 봉투들을 허겁지겁 꺼내서는 분류도 하지 않은 채 떠날 채비를 하는 레이섬에게 가져다준다. 봉투들의 부피가 워낙 커서, 레이섬은 출발 직전에 **가까스로** 종이가방 하나를 구해서 그것들을 우겨넣는다. 그 순간의 선택이 그에게 떼돈을 안겨주게 된다. 애틀랜타를 떠난 기차가 뉴올리언스를 향해 달려가는 동안, 발행인은 자신이 손에 쥔 것의 진가를 발견한다.

그런데 뉴올리언스에 도착하자, 뜻밖의 전보가 그를 기다리고 있다. 남편의 충고에 그새 마음을 바꿔먹은 마거릿 미첼이 자신의 원고를 당장 돌려달라고 그에게 요구한다. 레이섬은 적어도 그 원고를 마저 읽을 시간은 달라고 부탁하는 답신을 보낸다. 애틀랜타에서 새 편지가 날아든다. 제목도, 순서도, 첫 장도 없는 그 잡동사니는 전혀 관심을 가질 만한 것이 못 된다고 마거릿 미첼이 속내를 털어놓는다. 남편을 제외하고 어느 누구에게도 보여주지 않은 것도 그 때문이라고. 하지만 편지의 어조가 전보의 그것과는 사뭇 다르다. 그녀는 자신의 원고가 읽을 수도, 출간할 수도 없는 상태라고 확신은 하지만, 거기서 일관성 비슷한 것이라도 찾을 수 있다면 뉴욕으로 가져가라고 레이섬에게 허락한다. 레이섬은 쾌재를 외친다. 안 그래도 막 그녀에게 점점 커져가는 자신의 흥분을 표현하는 메시지를 보낸 참이다. 북쪽으로 달려가는 기차 안, 그는 그 소중한 가방을 곁에서 떼어놓지 않는다. 석 달 후, 계약이 체결된다. 레이섬은 전보로 마거릿 미첼에게 "큰 성공을 보장하기 위해서 모든 것을 할 것"이라고 약속한다.[5]

이렇게 해서, 벽장 속에 잠들어 있다가 무심한 후손들에 의해서 벽난로 불을 지피거나 식료품을 싸는 데 사용되었을 그 원고는 진정한 책이 된다. 기적이 일어나고 있다.

선인세 500달러, 저작권 10퍼센트에 계약이 체결되자, 마거릿 미첼은 빠져 있는 첫 장을 쓰고, 제목을 찾기 위해서 머리를 싸맨다. 그녀는 아주 본드적인 "내일은 내일의 태양이 뜬다(Tomorrow is another day)"와 아주 헤밍웨이적인 "뷰글스 생 트루(Bugles sang true)", 그리고 아주 우스꽝스러운 "바! 바! 블랙 십(Ba! Ba! Black Sheep)"을 두고 망설이다가, 어니스트 도슨의 시구 "나는 많은 것을 잊었어, 시나라! 바람과 함께 사라졌지(I have forgot much, Cynara! Gone with the wind)"에서 제목을 따온다.

『바람과 함께 사라지다』는 1936년 6월 30일 서점가에 나온다. 무명 작가가 쓴 1,037쪽의 소설, 대중이 선뜻 집어들기에는 무리가 있다. 맥밀런은 신중을 기해서 1만 부만 찍기로 결정한다. 하지만 행운은 그를 버리지 않는다. 그 책은, 고위간부 중 하나가 "너무 길다"고 반대하지만, BOMC에 의해서 7월의 책으로 선정된다.[6] 허겁지겁 7만5,000부를 더 찍지만, 금세 다 팔려나간다. 몇 개월 만에 판매량이 50만, 100만 부를 돌파하고, 그와 더불어 1937년에는 퓰리처 상을 수상한다. 힘들게 대공황에서 벗어나고 있는 미국인들에게는 꿈, 기분 전환, 탈출이 필요하다. 그것이 바로 빅터 플레밍이 슈퍼 프로덕션에서 제작한 영화를 보기도 전에, 그들이 미세스 스칼렛과 레트 버틀러의 모험에 달려든 이유였다.

기적은 국경 너머에서도 계속된다. 이상하게도 프랑스에서는 외국 문학을 전문으로 취급하고 후각이 뛰어나기로 유명한 발행인 스톡이 비평가 클로드 루아처럼 프랑스인들이 그 "매머드 소설"에는 전혀 재미를 느끼지 못할 것이라고 판단했는지 그 책의 번역을 포기한다.[7] 한편, 가스통 갈리마르는 망설인다. 투자금은 크고, 결과는 불확실하다. 갈리마르는 측근들에게 그 책을 읽어보게 한다. 모두가 성공을 장담하지만, 그는 결정을 내리지 못한다. 그러다가 어부지리로 아셰트 출판사가 그 소설을 가져간다. 하지만 진정한 열의는 없이, 너무 두껍다고 투덜대면서. 제작자 데이비드 셀즈닉이 거금을 주고 그 소설의 영화 판권을 사들였다는 소식을 접한 갈리마르가 마침내 생각을 바꾼다. 그 책이 프랑스에서도 성공할 것이라고 확신한 갈리마르는, 피에르 아술린의 말에 따르면 "아주 합리적인" 가격으로 아셰트로부터 판권을 다시 사오는 데 성공한다.[8] 소설은 1939년 2월에 독자들을 설득하기 위해서 낭만적인 삽화가 그려진 표지로 단장을 하고 갈리마르 출판사에서 출간된다. 깨알 같은 활자로 채워진 735쪽짜리 소설은 비평가들뿐만 아니라 대중의 사랑을 흠뻑 받게 된다. 그 책은 프랑스에서만 80만 부, 전 세계적으로 3,000만 부가 팔린다.

사후의 베스트셀러

비극적이기는 하지만, 20세기는 원고가 분실되었다가 저자가 죽고 몇년 후에, 때로는 이렌 네미롭스키의 『프랑스 조곡(Suite française)』이 그랬던 것처럼 훨씬 더 나중에 다시 발견되는 기막힌 사연들로 넘쳐난다. 러시아 태생의 유대인 네미롭스키는 1930년대에 프랑스 문학계에서 새로 부상하는 작가 중의 한 사람으로 간주되었다. 『무도회(Le Bal)』, 『데이비드 골더(David Golder)』, 『쿠릴로프 사건(L'Affaire Courilof)』과 같은 그녀의 책들은 비평계뿐만 아니라 대중의 호평을 받았다. 그러나 1942년 여름에 체포된 이렌은 아우슈비츠로 끌려가 그곳에서 죽고 만다. 그와 동시에, 그녀의 책들은 기억에서 사라지고, 그것들을 찾는 것은 식견 있는 몇몇 애호가들뿐이다. 그들은 별 어려움 없이 중고서적상에게 싼값에 그 책들을 구입해 읽는다. 1985년, 이렌의 발행인이었던 그라세가 가장 널리 알려진 그녀의 작품들을 포켓판으로 재출간하는데, 그 시도는 절반의 성공을 거둔다. '절반의 성공'은 '절반의 실패'를 말하기 위한 정중한 표현에 지나지 않는다. 죽은 자들을 부활시키는 것은 정말이지 어려운 일이지만, 예외는 존재한다.

그로부터 15년 후, 살아남은 이렌의 막내딸 드니즈 엡스탱이 자기 어머니를 숭배하는 소설가 미리암 아니시모프와 두서없이 대화를 나누다가 녹색 잉크로 쓴 깨알 같은 글들로 뒤덮인 공책(대탈주의 시기를 다룬 미간행 소설) 이야기를 꺼낸다.[9] 1985년의 시도 때 쓴맛을 본 드니즈는 문학사를 연구하는 젊은 처자가 공연히 그러는 것이라고 생각하며 큰 기대를 걸지 않는다. 그러나 그녀와 마주 앉은 미리암 아니시모프는 흥분을 감추지 못한다. 그녀가 드노엘 출판사의 사장인 올리비에 루빈스타인에게 이 사실을 알리자, 그가 즉각 원고를 받아들인다. 그러고도 기적은 계속된다. 그 제목 없는 소설은 저자의 비극적 운명, 원고의 기적적 재발견이라는 후광에 둘러싸여 2004년에 『프랑스 조곡』이라는 우아한 제목으로 르노도 상을 수상하게 된다. 1932년에 드노엘 출판사의 또 다른 발견, 『밤 끝으로의 여행』에 주어졌던 이 상이 사상 최초로 사망한 작가에게 수여된 것이었다. 그 소설은 거두어 마땅한 성공을 거두게 된다. 프랑스에서 몇 개월 만에 33만 부가 팔리고, 26개 언어로 번역되어 비극적으로 죽은 작가 네미롭스키에 대한 관심을 다시 증폭시킨다. 이 기적에는 시간과 죽음에 대한 승리 같은 것이 있다.

1969년의 슬픈 그날, 자동차 머플러에 유연한 고무관을 연결해 차체 안으로 통하게 하고는, 창문을 꼭꼭 닫고 자동차의 시동을 걸었던 그 젊은이의 모습은 어땠을까? 사람들은 그의 모습을, 7~8년 전부터 많은 발행인들이 집요하게 출간을 거절한 그의 원고 『바보들의 결탁(A Con-federacy of Dunces)』의 주인공인 이그네이셔스 J. 라일리와 형제처럼 닮았을 것이라고 상상한다. 언제나 사냥모자와 플란넬 셔츠 차림에, 모든 면에서 터무니없고, 대가인 척하고, 독단적이며, 이기적이고, 식탐이 많으며, 여성을 혐오하고, 반동적이며, "가르강튀아적인 과장과 위협적인 멸시를 일삼고, 프로이트, 동성애자, 이성애자, 프로테스탄트, 그리고 현대 사회의 다양한 무절제 등, 모두와 그리고 모든 것과 홀로 싸우는" 모습일 것이라고.[10] 신학의 이름으로 전기 믹서를 충전하지만 매번 원고를 거절당하다 보니(가끔 단호한 어조의 짧은 평이 달려 있기도 했다) 결국에는 자신의 운명을 의심하게 된 뚱뚱한 폴스타프의 모습으로. "이것은 팔리지 않을 겁니다." 사이먼 앤드 슈스터의 독사(讀師)는 거절 편지에서 이렇게 결론지었다. 자신이 자기 소설의 주인공처럼 실패했다고 확신한 존 케네디 툴은 결국 우울증에 빠지고, 서른두 살의 나이에 자살하고 만다.

논리적으로, 이야기는 거기서 끝나야 했을 것이다. 낙담한 소설가가 비탄에 빠진 어머니와 출간할 수 없는 원고를 남기고 스스로 목숨을 끊는다. 끔찍할 정도로 진부한 이야기이다. 세상이 천재를 잃었다고 확신한 존 케네디 툴의 어머니 텔마가 고집을 부리는 것만 빼놓고는. 그녀는 여러 해 동안 끈질기게 발행인을 찾아다닌다. 1976년에 마침내 희귀한 새, 진정한 독자, 소설가 워커 퍼시와 전화 통화를 할 때까지. 퍼시는 『바보들의 결탁』의 서문에서 이런 종류의 귀찮은 일이 하도 많다 보니, 자신은 그것을 피하는 데 달인이 되었다고 털어놓는다. "그런데 부인의 고집이 보통이 아니었다. 어떻게 했는지는 알 수 없지만, 그녀는 결국 내 사무실까지 찾아와 두툼한 원고를 건네주었고 그것을 거절할 방법이 없었다. 나에게 남은 것은 단 하나의 희망, 몇 쪽 읽은 다음에 더 이상 읽을 필요가 없을 만큼 원고가 좋지 않다는 것을 알게 되는 것밖에 없었다."[11] 그런데 정반대의 일이 일어난다. 페이지를 넘기면 넘길수록, 워커 퍼시는 "도무지 믿을 수 없다"는 심정으로, 자신이 특별한 것을 손에 쥐고 있다는 확신을 가지게 된다. "그렇게 좋은 것은 불가능했다." 그 이전에는 아무도 그것을 알아차리지 못한 것도.「뉴욕 타임스」의 한 비평가 역시 깜짝 놀라서 이렇게 외친다. 어떻게 이런 책이 지금까지 출간되지 않을 수 있었을까? 그사이, 이 희비극적 걸작은 지방의 한 작은 출판사에서 출간되어 첫해에 75만 부가 팔리고, 1981년에 퓰리처 상을 수상하며 국제적으로 널리 알려지게 된다.

소설 제목의 메아리처럼 보이는, 발행인들의 안목 부재와 이 컬트 소설에 대한 대중의 열광은 어떻게 보면 존 케네디 툴이 사후에 행하는 반격이라고 할 수 있을 것이다.

만남의 기적　시대 분위기

베스트셀러의 기적은 언제나 결코 성사되지 않을 수도 있었을 '만남'의 기적이다. 마거릿 미첼의 경우처럼 저자와 발행인의 만남, 또는 책과 독자의 만남.

혹자들은 "시대 분위기"를 내세워서, 문제의 책이 그 사회의 기다림, 불안, 잠재적인 혹은 무의식적인 욕망에 완벽하게 부응한 것이라고 말함으로써 책과 독자의 만남을 설명하려고 시도했다. 미국 독자들이 『바람과 함께 사라지다』에 푹 빠져들었던 것은 1936년을 사는 그들에게 꿈이 필요했기 때문이고, 남북전쟁 후에 남부를 재건하는 것이 1929년의 위기로 초토화된 미국을 뉴딜 정책으로 재건하는 것과 상통했기 때문이라고. 마찬가지로 그로부터 4년 전에 『밤 끝으로의 여행』이 스스로를 유럽의 병자로 인식하는 프랑스에서 대성공을 거둔 것에 대해서 에른스트 윙거는 "그 책이 본질적으로 시대와 고도로 밀접하게 이어져 있었기 때문"이라고 설명한다. "황열병, 마약, 전쟁과 내전을 배경으로 하는 허

무주의, 비관주의, 퇴폐의 분위기가 안정되지 못한 그 시기의 부산스러움과 일치했다"고.[12]

관찰자들이 『슬픔이여 안녕』에 대해서 서술하는 것도 같은 현상이다. 프랑수아즈 사강은 1953년 8월 한 달 동안 자신의 짧막한 소설을 "천천히, 손가락 몇 개만 사용해서" 타이프로 치고는 별 생각 없이 그냥 서랍에 넣어두었다. 그런데 우연히 친구 손에 이끌려 점집에 들어갔는데, 점쟁이가 대양 너머에서 사람들이 그녀의 책 이야기를 할 것이라고 예언했다.[13] 자신감을 얻은 그녀는 1954년 1월에 그것을 서랍에서 꺼내 쥘리아르에게 보냈고, 전하는 이야기에 따르면, 쥘리아르가 밤새 그 원고를 읽고는 아침에 해가 뜨자마자 그녀에게 전화를 걸었다고 한다. 그 다음은 모두가 아는 대로이다. 두 달 후, 열여덟 살 대학입학 자격시험 합격자의 소설이 서점가에 깔리고, 곧 스캔들의 가벼운 향기에 실려 모두의 손 안에 들어간다. 프랑수아 모리아크가 「르 피가로」에 "사춘기 소녀의 방탕, 상처가 헤아릴 수 없이 많은 시기의 상처"를 비난하는 글을 실었던 것이다. 양질의 에로티즘, 진탕 마시는 위스키, 나른한 번민의 여름, 연한 빛깔의 담배, 이것들을 한데 섞어놓은 칵테일은 성공적이었다. "매력적인 작은 괴물"은 당시 사람들의 표현대로 하면, "시속 100킬로미터"로 떴다. 초판 5,000부를 찍은 『슬픔이여 안녕』은 서둘러 재판에 들어가고, 6월이 되기 전에 10만 부, 곧 20만 부를 돌파한다. "그 소설은 전후의 첫 베스트셀러입니다." 크리스티앙 부르주아는 감탄을 금치 못한다. 그해 말, 발행인은 "81만 부가 이미 팔렸다"(고전적인 허풍이지만 개연성은 있다)고 알리는 띠지를 인쇄하게 한다. 실제로 50만 부가 팔렸다고 하더라도, 놀랍기 짝이 없는 소식이다. 성공이 전 세계적인 만큼 더욱 말이다. 1955년 2월, 프랑스와 같은 제목으로 미국에서 출간되

는데, 거기서도 1년 만에 100만 부를 돌파하며 대박을 터뜨린다. 1979
년, 사강은 이렇게 말했다. 일본에서는 "사람들이 저의 책을 여성의 자
유와 동의어로 여겼어요. 아마 어린 소녀가 아이, 낙태, 비극, 죄악을
상기시키지 않은 채 육체적 사랑을 아주 자연스러운 것으로 말한 것이
처음이었겠죠. 바보 같지만 그랬어요. 그건 제가 아닐 수도 있었을 거예
요. 다른 어떤 사람일 수도 있었죠."14 베스트셀러는 있어야 할 순간에
거기 있었다는 데서, 써야 할 말을, 대중이 기다리는 말을 썼다는 데서
나온다는 뜻일 것이다. "우연은 온 세상이 그 작은 책을 받아들일 준비
가 되어 있기를 원했다." 토마스 만은 1774년 『젊은 베르테르의 슬픔』
이 거둔 성공에 대해서 이렇게 말했다.

그러나 이런 종류의 설명은 설명이 아니다. 대부분 이런 설명은 '어떤
책이 성공을 거둔 것은 그 책이 성공했기 때문이다'라는 동어반복을 벗
어나지 못한다. 왜냐하면 사실이 그러니까. 물론 그 책은 있어야 할 순
간에 거기에 있었다. 그러나 다른 책들 역시 거기에 있었지만, 갓길에
머물렀다. 극단적으로 반대되는 장르임에도, 같은 순간에 그 못지않은
성공을 거둔 책들도 있었다. 도르젤레스의 『나무십자가(Les Croix de
bois)』와 프루스트의 『꽃핀 소녀들의 그늘에서(À l'ombre des jeunes
filles en fleurs)』 중에, 어느 것이 1919년 프랑스의 "시대 분위기"와 일치
할까? 1920년대 말의 미국은? 애니타 루스의 『신사는 금발을 좋아해
(Gentlemen Prefer Blonde)』일까, 레마르크의 『서부전선 이상 없다』일
까? "바보 같지만 그랬어요"라고 사강은 말했다. 그러나 바로 그 "그랬
다"가 미스터리에 속한다.

운명의 여신

뒤라스, 혹은 반쪽 서프라이즈

간단히 말해서 성공은 예측할 수가 없다. 기껏해야 미스터리의 정도를 정할, 예를 들면 전적인 서프라이즈와 반쪽 서프라이즈를 구별할 가능성이 있을 뿐이다. 1984년, 어렵기로 정평이 나 있어서 그때까지 판매가 변변치 않았던 작가 마르그리트 뒤라스의 엄청난 성공은 반쪽 서프라이즈이다.

"모든 것이 잘못된 출발로 시작된다." 이 경우에는 그녀의 작품에 바쳐진, "절대적 이미지"라는 제목이 붙은 사진들에 대한 논평이다. 측근들이 그대로 출간하지 말고, 소설 형태로 다시 써보라고 충고한다. 뒤라스는 그렇게 하지만, 확신이 서지 않는다. 한 논평자는, 그녀가 "자기 책의 운명을 그토록 확신하지 못했던 일은 드물었다. 그녀는 크게 의심했다. 신작이 쏟아져나오는 가을에 출간했다가 비평가들의 관심을 전혀 받지 못하면 어떡하나 두려워했다"고 지적한다.[15] 반면에 『연인』에 홀딱 반한 그녀의 발행인 제롬 랭동은 처음부터 미뉘 출판사에서 낸 책의 초판부수로는 기록적인 2만5,000부를 찍기로 결정한다. 성공한다는 쪽에 내기를 걸었던 것일까? 랭동은 그 신작이 뒤라스의 광적인 팬, 충실한 독자, 투사와 호의적인 사람, 그리고 그 너머의 사람들까지 동원하리라는 것을 알았다. 1984년 12월, 뒤라스도 인정한다. 그녀의 다른 소설들과는 반대로, 『연인』은 "다양한 시각으로, 다양한 정도로 접근할 수 있는" 소설이다.[16] 그것이 그 소설의 성공이 "정상적"이었던 이유라고 그녀는 덧붙인다. 정상적? 어쩌면 그럴지도 모르지만, 그 규모나 속도는 아니었다. 왜냐하면 12월 5일 책이 시중에 나온 바로 다음날, 미뉘 출판사는 재판을 찍어야 했으니까. 언론은 입을 모아 호평을 쏟아내고, 사람들은 34년 전에 『태평양을 막는 방파제(*Un barrage contre le Pacifique*)』로 아깝게 공쿠르 상을 놓쳤던 신성한 괴물을 다시 발견한다. 그 긴 세월 동안 그녀를 소홀히 했던 것을 용서받기 위해서인 양 더욱 호들갑을 떤다. 9월 28일, 살아 있는 또 하나의 전설, 금요일 밤의 문학방송 사회자 베르나르 피보가 둘만의 대담을 300만 시청자들에게 생중계하는 「아포스트로프」 특별편을 그녀에게 바친다. 이튿날인 9월 29일 토요일, 사람들은 푸른색과 흰색을 띤 그 작은 책은 약탈하다시피 한다. 그 다음주부터는 하루에 1만 부씩 팔리는데, 뒤라스 같은 작가에게는 상상할 수 없는 성적이다. 이런 경우에 흔히 말하듯이, 그것은 시작에 불과하다. 11월, 예전에 그녀 대신 『야만의 게임(*Jeux sauvages*)』을 쓴 무명 작가 폴 콜랭의 손을 들어 줬던 것이 무안했던 공쿠르 상 심사위원들이 이번에는 그녀에게 그들의 상을 준다. 다니엘 가르시아는 이렇게 기록한다. "1984년 가을, 마르그리트 뒤라스는 갑자기 **시대 분위기**가 되어버렸다."[17] 이유는 명확하게 알 수 없지만 말이다. 바로 그 주에 서점들이 15만 부를 주문하고, 12월 중순까지 총 발행부수는 65만 부를 넘어선다. 뒤라스는 이렇게 평한다. "그런 놀라운 현상은 작가가 그것을 추구하지 않았을 때에만 일어날 수 있다. 그 경우가 그랬다. 그 책의 상당 부분이 이미 말한 것들로 구성되어 있었기 때문에, 나는 그 책이 앞선 책들보다 덜 팔릴까봐 걱정했다."[18] 자기 책은 많이 팔렸다며 오랫동안 높은 곳에서 그녀를 아래위로 훑어보았던 몇몇 동료의 얼굴을 할퀴어주기에 좋은 기회였다. "솔레르스 같은 몇몇 작가들은 미친 듯이 성공을 추구한다. 그래서 매번 실패한다."[19]

『연인』은 프랑스에서 모든 판을 통틀어 300만 부가 팔리고, 문학교수들의 우상을, 사람들이 읽기보다는 숭배부터 하고 보는 신성불가침의 작가로 바꾸어놓는다.

자비 출간에서 베스트셀러로

놀라움은 저자가 무명일 때에 더 크다. 그리고 발행인조차 설득하지 못해서 자비로 출간해야 했을 때에는 더더욱 그렇다.

독일 작가 에른스트 윙거의 『강철 폭풍 속에서』가 그랬다. 상처와 훈장만 남은 제1차 세계대전의 전쟁영웅으로, 이미 글쓰기의 악마에게 목을 물린 젊은 윙거는 기계화된 전쟁의 환각에 가까운 경험이 그에게 불어넣어준 성찰들을 글로 남기기 시작한다. 하지만 발행인을 구할 수가 없자, 그는 어쩔 수 없이 『강철 폭풍 속에서』를 1920년 9월에 하노버의 작은 서점의 주인 로베르트 마이어의 가게에서 자비로 출간하게 된다. 처음에는 독자들의 반응이 시원치 않아서 발행인들의 판단이 옳았던 것처럼 보인다. 그러나 에른스트 윙거가 보수 혁명세력의 가장 탁월한 지식인 중 하나, 그리고 가장 결연하게 바이마르 공화국에 맞서는 투사 중 하나라는 사실이 알려짐에 따라 판매가 서서히 증가한다. 『강철 폭풍 속에서』는 1922년 개정판으로 재발행되고, 양차 세계대전 사이의 기간 내내 주기적으로 다시 찍게 된다. 히틀러 체제와 윙거의 관계가 점점 불편해지는데도, 책은 계속 팔려나간다. 1937년에 18번째 판이 나오고, 1943년에는 판매량이 23만 부에 도달한다. 요컨대, 에리히 마리아 레마르크의 『서부전선 이상 없다』라는 평화주의 블록버스터에 비하면 변변치 않은 수치지만, 그럼에도 『강철 폭풍 속에서』는 진정한 베스트셀러라고 할 수 있다. 또한 그 원고를 거절했던 발행인들에게는 상당히 기분 나쁜 서프라이즈이기도 했다.

출판계의 그런 실패들은 고리타분한 책 산업의 상태에서만 초래된다고, 발행인들이 전문적이고 조예가 깊어서 장래성 있는 원고를 놓치는 법이 없는 우리 시대에는 그런 일들이 결코 일어나지 않는다고 생각할 수도 있을 것이다. 그런데 그렇지가 않다. 심지어 미국에서도 자비로 출간한 책들이 계속 베스트셀러 목록에, 가끔은 슬그머니 아주 높은 순위에 오르고는 한다.

1994년에 무명 작가 제임스 레드필드의 첫 소설이 시상대에 단골로 오르는 두 시리즈 사이에 끼어든다. 『천상의 예언(The Celestine Prophecy)』은 영적인 개화의 비밀이 기록되어 있는 아주 오래된 마야 문서를 찾아서 페루의 정글을 헤매는 모험을 이야기한다. 돌이켜보면, 모험 소설(고위층 사람들이 인류의 불행에 종지부를 찍을 수도 있는 그 비밀의 누설에 반대한다)과 뉴에이지 영적 입문서 사이, 파울로 코엘료와 『태양의 신전(Le Temple du soleil)』 사이에 위치한 『천상의 예언』은 독자들이 좋아할 만한 모든 것을 갖춘 것처럼 보인다. 그럼에도 1993년, 레드필드는 사토리 퍼블리케이션스라는 출판사에서 자비로 책을 출간하고 직접 배포를 맡아 길거리를 돌아다니며 초판 3,000부를 파는 것으로 시작한다. 놀라운 입소문 덕에 책 판매는 얼마 지나지 않아 10만부에 도달한다. 그러자 대박의 냄새를 맡은 워너 북스가 책을 가져가서 초판 25만 부를 찍겠다고 제안한다. 『천상의 예언』은 165주 연속 「뉴욕 타임스」 베스트셀러 목록에 남고, 전 세계에서 2,000만 부 이상이 팔리게 된다.

이듬해인 1995년, 리처드 폴 에번스의 『크리스마스 상자(The Christmas Box)』와 함께 기적이 다시 일어난다. 한 늙은 부인이 숨을 거두기 전에 자신을 돌봐주러온 젊은 부부에게 삶과 행복의 비밀을 알려준다.

그 비밀이란 바로 사랑이다. 리처드 폴 에번스는 두 딸과 아내에게 자신이 그들을 얼마나 사랑하는지 보여주기 위해서 1993년에 그 작은 책을 썼다고 한다. 그냥 좋은 감정에서 출발했다는 것이다. 그는 친구들에게 크리스마스 선물로 나눠주기 위해서 그 책을 20부가량 인쇄하는데, 친구들이 너무 좋아하는 것을 보고는 이 발행인 저 발행인, 총 예닐곱 명의 발행인들과 접촉한다. 그러나 매번 공손하지만 단호한 거절을 당하고 만다. 자신이 좋은 책을 썼다고 확신하는 그는 출간과 판매를 자신이 직접 하기로 마음먹고 시간과 돈과 에너지를 아끼지 않고 투자한다. 거의 나폴레옹적인 정복 전략으로 몇 개월 동안 노력을 경주한 끝에, 그는 결국 내기에서 이긴다. 대형 출판사 사이먼 앤드 슈스터가 선인세 425만 달러에 초판 75만 부를 약속하고 책을 가져간다. 1995년 12월 중순, 『크리스마스 상자』는 「뉴욕 타임스」 베스트셀러 1위를 차지한다. 그 책은 총 800만 부가 팔린다. 에번스는 만족감을 드러내며 팔린 책들을 쌓으면 그 높이가 엠파이어 스테이트 빌딩의 258배나 된다고 적는다. 아닌 게 아니라, 단 6주 만에 쓴 책 치고는 정말 대단한 높이이다.

이런 출판계의 모험들이 자신이 어떻게 갑부가 되었는지를 설명하는 억만장자의 유명한 농담을 연상시킨다고 말할 수도 있을 것이다. "저는 돈 한 푼을 주고 사과 하나를 사는 것으로 시작했습니다. 그걸 반짝반짝 윤이 나게 닦아서 두 푼에 팔았죠. 그 두 푼으로 사과 두 개를 사서는, 또 잘 닦아서 너 푼에 팔았습니다. 그 너 푼으로 다시 사과 네 개를 샀고, 그런 식으로 날이 저물 때까지 계속했습니다. 긴 하루를 보내고 지칠 대로 지쳐 집에 돌아온 저는 미국에 사는 삼촌이 세상을 떠났고, 저에게 20억 달러를 유산으로 남겼다는 소식을 접했습니다."

그러나 사람들이 어떻게 생각하든, 이 저자와 독자의 첫 번째 만남에 서는 알 수 없는 부분이 여전히 남는다. 환원할 수도, 예측할 수도 없는 부분. 그래서 기적은 계속된다.

불가능한 일이 갑자기 일어날 때

발견과 만남의 기적에 대해서 이야기했으니, 이제 위반의 기적에 대해서 언급하는 일이 남았다. 가장 잘 정립된 원칙들의 시각에서 볼 때 불가능해 보이는, 따라서 일어나지 말았어야 하는 일이 갑자기 일어나는 경우가 있다.

장르의 법칙의 위반

물질계에서 자연 법칙을 어기는 것은 불가능한 일로, 혹은 기적적인 일로 간주된다. 출판계에서는 "장르의 법칙"이라고 부를 수 있는 것, 실현 가능한 것과 그렇지 않은 것을 구별하게 해주는, 따라서 확신을 가지고 어떤 책이 잘 팔리지 않을 것이라고 예상하게 해주는 경험 법칙들에 대해서 위반이 저질러진다. 그 책은 안 팔릴 것이다. 왜냐하면 그것은 불가능하니까, 너무 작으니까, 너무 두꺼우니까, 너무 어려우니까. 그 책은 안 팔릴 것이다. 왜냐하면 그런 것은 한번도 본 적이 없으니까. 그러나……

너무 작은, 너무 볼품없는 : 보들리 헤드 출판사의 젊은 사장, 앨런 레인이 1930년대 중반에 수준 높은 책들을 포켓 판형의 총서로, 그리고 6펜스라는 저렴한 가격으로 내놓기로 마음먹었을 때, 런던의 점잖은 출판계에서는 그에게 이렇게 이의를 제기했다. 전하는 이야기에 따르면, 그가 애거사 크리스티를 방문하고 돌아오는 길에 역에서 런던행 기차를 기다리다가 읽을거리가 아무것도 없다는 사실을 발견하고는 그 아이디어를 떠올렸다고 한다. 사실을 말하면, 다른 사람들이, 특히 독일에서 이미 그 실험을 성공적으로 해낸 적이 있었다. 하지만 영국에서는 그것은 안 된다고, 그런 일은 있을 수 없다고, 레인이 짚단을 들고 불 속으로 뛰어드는 것이라고 생각했다. 아닌 게 아니라, 포켓 판형과 페이퍼백은 오래 전부터 수준이 아주 낮은 문학이나 노동자 계층이 즐겨 읽는 '영화 소설' 전용으로 사용되었다. 따라서 사람들은 큰 판형으로 장정한 책을 살 금전적 능력이 있는 위대한 문학의 고객층이 그 개혁에 대대적으로 동참할 리가 없다고 판단했다. 그러나 앨런 레인은 고집을 꺾지 않았다. 1935년, 그는 '펭귄'이라는 상표로, 열 권으로 구성된 첫 번째 포켓판 시리즈를 내놓는다. 그것들 중에는, 어니스트 헤밍웨이와 콤프턴 매켄지의 본격 문학, 『에이리얼(Ariel)』 같은 에세이, 앙드레 모루아가 쓴 시인 셸리의 전기, 그리고 당연히 애거사 크리스티나 도로시 세이어스의 탐정 소설들도 있었다. 말하자면, 수준 높은 독자층의 취향에 맞춘 고급 칵테일인 셈이었다. 1936년 3월에 벌써 100만 권가량이 인쇄되었고, 그때부터 보들리 헤드에서 분리된 펭귄 북스는 창립 첫해에 300만 권을 판다. 사람들이 불가능하다고 판단한 것이 앨런 레인에게 영광과 부를 안겨준 것이다. 그리고 그의 전기 작가는 그를 "킹 펭귄"이라고 부른다.[20]

너무 두꺼운 : 19세기에 발명되었지만 20세기에 인기를 끈 탐정소설은 몇 개의 코드를 충실히 따르는데, 그중에서도 '짧아야 한다'는 것은 그 장르와 거의 불가분하다고 평가되는 코드였다. 긴 범죄소설은 짧은

역사소설만큼이나 불가능해 보였다. 게다가 탐정소설의 모델이자, 세계 적으로 1억 부가량이 팔려서 가장 큰 성공작으로 꼽히는 『열 명의 검둥이 꼬마』는 애거사 크리스티나 수많은 아류들의 베스트셀러 대부분이 그렇듯이 250쪽을 넘지 않았다.

따라서 그것은 손댈 수 없는 규칙이었다. 2004년 3월의 그날까지는. 바로 그날, 우편엽서에서나 봄직한 풍경을 배경으로 스톡홀름의 한 섬에 우뚝 서 있는 고딕풍의 성, 노르스테츠 출판사의 본사에서 유명한 발행인인 에바 예딘이 아주 건강하고 멋진 남자 스티그 라르손을 만난다. 50대지만 청년처럼 보이는 그 기자는 극좌파에 참여하여 "파시즘의 일상적인 발현"에 대항해서 싸우는 사람으로 유명하다. 이런 정치적 입장 때문에 그는 극우 과격파로부터 여러 차례 살해 위협을 받기도 했다. 그러나 이번에 그가 발행인에게 가져온 것은 나치즘의 재출현에 대한 에세이가 아니라, 현대 스웨덴과 대자본과 옛 히틀러주의자들이 계속 사이좋게 지내며 민주주의를 무너뜨릴 음모를 꾸미는, 이케아의 창립자 잉바르 캄프라드의 스웨덴을 배경으로 하는 범죄소설의 원고였다. 그 장르의 고전들보다 열 배, 스무 배, 서른 배는 두꺼운, 작은 활자로 빽빽하게 채워진 3,000쪽 짜리 어마어마한 범죄소설. 그러나 발행인의 반응은 열광적이다. 원고를 단숨에 읽어치운 그녀는 라르손에게 한번 집어 들면 놓을 수 없다는 뜻으로, "언풋다우너블(unputdownable)"하다고 말한다. 그녀는 어마어마한 분량에도 불구하고 아무 망설임 없이 그 원고를 잡는다. 각종 편견과 반대에도 불구하고, 그녀는 출판계에서 잔뼈가 굵은 프로의 후각으로 『밀레니엄』이 크게 성공할 수 있다는 것을, 그 저자가 스웨덴 문학의 작은 세계를 발칵 뒤집어놓을 수 있다는 것을 느낀다. 10월에 보낸 메일에서 에바 예딘은 세 권의 책이 "스웨덴 시스템의 부패에 반발하는, 점점 도발적인 하나의 이야기"처럼 읽힌다고 말한다.[21] 뭔가 거대한 화선(火船)처럼.

위반이 일어났을까? 소설은 그것에 실패를 선고하는 것처럼 보이는 엄청난 두께에도 불구하고 성공을 거두었을까? 스티그 라르손은 그것을 결코 알지 못했다. 책이 나오기 며칠 전에 갑자기 사망하니까. 스트레스? 담배와 커피 과다복용으로 인한 갑작스런 심장마비? 아니면 그의 책에 위협을 느낄 수 있는 어둠 속의 거물들에게는 아이들 장난이나 다름없는, 교묘하게 위장된 살해? 음모론은 언제나 스스로 자양을 취한다. 그들을 고발하며, 많은 시간 그들을 상상하며 평생을 보낸 남자가 갑자기 사망한 것을 둘러싸고 음모론이 나오는 것은 그리 놀라운 일이 아니다. 이 독특한 수사학에서는 아무것도 우연에서 기인하지 않는다.

라르손의 갑작스런 사망은, 경험 많은 발행인들이라면 예상할 수도 있었던 것처럼, 소설에 누가 되기는커녕, 짜릿한 양념 역할을 하면서 마땅히 팔리지 않았어야 했지만 모두가 읽은 탐정소설 『밀레니엄』 신화의 건설에 톡톡히 일조를 한다.

8년 동안 무려 5,000만 부가 팔린 후에, 이 갑작스런 죽음이 소설의 성공에 미칠 수 있었던 영향에 대해서 언급하지 않는 분석가는 드물다. 하지만 그것이 일정 부분 역할을 했다고 할지라도, 그것이 기적의 유일한 원인이 아니었던 것은 확실하다.

너무 어려운 : 1980년 9월, 유명한 기호학 교수 움베르토 에코가 밀라노의 봄피아니 출판사에서 자신의 첫 소설 『장미의 이름』을 출간한다. 이 소설은 1327년 북이탈리아의 베네딕트파 수도원에서 펼쳐지는, 식견 높은 프란체스코회 수도사 기욤 드 바스커빌과 그들 도서관의 비밀을

세상에 감추기 위해서라면 무슨 짓이든 서슴지 않는 반계몽주의적 수도사들의 대결을 그린 일종의 중세 스릴러이다.

예사롭지 않은 것은 주제만이 아니다. 그것이 취급된 방식 역시 그렇다. 저자는 범상치 않은 이 책을 쓰기 위해서 텍스트 곳곳에 잊힌 신학자들의 진본 혹은 위본 저작에서 발췌한 라틴어, 옛 프랑스어, 중세 독일어로 된 구절들을 끼워넣으면서, 혀를 내두를 수밖에 없는 솜씨로, 풍부한 학식의 보물들을 펼쳐 보인다. 제프리 개릿이 지적하는 것처럼, 간단히 말해서 이 책은 "베스트셀러 목록에는 절대 있을 법하지 않은 후보작"이다.[22] 그 책의 미국 발행인 하코트 브레이스 역시 당시에는 그렇게 생각한다. 그는 에코에게 자신이 어떻게 해도 3,000부 이상은 절대 팔리지 않을 것이라고 말한다.[23]

그러나 모두가 깜짝 놀라는 가운데, 대중이 그의 소설에 몰표를 던진다. 그 책에 절대적으로 무관심해야 마땅한 곳이나 계층의 사람들까지 포함해서. 그 책이 1983년에 출간된 미국에서는 4년 만에 큰 판형이 100만 부 이상 팔린다. "지식인들이 모여 사는 도시인 뉴욕이나 샌프란시스코가 아니라, 몬태나, 네브래스카, 텍사스에서!"[24] 움베르토 에코는 이렇게 강조한다. 이탈리아에서는 출시된 지 4개월밖에 되지 않은 1981년에 6번째 판이 나온다. 그리고 프랑스에서는 1982년에 메디치 외국 작품상을 수상하는데, 그때부터 프랑스에서는 그의 책이 나오기만 하면 베스트셀러가 된다.

1986년에 개봉된, 숀 코너리가 기욤 드 바스커빌의 역을 맡은 장 자크 아노의 영화는 조금 늦게 나오기는 했지만 그래도 그 소설의 믿을 수 없는 대중적 인기를 다시 한번 확인시켜준다. 오늘날까지『장미의 이름』의 판매량은 5,000만 부를 넘겼을 것이라고 평가된다.

미스터리는 고스란히 남는다. 장 크리스토프 뷔송에게 대중이 쉬운 책을 원한다고 생각하는 것은 발행인들의 착각이라고, "지구촌 인구 70억 가운데 까다로운 활동이나 경험을 요구하는 사람이 몇백만 명은 존재한다"고 말했을 때, 움베르토 에코는 아무도 납득시키지 못한다.[25] 왜냐하면 그가 말한 내용이 틀리지 않았을지는 몰라도, 그것이 장미의 기적을 설명하지는 못하기 때문이다.

패러다임의 변화, 아니면 새로운 시선?

발행인과 전문가들을 어리둥절하게 만드는 이 사건들을 설명하려고 시도할 수는 있다.

토머스 쿤은 과학적 혁명의 구조에 대한 시론에서 우리가 어떤 패러다임이 지배하는 지적인 틀 속에 위치해 있는 한, 그 틀에 들어오지 않거나 그 패러다임과 모순되는 사건이나 사실들은 존재하지 않거나 불가능한 것으로 간주된다고 주장했다. 우리가 패러다임을 바꿀 때까지 불가능하다. 이런 인식은 문제가 되는 사실들이 자리를 잡는, 더 이상 비정상적인 것으로 보이지 않는 새로운 이해의 틀을 정립하도록 이끈다.

어떤 의미에서 보면, 그것이 바로 문학계 혹은 출판계에서 우리가 관찰하는 것이다. 우리는 탐정소설이란 독자들을 매료시키기 위해서 반드시 짧아야만 한다고 주장한다. 이는 우리가 미리 그 독자들이 지속적이고 어려운 독서에는 익숙하지 않을 것이라고 가정하기 때문이다. 마찬가지로, 우리는 대중적인 독자는 큰 어려움 없이 이해할 수 있는 쉬운 것에만 관심을 가질 수 있다고 예단(豫斷)한다. 그리고 우리는 거꾸로 여유가 있고 교양이 풍부한 사람들은 아무리 그들이 좋아하는 작가들의 책이라도, 피곤에 절은 프롤레타리아들이 공장에서 일을 마치고 집으로 돌아갈 때 기차 3등칸에서 읽는 책을 상기시키는 형태로는 절대 읽지 않을 것이라고 가정한다. 우리가 이런저런 작품이 조금이라도 성공을 거두는 것은 불가능하다고 생각하는 것은 바로 이 때문이다.

그러나 사실, 이 패러다임들은 막연한 경험주의에 근거한 가설들보다 나을 것이 전혀 없다. 어떤 일이 한번도 일어나지 않았다는 것을 근거로, 그 일이 앞으로도 절대 일어나지 않을 것이라고 섣불리 결론을 내리는 경험주의 말이다. 그러나 그 일은 일어난다. 그럼으로써 그것이 불가능하다는 생각을 사라지게 하고, 수많은 모방자들을 만들어낸다. 이렇게 볼 때, 스티그 라르손은 2004년 이후로 서점들의 진열창을 가득 채운, 하지만 『밀레니엄』의 대성공 이전에는 상상조차 할 수 없는 것으로 보였던 웅장한 탐정소설의 선구자였다.

패러다임이 폭발하기를, 그러면 불가능한 것이란 더 이상 없다. 그때 기적적으로 보일 수 있는 것은 바로 그 패러다임의 사라짐이다. 그리고 그것은 베스트셀러의 역사를 들여다보는 순간 어쩔 수 없이 느끼게 되는 이 느낌을 더욱 굳건히 해준다. 우리가 딱 하나 아는 것이 있다면, 우리가 모든 것을 알 수는 없다는 것, 바로 그것이라는 느낌…….

318

주

서문

1. Cf. *Oxford English Dictionnary*, 1989, vol. II, p. 141 ; Clive Bloom, *Bestsellers. Popular Fiction since 1900*, Basingstoke, Palgrave Macmillan, 2e éd., 2008, p. 1 ; *Revue anglo-américaine*, octobre 1927, p. 133 et 289.
2. Cf. William Henry Nolte, *Henry Louis Mencken*, Seattle, University of Washington Press, 1967, p. 55 *sq*.
3. Céline, *Lettres*, Gallimard, « Bibliothèque de la Pléiade », 2009, 17 mars 1933, p. 362.
4. *Books*, hors-série n° 1, décembre 2009, p. 14-15.
5. *Comoedia*, 31 mars 1922.
6. *Books*, hors-série n° 1, décembre 2009, p. 10.

제1부 책, 베스트셀러란 무엇인가

1. Malcolm Lowry, *Au-dessous du volcan*, Paris, Buchet-Chastel, 1966, avant-propos, p. III.
2. *Books*, hors-série n° 1, décembre 2009, p. 20.

1 거대 숫자의 매력

1. Jean-Yves Mollier, *Michel et Calmann Lévy*, Paris, Calmann-Lévy, 1984, p. 324.
2. Sarah Meer, *Uncle Tom Mania*, Athens, University of Georgia Press, 2005, p. 33.
3. Louis Huart, *Le Charivari*, 9 novembre 1852, cité dans Claire Parfait, « Un succès américain en France : *La Case de l'oncle Tom* », *E-rea*, 7-2, 2010, p. 15.
4. Cf. John William Tebbel, *A History of Book Publishing in the United States*, New York, Bowker & Co, 1978, t. I, p. 426.
5. Cité dans *La Comédie humaine*, éd. P.G. Castex, Paris, Gallimard, « Bibliothèque de la Pléiade », t. X, 1979, p. 1219.
6. Claire Parfait, art. cité, p. 2.
7. *Ibid.*, p. 3.
8. Frank L. Mott, *Golden Multitudes. The Story of Best Sellers in the United States*, New York, Macmillan, 1947, p. 118.
9. Sarah Meer, *op. cit.*, p. 99.

10. 이렇게 해서 20세기 초에 어떤 발행인들은 습관적으로 책의 표지에 그 책이 속하는 "쇄"의 수를 표기한다. 그러니까 1쇄에 속하는 책은 인쇄된 첫 1,000권 중 한 권이다. 적어도 이론적으로는 그렇다. 그러나 대번에 2쇄, 3쇄, 혹은 5쇄로 넘어가는 발행인도 있고, "쇄"당 500부, 심지어 250부만 계산하는 발행인도 있다.

11. Lettre à M. Hémon, 12 octobre 1921, cité dans Gabriel Boillat, « Comment on fabrique un succès : *Maria Chapdelaine* », *Revue d'histoire littéraire de la France*, 3, 1974, p. 245.

12. Gabriel Boillat, *Un maître de 17 ans, Raymond Radiguet*, Fribourg, La Bacconière, 1973, p. 44.

13. Yvonne Pèrier, *Conseils aux bibliophiles*, Paris, E. Hazan, 1930, p. 56-57.

14. Sainte-Beuve, *Nouveaux lundis*, Paris, Michel Lévy frères, 1866, t. VI, p. 3.

15. *Ibid.*, p. 15.

16. *Ibid.*, p. 21-22.

17. Frédéric Barbier, dans Henri-Jean Martin et Roger Chartier (dir.), *Histoire de l'édition française*, Paris, Promodis, t. III, 1985, p. 112.

18. *Ibid.*

19. Élisabeth Parinet, dans Henri-Jean Martin et Roger Chartier (dir.), *Histoire de l'édition française, op. cit.*, t. III, 1985, p. 190 ; Jean-Yves Mollier, *Michel et Calmann Lévy, op. cit.*, p. 322.

20. Frank L. Mott, *op. cit.*, p. 100.

21. Cité dans Philippe Colas, *Maurice Dekobra : gentleman entre deux mondes*, Paris, Séguier, 2002, p. 232.

22. Nouvelles littéraires, 1929, cité *ibid.*, p. 15.

23. *Ibid.*, p. 9.

24. *Ibid.*

25. *Ibid.*, p. 10.

26. *New York Times*, 5 juillet 1992.

27. *Le Figaro*, 24 novembre 2003.

28. *La Libre Belgique*, 17 novembre 2006.

29. Philippe Colas, *op. cit.*, p. 235.

30. Honoré de Balzac, *Œuvres complètes, Correspondance*, Paris, Calmann-Lévy, 1926, t. XXIV, p. 271 (1837).

31. Frank L. Mott, *op. cit.*, p. 195.

32. Herbert R. Lottman, *Jules Verne*, trad. M. Veron, Paris, Flammarion, 1996, p. 367.

33. 사실, 베스트셀러는 인쇄술이 발명되기 훨씬 이전에도 존재했다. 역사학자들은 4세기 말에 쉴피스 세베르가 쓴『성 마르탱의 생애』 같은 중세, 심지어 고대의 몇몇 베스트셀러를 예로 든다. 현대의 한 발행인은『성 마르탱의 생애』에 대해서 "그토록 빠르고 전반적인 성공을 거둔 책은 결코 없었다"고 말하기도 했다(Sulpice Sévère, *Vie de Saint Martin*, trad. R. Viot, Tours, A. Cattier, 1893, p. 15).

34. Pierre Nora cité le chiffre de 385 : *Books*, hors-série n° 1, décembre 2009, p. 14.

35. Georges Lote, *La Vie et l'Œuvre de François Rabelais*, Genève, Slatkine, 1972, p. 514-515.

36. Rabelais, *Œuvres complètes*, éd. Mireille Huchon, Gallimard, « Bibliothèque de la Pléiade », 1994, p. 1228.

37. Henri-Jean Martin, dans Henri-Jean Martin et Roger Chartier (dir.), *Histoire de l'édition française*, *op. cit.*, t. II, 1984, p. 256.

38. Cf. Jean d'Ormesson, *Une autre histoire de la littérature française*, Paris, Nil, 1997, p. 58 *sq.*

39. Martyn Lyons, dans Henri-Jean Martin et Roger Chartier (dir.), *Histoire de l'édition française*, *op. cit.*, t. III, 1985, p. 370.

40. Frédéric Barbier, dans Henri-Jean Martin et Roger Chartier (dir.), *Histoire de l'édition française*, *op. cit.*, t. III, 1985, p. 316.

41. Jean-Louis Bory, *Eugène Sue*, Paris, Hachette, 1962, p. 243.

42. Franck L. Mott, *op. cit.*, p. 253.

43. *Ibid.*, p. 264.

44. Clive Bloom, *op. cit.*, p. 249.

45. *Le Figaro*, 11 juin 2009, p. 3.

46. *Livres Hebdo*, 26 août 2005, p. 8.

47. *Livres Hebdo*, 24 août 2007, p. 15.

2 성공의 시간

1. Clive Bloom, *op. cit.*, introduction, p. 1.

2. Franck L. Mott, *op. cit.*, p. 6.

3. Gustave Fréjaville, *Les Méditations de Lamartine*, Paris, Sfelt, 1947, p. 9.

4. Cité dans Albert de Luppé, *Les Travaux et les Jours d'Alphonse de Lamartine*, Paris, Albin Michel, 1942, p. 82.

5. *Ibid.*

6. Jean d'Ormesson, *op. cit.*, p. 180.

7. Gustave Fréjaville, *op. cit.*, p. 10.

8. Cité dans Albert de Luppé, *op. cit.*, p. 80.

9. 마이클 코르다는 그런 책들이 세기 초에도 있다고 지적한다(Michael Korda, *Making the List. A Cultural History of the American Bestseller, 1900-1999*, New York, Barnes & Noble, 2001, p. 18). 이처럼 웨스턴의 제왕 제인 그레이는 1917년에서 1924년까지 매년 『퍼블리셔스 위클리』의 베스트셀러 10위 목록에 이름을 올렸다.

10. Cf. Mohammed Aïssaoui, *Le Figaro*, 15 septembre 2009.

11. 아닌 게 아니라, 2003년 4월에 나온 『다빈치 코드』의 초판 표지에도 댄 브라운은 "베스트셀러 작가"로 소개되어 있다.

12. Fernand Baldensperger, *La Littérature*, Paris, Flammarion, 1913, p. 217.

13. Paul Bourget, *La Nouvelle Revue*, 1882, t. XVII, p. 890.

14. *Ibid.*, p. 892.

15. Henri Martineau, *L'Œuvre de Stendhal. Histoire de ses livres et de sa pensée*, Paris, Albin Michel, 1951, p. 107.

16. *Ibid.*, p. 133.

17. Henri Martineau, préface à *De l'Amour*, Paris, Le Divan, 1927, p. V.

18. *Ibid.*, p. XVI.

19. Henri Martineau, *L'Œuvre de Stendhal, op. cit.*, p. 410.

20. Cité dans Léon Blum, Stendhal et le beylisme, Paris, Ollendorff, 1914, p. 260.

21. Stendhal, Vie de Henry Brulard, Paris, Emile-Paul, nouvelle édition etablie par Henri Martineau, 1950, p. 189.

22. Gustave Flaubert, lettre à Louise Colet, 22 novembre 1852, *Correspondance*, éd. J. Bruneau, Gallimard, « Bibliothèque de la Pléiade », 1980, t. II, p. 179.

23. Paul Bourget, *op. cit.*, p. 891.

24. Léon Blum, *op. cit.*, p. 302.

25. Paul Bourget, *op. cit.*, p. 891.

26. Charles Maurras, Dictionnaire politique et critique, Paris, La Cité des livres, 1932-1934, t. V, p. 267.

27. Paul Bourget, *op. cit.*, p. 921.

28. Léon Blum, *op. cit.*, p. 315.

29. Jean d'Ormesson, *op. cit.*, p. 169.

30. *Lire*, mai 2010, p. 26.

31. *Ibid.*, p. 28.

32. *Ibid.*, p. 29.

33. Jean-Louis Ézine, dans Pierre Boncenne, *Écrire, lire et en parler*, Paris, Robert Laffont, 1985, p. 232.

34. *Ibid.*, p. 232.

35. Cité dans Gilbert Ganne, *Messieurs les best-sellers*, Paris, Perrin, 1966, p. 14.

36. Cité dans Marie-Françoise Quignard (dir.), *Le Mercure de France. Cent un ans d'édition*, catalogue d'exposition, Paris, Bibliothèque nationale de France, 1995, p. 63.

37. Voir http://www.danielle-steel.fr.

38. 프레스 드 라 시트의 사이트에서 『마음의 이름으로』 페이지를 참조할 것., http://www.pressesdelacite.com.

39. Roberto Pliego, « L'ère du livre à grande vitesse », dans Books, hors-série nº 1, décembre 2009, p. 12.

40. Pierre Boncenne, *op. cit.*, p. 198.

41. Céline, *Lettres, op. cit.*, 9 décembre 1931, p. 303.

42. *Ibid.*, p. 312.

43. Henry Mondor, *L'Express*, 6 juillet 1961, cité dans Émile Brami, *Céline*, Paris, Écriture, 2003, p. 281.

44. Céline, *Lettres, op. cit.*, p. 342.

45. *Ibid.*, p. 396.

46. *Ibid.*, p. 441.

47. *Ibid.*, p. 442.

48. *Ibid.*, p. 1053.

49. *Ibid.*, p. 827.

50. *Le Nouvel Observateur*, 4 janvier 2010.

51. Daniel Garcia, *Lire*, hors-série n° 3, avril 2006, p. 16.

52. Cf. Andrew Murphy, *Shakespeare in Print. A History and Chronology of Shakespeare Publishing*, Cambridge, Cambridge University Press, 2003.

3 베스트셀러의 지리학

1. Miguel de Cervantès, *L'Ingénieux Hidalgo Don Quichotte de la Manche*, trad. F. de Rosset, Gallimard, « Folio », 1988, t. 2, p. 36.

2. Cité dans Henri Tivier, *Histoire de la littérature dramatique en France*, Paris, Thorin, 1873, p. 616.

3. Henry Lyonnet, *Le Cid de Corneille*, Paris, Sfelt, 1929, p. 54.

4. *Ibid.*, p. 123.

5. Pascale Casanova, *La République mondiale des lettres*, Paris, Le Seuil, 1999.

6. Cité dans Paul Dottin, *Daniel de Foe et ses romans*, Paris, PUF, 1924, p. 327.

7. *Ibid.*, p. 363.

8. Sybil Goulding, *Swift en France. Essai sur la fortune et l'influence de Swift en France au XVIIIe siècle*, Paris, Champion, 1924, p. 36.

9. *Ibid.*, p. 6.

10. Harold Love, *Swift and His Publishers*, Melbourne, Monash University, 1968, p. 4.

11. Paul Dottin, *op. cit.*, p. 327.

12. Cf. Claude Labrosse, *Lire au XVIIIe siècle. La Nouvelle Héloïse et ses lecteurs*, Lyon, PUL, 1985.

13. Pierre Bertaux, préface à Goethe, *Les Souffrances du jeune Werther*, Paris, Gallimard, « Folio », 1973, p. 13.

14. Cité par Didier Jacob, « Comment on a lancé les livres cultes I : 1774, *Les Souffrances du jeune Werther* », *Le Nouvel Observateur*, 12 juillet 2001.

15. Pierre Bertaux, *op. cit.*, p. 13.

16. Fernand Baldensperger, *Goethe en France*, Paris, Hachette, 1904, p. 10.

17. *Ibid.*, p. 51.

18. Cité dans Pierre Bertaux, *op. cit.*, p. 16.

19. E. Szeffner, dans Murray Pittock (dir.), *The Reception of Sir Walter Scott in Europe*, Londres, Continuum, 2006, p. 144.

20. Frank L. Mott, *op. cit.*, p. 89.

21. Claire Parfait, art. cité, p. 13.

22. Grace Edith MacLean, « *Uncle Tom's cabin* » in Germany, New York, D. Appleton, 1910, p. 21.

23. Washington Irving, *Histoire de la conquête de Grenade*, trad. et préface par Xavier Eyma, Paris, A. Lacroix, Verboeckhoven & Cie, 1865, t. I, p. III.

24. *L'Artiste*, 15 décembre 1852.

25. Téodor de Wyzewa, *Écrivains etrangers*, 2ᵉ série, Paris, Perrin, 1897, p. 155.

26. *Ibid.*, p. 159.

27. Maria Kosko, *Un best-seller 1900, Quo Vadis ?*, Paris, Librairie Jose Corti, 1960, p. 15.

28. *Ibid.*, p. 64.

29. Christian Adam, *Autoren, Best-sellers. Leser im Dritten Reich*, Berlin, Galiani, 2010.

30. *Lire*, octobre 2005, p. 34.

31. *Les Épées*, nᵒ 13, août 2004.

32. Entretien avec Patrice Fardeau, « Une mondialisation nommée littérature », *Regards.fr*, 1ᵉʳ février 1999.

33. Cf. Michael Korda, *op. cit.*, p. XIX.

34. Cité dans Pierre Assouline, *Gaston Gallimard*, Paris, Le Seuil, « Points », 1985, p. 281.

35. Karl May, *Le Roi des requins*, Tours, Alfred Mame, 1887, préface, p. 10.

36. Fernand Baldensperger, *La Littérature, op. cit.*, p. 208.

37. Jacques Cabau, *Edgar Poe par lui-même*, Paris, Le Seuil, 1960, p. 40.

38. Pierre Boncenne, *op. cit.*, p. 471.

39. *Ibid.*, p. 502.

40. *Ibid.*, p. 471.

41. *Ibid.*, p. 116.

42. *Le Figaro*, 2 janvier 2008.

43. *Frankfurter Allgemeine Zeitung*, 30 juillet 2008.

44. *Publishers Weekly*, 27 juillet 2009.

45. Pierre Boncenne, *op. cit.*, p. 506.

46. *Bibliobs*, 19 décembre 2008.

47. "1852년에『톰 아저씨의 오두막』이 출간되기 전까지 가장 많이 팔렸던 미국의 베스트셀러." 앤 더글러스, 수재너 로슨의 『샬럿 템플, 진실 이야기』(New York, Penguin Books, 1991, p. VII-VIII) 서문에서.

48. Edgar Poe, *Histoires extraordinaires*, Paris, Michel Lévy, 3ᵉ éd., 1857, préface, p. XVI.

49. Cf. Jacques Portes, dans Jean-Yves Mollier (dir.), *Culture de masse et culture médiatique en Europe et en Amérique, 1860-1940*, Paris, PUF, 2006.

50. Cité par Didier Jacob, « Mais qui connaît Le Clézio aux Etats-Unis ? », *Bibliobs*, 11 décembre 2008.

51. Marianne Payot, *L'Express*, 16 juin 2009.

52. 프랑스에서 제2부는『휘발유통과 성냥개비를 꿈꾼 소녀(La Fille qui rêvait d'un bidon d'essence et d'une allumette)』라는 제목으로 2006년에 악트 쉬드 출판사에서 출간된다.

제2부 저자, 베스트셀러를 어떻게 만드는가

1. Tam Mossman, *Seven Strategies in Every Best-Seller*, Tempe, Arizona, Tiger Maple Press, 1998.
2. Marthe McKenna, *Write Your Own Best Seller*, Londres, New York, Jarrolds limited, 1946.
3. Horst A. Mehler, *How to Write a Best Seller : Secrets, Techniques and Success Formulas of Best-Selling Authors*, Woodsville, New Hampshire, Art Universe, 2002.

4 작가와 성공

1. Albert Cim, *Le Dîner des gens de lettres. Souvenirs littéraires*, Paris, Flammarion, 1903, p. 124.
2. Joris-Karl Huysmans, *À rebours*, Paris, GF-Flammarion, 2004, p. 44.
3. Paul Verlaine, *Les Poètes maudits*, Clermont-Ferrand, Paléo, t. 5, 2007, p. 153, 179 et 180.
4. Albert Cim, *op. cit.*, p. 130.
5. Gustave Flaubert, *Correspondance, op. cit.*, t. II, p. 179 ; 이 문단의 다음 인용문들에 대해서는 각각 273, 203, 599쪽을 참조할 것.
6. Fernand Baldensperger, *La Littérature, op. cit.*, p. 225.
7. Gustave Flaubert, *Correspondance, op. cit.*, t. II, p. 667.
8. *Ibid.*, t. II, p. 711.
9. *Ibid.*, t. II, p. 722.
10. *Ibid.*, t. III, p. 269.
11. *Ibid.*, t. V, p. 821.
12. *Ibid.*, t. V, p. 746.
13. Boileau, *Art poétique*, I, v. 75-79.
14. *Ibid.*, v. 73-74.
15. Boileau, *Satire IX*, v. 69-72.
16. Henri Fluchère, *Laurence Sterne, de l'homme à l'œuvre*, Paris, Gallimard, 1961, p. 71.
17. Cécile Guilbert, *L'Écrivain le plus libre*, Paris, Gallimard, « L'infini », p. 90.
18. *Ibid.*
19. Henri Fluchère, *op. cit.*, p. 79-80.
20. *Ibid.*, p. 70.
21. *Ibid.*, p. 83.
22. Honoré de Balzac, *Correspondance, op. cit.*, p. 89.
23. Pierre Barberis, *Balzac et le mal du siècle*, Genève, Slatkine, 2002, t. II, p. 1536.
24. Honoré de Balzac, *Correspondance, op. cit.*, p. 66.
25. *Ibid.*, p. 212.
26. Pierre Barberis, *op. cit.*, t. II, p. 1626.

27. Boileau, *Art poétique*, IV, v. 130-132.

28. John Ferrier, *Illustrations of Sterne*, 2ᵉ éd., Cadell and Davies, t. II, 1812, p. 52.

29. Cité par Yves Olivier-Martin, *Histoire du roman populaire en France*, Paris, Albin Michel, 1980, p. 242.

30. Ellen Constans, *Parlez-moi d'amour. Le roman sentimental*, Limoges, Presses universitaires de Limoges, 1999, p. 225.

31. *Ibid.*, p. 232.

32. 바버라 카틀랜드의 인터넷 사이트에서 『그림 퍼즐』 페이지를 참조할 것. : http://www.barbaracartland.com.

33. Barbara Cartland, *Ma vie merveilleuse*, Paris, J'ai lu, 1992, p. 15.

34. *Ibid.*, p. 32.

35. Voir http ://www.harlequin.fr.

36. Pierre Boncenne, *op. cit.*, p. 199.

37. *Ibid.*, p. 493.

38. Herbert R. Lottman, *op. cit.*, p. 318.

39. Jules Verne, lettre du 19 juin 1894, reproduite dans *Bulletin de la Société Jules Verne*, n° 2, 1936, p. 164.

40. Lettre du 22 septembre 1895, reproduite *ibid.*, p. 175.

41. Cité dans Herbert R. Lottman, *op. cit.*, p. 328.

42. Cité *ibid.*, p. 329.

43. Sainte-Beuve, *Nouveaux lundis*, Michel Lévy frères, t. I, 1863, p. 64.

44. Paul Boiteau, préface à la *Correspondance* de Béranger, cité *ibid.*, p. 64.

45. Cité par Jean Lucas-Dubreton, *Béranger. La chanson, la politique, la société*, Paris, Hachette, 1934, p. 280.

46. Léon Bloy, *Le Désespéré*, Rennes, La Part Commune, 2004, p. 434.

47. Francis Scott Fitzgerald, *Lettres*, trad. J. et L. Bréant, Gallimard, 1965, p. 161 et 163.

48. *Ibid.*, p. 171.

49. Cité dans Arthur T. Vanderbilt, *The Making of a Bestseller. From Author to Reader*, Jefferson, McFarland & Co, 1999, p. 6.

50. Francis Scott Fitzgerald, Lettres, *op. cit.*, p. 195.

51. *Ibid.*, p. 207.

52. *Ibid.*, p. 223.

53. Arthur T. Vanderbilt, *op. cit.*, p. 7.

54. Francis Scott Fitzgerald, *Lettres, op. cit.*, p. 270. 이 문단의 다음 인용문들에 대해서는 각각 211, 270, 278, 285, 296쪽을 참조할 것.

55. *Ibid.*, p. 315.

56. Arthur T. Vanderbilt, *op. cit.*, p. 11.

57. Cf. Daniel Garcia, *Lire*, février 2005, p. 19.

5 사기꾼들의 소설

1. Joseph R. Jones, « Notes on the diffusion and influence of Avellaneda's Quixotte », *Hispania*, 1973, p. 229.
2. *Le Magazine des livres*, n° 5, juillet-août 2007.
3. Eugène de Mirecourt, *Fabrique de romans, maison Alexandre Dumas et compagnie*, chez tous les marchands de nouveautés, 1845, p. 5, 10 et 31.
4. Albert Thibaudet, *Histoire de la littérature française*, Paris, Stock, 1936, p. 243.
5. Eugène de Mirecourt, *op. cit.*, p. 24, 이 문단의 다음 인용문들에 대해서는 각각 39, 47, 25, 51, 25쪽을 참조할 것.
6. Albert Thibaudet, *op. cit.*, p. 244.
7. Herbert R. Lottman, *op. cit.*, p. 203.
8. *Ibid.*, p. 372.
9. Eugène de Mirecourt, *op. cit.*, p. 24.
10. Jules Verne, lettre du 19 juin 1894, reproduite dans *Bulletin de la Société Jules Verne*, n° 2, 1936, p. 164.
11. Charles-Noël Martin, *La Vie et l'Œuvre de Jules Verne*, Paris, Michel de L'Ormeraie, 1978, p 226.
12. « Loup Durand est-il son "nègre" ? », *Le Monde*, 28 mai 1987.
13. *Livres Hebdo*, n° 23, juin 1987, p. 63.
14. *Les Épées*, n° 13, août 2004, p. 18.
15. *Nice-Matin*, 2 août 2010.
16. Hélène Maurel-Indart, *Du plagiat*, Paris, PUF, 1999, p. 49.
17. Guy Sitbon, *Le Cas Attali*, Paris, Grasset, 1995, p. 174.
18. Roland de Chaudenay, *Les Plagiaires. Le nouveau dictionnaire*, Paris, Perrin, 2001, p. 18.
19. *Ibid.*
20. Patrick Rodel, Spinoza, le masque de la sagesse, biographie imaginaire, Climats, 1997.
21. Cité dans *Livres Hebdo*, 7 décembre 2001, p. 43.
22. Cf. Hélène Maurel-Indart, *Plagiats. Les coulisses de l'écriture*, La Différence, 2007, p. 103-104.
23. *Ibid.*, 124.
24. Téodor de Wyzewa, *op. cit.*, p. 160.
25. Pierre Bayle, *Dictionnaire historique et critique*, Nouvelle édition, Amsterdam, P. Brunet, t. II, 1740, article « Guevara », note B.
26. Cité dans Vincent Didier, *Papillon libéré*, Montmélian, La Fontaine de Siloé, p. 5-6.
27. Gérard de Villiers, *Papillon épinglé*, Paris, Presses de la Cité, 1970, p. 9.

6 발행인의 부상(浮上)

1. *A Letter to the Society of Booksellers*, Londres, J.A. Millan, 1738, p. 44.
2. Cf. Henry Clinton Hutchins, *Robinson Crusoë and Its Printings*, New York, Columbia

University Press, 1924, p. 49.

3. Charles Gildon, *The Life and Surprizing Adventures of Mr D. de F ···*, Londres, J. Roberts, 1719, p. IX.

4. Dans P. Berthier, *Histoire de la France littéraire*, Paris, PUF, 2006, p. 695.

5. Honoré de Balzac, *Correspondance*, *op. cit.*, p. 333, 334 et 341.

6. Cité dans Henri-Jean Martin et Roger Chartier (dir.), *Histoire de l'édition française*, *op. cit.*, t. III, 1985, p. 182.

7. *Ibid.*, p. 170.

8. Jean-Yves Mollier, *Histoire de la France littéraire*, *op. cit.*, p. 694.

9. *Paris et ses curiosités*, Paris, Marchand, 1804, t. II, p. 48.

10. Claude Pichois, « Les cabinets de lecture à Paris durant la première moitié du XIXe siècle », *Annales ESC*, 1959, n° 3, p. 524.

11. *Ibid.*, p. 527.

12. *Ibid.*, p. 526.

13. Françoise Parent-Lardeur, *Le Livre à Paris au temps de Balzac*, Paris, éditions de l'EHESS, 2e éd., 1999.

14. Odile et Henri-Jean Martin, dans Henri-Jean Martin et Roger Chartier (dir.), *Histoire de l'édition française*, *op. cit.*, t. III, 1985, p. 180.

15. Cité par Frédéric Saby, *Bulletin des bibliothèques de France*, 2000, n° 4, p. 149.

16. Cité par Claude Pichois, art. cité, p. 528.

17. Odile et Henri-Jean Martin, dans Henri-Jean Martin et Roger Chartier (dir.), *Histoire de l'édition française*, *op. cit.*, t. III, 1985, p. 181.

18. Jean-Yves Mollier, « Éditer au XIXe siècle », *Revue d'histoire de la littérature française*, 2007, n° 4, p. 780.

19. John Sutherland, *Bestsellers. A Very Short Introduction*, Oxford, Oxford University Press, 2007, p. 8.

20. Fernand Baldensperger, *La Littérature*, *op. cit.*, p. 219.

21. 1828년 7월 18일에 제정된 마르티냐크 법은 언론의 자유를 확립하는 동시에, 정기 간행물의 발행인들에게 보증금을 내도록 강요한다. 생트뵈브가 묘사하는 상황은 거기 서 비롯된 것이다.

22. Cité par Odile et Henri-Jean Martin, dans Henri-Jean Martin et Roger Chartier (dir.), *Histoire de l'édition française*, *op. cit.*, t. III, 1985, p. 212.

23. Cité par Annette R. Federico, *Idol of Suburbia. Marie Corelli and Late-Victorian Culture*, Charlottesville, University Press of Virginia, 2000, p. 1.

24. *Ibid.*, p. 20.

25. *Ibid.*, p. 1.

26. Cf. Albert Cim, *op. cit.*, p. 46.

27. Paul Acker, « Le moyen de parvenir en littérature », *Le Correspondant*, 10 juillet 1906, p. 160 et 165.

28. Gabriel Boillat, « Comment on fabrique un succès : *Maria Chapdelaine* », art. cité,

p. 223.

29. Paul Léautaud, *Journal littéraire*, t. VI, *1927-1928*, Mercure de France, 1959, p. 47.

30. Gabriel Boillat, art. cité, p. 230.

31. *Ibid.*, p. 233.

32. Léon Daudet, *Le Roman et les nouveaux écrivains*, Le Divan, 1925, p. 48.

33. Gabriel Boillat, art. cité, p. 235.

34. *Ibid.*, p. 243.

35. *Ibid.*, p. 253.

36. Cité *ibid.*, p. 251.

37. Bernard Grasset, *Lettre à André Gillon sur les conditions du succès en librairie*, Paris, Grasset, 1953. 이 문단의 다음 인용문들은 각각 9, 10, 26쪽을 참조할 것.

38. *Paris-Presse*, 6 août 1951, cité dans Pierre Assouline, *op. cit.*, p. 177.

39. Henri-Jean Martin et Roger Chartier (dir.), *Histoire de l'édition française*, *op. cit.*, t. IV, 1986, p. 198.

40. *Propos du samedi*, Mercure de France, 1969, p. 67.

41. Bernard Grasset, *Lettre à André Gillon ⋯*, *op. cit.*, p. 18.

42. Pierre Assouline, *op. cit.*, p. 174.

43. Gabriel Boillat, *Un maître de 17 ans, Raymond Radiguet*, *op. cit.*, p. 43.

44. Pierre Assouline, *op. cit.*, p. 175.

45. John William Tebbel, *op. cit.*, t. III, p. 508.

46. *Livres Hebdo*, 28 mars 1983, p. 62.

47. 20세기의 가장 큰 성공작 중 하나였던 톨킨의 『반지의 제왕』도 1965년경에 유사한 경험을 했다(cf. Humphrey Carpenter, *J.R.R. Tolkien, une biographie*, trad. P. Alien, Paris, Christian Bourgois, 1980, p. 204-208).

48. 이 기원에 관해서는 Michael Korda, *op. cit.*, p. XVI-XVII를, 그리고 특히 Alice P. Hackett, *70 Years of Best-Sellers, 1895-1965*(New Providence, R.R. Bowker, 1967)를 참조할 것.

49. Cf. Brian Hill et Dee Power, *The Making of a Bestseller*, Chicago, Dearborn Trade Publishing, 2005, p. 13 *sq.*

50. Cité dans *Annales politiques et littéraires*, 1ᵉʳ juin 1928.

51. Cité dans Henri Troyat, *Pasternak*, Paris, Grasset, 2004, p. 163.

52. Sergio D'Angelo, *Sunday Telegraph*, 7 mai 1961.

53. Olga Ivinskaïa, *Otage de l'éternité. Mes années avec Pasternak*, trad. A. Tatischeff, Paris, Fayard, 1978, p. 246-247.

54. Cité dans Henri Troyat, *op. cit.*, p. 174.

55. Cf. Aldo Grandi, *Giangiacomo Feltrinelli. La dinastia, il rivoluzionario*, Milan, Baldini Castaldo, 2000, p. 204.

56. *L'Espresso*, 9 décembre 1962, cité dans Aldo Grandi, *op. cit.*, p. 209.

57. Cf. *New York Times*, 16 septembre 2009.

58. Daisy Maryles, « Bestsellers by the numbers », *Publishers Weekly*, 9 janvier 2006.
59. « Bernard Fixot, 56 ans, patron des éditions X.O., fou de lecture et vendeur roublard de gros tirages. Book maker », *Libération*, 17 avril 2000.
60. *Ibid.*
61. Isabelle Falconnier, *L'Hebdo*, 5 avril 2001.
62. *L'Express*, 12 juin 2003.
63. Pierre Vavasseur, « Bernard Fixot, le fabricant de best-sellers », *Le Parisien*, 30 janvier 2005.

7 검열 만세!

1. Cité dans Philippe Boggio, *Boris Vian*, Paris, Flammarion, 1993, p. 161.
2. Cité *ibid.*, p. 181.
3. Cité dans Claire Julliard, *Boris Vian*, Paris, Gallimard, 2007, p. 151.
4. Denis Diderot, *Lettre sur le commerce de la librairie*, Paris, Librairie Fontaine, 1984, p. 115.
5. Joseph Le Gras, *Diderot et l'Encyclopédie*, Paris, SFELT, 1942, p. 82.
6. 이 문제에 관해서는 Robert Darnton, *L'Aventure de l'Encyclopédie. 1775-1800 : un best-seller au siècle des Lumières*(trad. M.-A. Revellat, Paris, Perrin, 1982)를 참조할 것.
7. Chrétien-Guillaume de Lamoignon de Malesherbes, *Mémoire sur la librairie et sur la liberté de la presse*, Paris, H. Agasse, 1809, p. 351.
8. Georges Minois, *Censure et culture sous l'Ancien Régime*, Paris, Fayard, 1995, p. 217.
9. Cité dans Gustave Lanson, « Note sur Candide », *Annales Jean-Jacques Rousseau*, t. I, 1905, p. 131.
10. Denis Diderot, *Lettre sur le commerce de la librairie*, *op. cit.*, p. 116.
11. Cité dans Marcelin Desfourneaux, *L'Inquisition espagnole et les livres français au XVIIIᵉ siècle*, Paris, PUF, 1963, p. 152.
12. *Ibid.*, p. 162.
13. Ernst Jünger, *Soixante-dix s'efface*, Paris, Gallimard, 2004, t. V, p. 170.
14. David Burg et George Feifer, *Soljenitsyne*, trad. J. Michel, Paris, Robert Laffont, 1973, p. 228.
15. *Ibid.*, p. 246.
16. Cité dans Ghislain de Diesbach, *Madame de Staël*, Paris, Perrin, 1983, p. 374.
17. *Ibid.*
18. Dans *Œuvres complètes de Mme la baronne de Staël-Holstein*, Paris, Firmin Didot, 1836, t. II, p. 1.
19. *Ibid.*, t. II, p. 1.
20. *Dix années d'exil*, *ibid.*, t. II, p. 567.
21. *Ibid.*, p. 568.

22. *Ibid.*, p. 568-569.
23. Cf. Simone Balayé, *Madame de Staël*, Paris, Klincksieck, 1979, p. 20.
24. Mme de Staël, *De l'Allemagne, nouvelle édition par la comtesse Jean de Pange*, Paris, Hachette, 1958, introduction, p. XXXIII.
25. *Ibid.*, p. XXXVI.
26. Cf. Daniel Pipes, *The Rushdie Affair*, New York, Birch Lane, 1990, p. 195.
27. Denis Diderot, *Lettre sur le commerce de la librairie*, *op. cit.*, p. 123-124.
28. Cité dans Alexandre Zévaès, *Les Procès littéraires au XIXe siècle*, Paris, Maurice Rollinat, 1933, p. 2.
29. Albert Thibaudet, *Histoire de la littérature française*, *op. cit.*, p. 95.
30. *Ibid.*, p. 94-96.
31. Pierre-Jean de Béranger, *Ma biographie*, Paris, Garnier frères, 1875, p. 211.
32. *Ibid.*, p. 212.
33. *Procès fait aux chansons de P. J. de Béranger*, Paris, chez les marchands de nouveautes, décembre 1821, p. 8.
34. *Ibid.*, p. 60-62.
35. *Ibid.*, p. 146.
36. Cf. Robert Netz, *Histoire de la censure dans l'édition*, Paris, PUF, « Que sais-je ? », 1997, p. 69.
37. Cité *ibid.*
38. Tacite, *Annales*, IV, XXXIV.
39. *The Lady Chatterley's Lover Trial*, Londres, Bodley Head, 1990.
40. D.H. Lawrence, *Lady Chatterley's Lover*, New York, New American library, 1962, postface de Harry T. Moore, p. 285.
41. Paul Acker, « Le moyen de parvenir en littérature », *Le Correspondant*, 10 juillet 1906, p. 159 *sq.*
42. Denis Diderot, *Lettre sur le commerce de la librairie*, *op. cit.*, p. 124.
43. René-Jean Durdent, *Histoire littéraire et philosophique de Voltaire*, Paris, Alexis Eymery, 1818, p. 171.
44. Cf. Maurice Girodias, *Une journée sur la terre*, t. II, *Les Jardins d'Eros*, Paris, La Difference, 1990, p. 87.
45. *Ibid.*, p. 92.
46. *Ibid.*, p. 94.
47. *Ibid.*
48. *Ibid.*, p. 97.
49. *Ibid.*
50. 이 점은 Jean-Jacques Lefrère와 Michel Pierssens (dir.)의 *La Censure*, (Tusson, Du Lérot, 2000, p. 143)에 실린 Éric Dussert의 글 "최고의 판매촉진 방식"을 참조할 것.
51. Maurice Girodias, *op. cit.*, p. 375.

8 책과 이미지의 결혼

1. Charles Lee, *The Hidden Public. The Story of the BOMC*, New York, Doubleday & Co, 1958, p. 44.

2. Clive Bloom, *op. cit.*, p. 58.

3. 마이클 코르다에 따르면, 영화인들이 베스트셀러를 영화로 만들기 위해서 판권을 사들이기 시작한 것은 1905년에 베스트셀러 순위 4위에 오른 토머스 딕슨 주니어의 『더 클랜스맨(*The Clansman*)』으로 그리피스가 그 유명한 영화 「국가의 탄생」을 찍으면서부터이다(Michael Korda, *op. cit.*, p. 3).

4. Cité *ibid.*, p. 58 59.

5. Emmanuelle Toulet, « Le livre de cinéma », dans Henri-Jean Martin et Roger Chartier (dir.), *Histoire de l'édition française*, *op. cit.*, t. IV, 1986, p. 450.

6. Clive Bloom, *op. cit.*, p. 57.

7. John Pearson, *La Vie de Ian Fleming, le père de James Bond*, trad. S. Sallard, Paris, Plon, 1967, p. 194.

8. *Ibid.*, p. 216.

9. *Ibid.*, p. 217.

10. *Ibid.*, p. 259.

11. Françoise Hache-Bissette, *James Bond, figure mythique*, Paris, Autrement, 2008, p. 49.

12. John Pearson, *op. cit.*, p. 261.

13. *Ibid.*, p. 248.

14. *Ibid.*, p. 319.

15. *Ibid.*, p. 320.

16. Jacques Layani, *On ne lit que deux fois. Ian Fleming, vie et oeuvre du créateur de James Bond 007*, Paris, Écriture, 2008, p. 12-13.

17. *Le Figaro*, 19 janvier 2007.

18. Françoise Hache-Bissette, *op. cit.*, p. 34.

19. R. Barton Palmer (éd.), *Twentieth-Century American Fiction on Screen*, Cambridge, Cambridge University Press, 2007, p. 65.

20. *Current Bibliography Yearbook 1975*, New York, Wilson, 1975, p. 336.

21. Pierre Boncenne, *op. cit.*, p. 185.

22. Cf. Bernard Pivot, *Les Mots de ma vie*, Paris, Albin Michel, 2011, p. 39-41.

23. Hubert Nyssen, *Lira bien qui lira le dernier*, Bruxelles, Labor, 2004, p. 60.

24. Cf. Sandra Painbéni, « La télévision française fait-elle encore vendre des romans ? Le rôle prescripteur des programmes littéraires (ou culturels) post-"Apostrophes" », 15e journées de recherche marketing de Bourgogne, novembre 2010.

25. *Time*, 26 septembre 2008.

26. Frédéric Martel, *Mainstream*, Paris, Flammarion, 2010, p. 164.

27. Gunther Nickel, *Kaufen ! statt Lesen !*, Göttingen, Walstein, 2006.

28. Marie-Hélène Martin, « Les livres, Richard et Judy les aiment à 3 000 % », *Le*

Nouvel Observateur, 25 octobre 2007.

29. Cité dans Helen S. Garson, *Oprah Winfrey. A biography*, Westport, Greenwood Press, 2004, p. 72.

30. Cecilia Konchar Farr, *Reading Oprah. How Oprah's Book Club Changed the Way the American Read*, New York, State University of New York Press, 2005, p. 15.

31. Pierre Boncenne, *op. cit.*, p. 71.

제3부 독자, 왜 베스트셀러를 구입하는가
9 의무적인 독서

1. Günther Wegener, *6000 Jahre und ein Buch. Die Bibel : Biographie eines Bestsellers*, 12e éd., Wuppertal, Oncken, 1997, p. 238.

2. *Ibid.*, p. 233.

3. Louis-Frédéric Gallant, *Savez-vous bien ce que c'est qu'un vrai protestant ?*, Toulouse, Société des livres religieux, 1888, p. 26.

4. Joseph Smith, *Book of Mormon*, Palmyra, E.B. Grandin, 1830.

5. Ezra Taft Benson, *Ensign*, novembre 1988, p. 4.

6. Mike McIntyre, « Hubbard hot-author status called illusion », *San Diego Union*, 15 avril 1990.

7. *Ibid.*

8. Daniel Harris, « Scientology's best-sellers », *New York Post*, 2 juillet 1989.

9. Voir Mike McIntyre, art. cité.

10. Cf. *Los Angeles Times*, « The making of a best-selling author », 28 juin 1990 ; Mike McIntyre, art. cité ; ou encore R. Behar, « The thriving cult of greed and power », *Time*, 6 mai 1991.

11. *Quid*, 1997, p. 401.

12. Othmar Plöckinger, *Geschichte eines Buches. Adolf Hitlers Mein Kampf, 1922-1945*, Munich, Oldenbourg, 2006, p. 114.

13. *Ibid.*, p. 406.

14. Antoine Vitkine, *Mein Kampf, histoire d'un livre*, Paris, Flammarion, 2009, p. 76.

15. *Ibid.*, p. 75.

16. *Ibid.*, p. 87.

17. *Ibid.*, p. 77.

18. *Ibid.*, p. 79.

19. *Ibid.*, p. 178.

20. Othmar Plöckinger, *op. cit.*, p. 187.

21. François Marmor, Le « *Petit livre rouge* », *Mao Tsé-toung*, Paris, Hatier, 1977, p. 7. 다음 인용문들은 각각 33, 36쪽을 참조할 것.

22. Zhengyuen Fu, *Autocratic Tradition and Chinese Politics*, Berkeley, University of California Press, 1994, p. 186.

23. Paul Clark, *The Chinese Cultural Revolution*, Cambridge, Cambridge University Press,

2008, p. 224.

24. François Marmor, *op. cit.*, p. 34.

25. Cf. Henry Hobart Vail, *A History of the McGuffey Readers*, Cleveland, Burrow Brothers, 1911.

26. E. Jennifer Monaghan, *A Common Heritage. Noah Webster's Blue Back Speller*, Hamden, Archon Books, 1983, p. 219.

27. William Smith, *About the McGuffeys*, Oxford, Ohio, Cullen Print, 1963, p. 21.

28. Jacques et Mona Ozouf, dans Pierre Nora, *Les Lieux de mémoire*, t. I, *La République*, Paris, Gallimard, 1984, p. 291.

29. Daniel Halevy, *La République des ducs*, Paris, Grasset, 1937, p. 336.

30. Jacques et Mona Ozouf, *op. cit.*, p. 291.

31. *Ibid.*, 299.

32. Dominique Julia, dans Henri-Jean Martin et Roger Chartier (dir.), *Histoire de l'édition française, op. cit.*, t. II, 1984, p. 471.

33. Odile et Henri-Jean Martin, *ibid.*, t. III, p. 186.

34. *Ibid.*, p. 187.

35. Philippe Schuwer, dans Pascal Fouché *et al.* (dir.), *Dictionnaire encyclopédique du livre*, Cercle de la Librairie, t. II, 2005, p. 449.

36. Alain Choppin, dans Henri-Jean Martin et Roger Chartier (dir.), *Histoire de l'édition française, op. cit.*, t. IV, 1986, p. 292.

37. Jean-Yves Mollier, « Le manuel scolaire et la bibliothèque du peuple », *Romantisme*, 1993, n° 80, p. 79.

38. *Jeune Afrique*, 20 mai 2007.

39. Henri Béraud, *Le Martyre de l'obèse*, Paris, Fayard, 1953, p. 12-13.

40. Paul Mathieu, *Comment la cure de Brides-les-Bains fait maigrir les obèses*, Paris, éditions médicales Norbert Maloine, 1930.

41. Louis Lonjon-Raynaud, *Maigrir par l'électricité*, Paris, éditions médicales Norbert Maloine, 1933.

42. Yves Latour, *Comment maigrir*, Paris, La Librairie médicale française, 1933.

43. 이러한 "자기 관리를 위한 서적들"에 대해서는 Steven Starker, *Oracle at the Supermarket*(Pistacaway (NJ), Transaction Publishers, 1989)을 참조할 것.

44. Cf. Edwin McDowell, « Behind the Best Sellers », *New York Times*, 23 août 1981.

45. *Ibid.*

46. *Le Matin*, 26 août 2010.

47. *Métro*, 31 mai 2011, p. 2.

10 파뉘르주 콤플렉스

1. Bernard Grasset, *Lettre à André Gillon sur les conditions du succès en librairie, op. cit.*, p. 15.

2. Cité dans Frédéric Rouvillois, *Histoire du snobisme*, Flammarion, « Champs », 2010,

p. 433.

3. Cité *ibid.*, p. 22.

4. Cité dans Anne Martin-Fugier, *Les Salons de la IIIe République*, Paris, Perrin, 2003, p. 147.

5. Cité dans *Lire*, octobre 2007, p. 36.

6. Angelo Rinaldi, *Service de presse*, Paris, Plon, 1999, p. 271.

7. Jacques Robichon, *Le Défi des Goncourt*, Paris, Denoël, 1979, p. 332.

8. Goncourt, *Journal*, t. III, p. 936.

9. Exposition Goncourt, *Gazette des Beaux-Arts*, 1933, préface, p. 7.

10. Cité dans Angelo Rinaldi, *op. cit.*, p. 112.

11. Erich Auerbach, Mimésis. *La représentation de la réalité dans la littérature occidentale*, Paris, Gallimard, 1973, p. 495.

12. Goncourt, *Journal*, t. III, p. 322.

13. Pierre Descaves, *Mes Goncourt*, Marseille, Robert Laffont, 1944, p. 144.

14. Élisabeth Parinet, dans Henri-Jean Martin et Roger Chartier (dir.), *Histoire de l'édition française*, *op. cit.*, t. IV, 1986, p. 492.

15. Jacques Robichon, *op. cit.*, p. 35.

16. Henri Massis, Dix ans après. *Reflexions sur la littérature d'aprèsguerre*, Les Cahiers de la quinzaine, 3e cahier, 22e série, 1932, p. 10.

17. Bernard Grasset, *Lettre à André Gillon sur les conditions du succès en librairie*, *op. cit.*, p. 22.

18. *Ibid.*

19. Pierre Descaves, *op. cit.*, p. 124.

20. Cité par Geoff Woolen, dans Katherine Ashley (éd.), *Prix Goncourt, 1903-2003. Essais critiques*, Oxford-Bern, Peter Lang, p. 19.

21. Jacques Robichon, *op. cit.*, p. 84.

22. *Ibid.*, p. 85.

23. Céline, *Lettres*, *op. cit.*, 6 décembre 1932, p. 336.

24. *Ibid.*, 12 novembre 1932, p. 331.

25. *Ibid.*, 10 décembre 1932, p. 340.

26. Cité par Mohammed Aïssaoui, *Le Figaro*, 21 janvier 2008.

27. *Lire*, novembre 2005, p. 95.

28. *Le Figaro*, 17 janvier 2008.

29. Henri Massis, *Dix ans après*, *op. cit.*, p. 12-13.

30. *Lire*, octobre 2007, p. 42.

31. Charles Lee, *The Hidden public. The Story of the BOMC*, *op. cit.*, p. 26.

32. *Ibid.*, p. 12.

33. *Ibid.*, p. 33.

34. Clive Bloom, *op. cit.*, p. 82.

35. Charles Lee, *op. cit.*, p. 77.

36. *Ibid.*, p. 77.

37. E. Wyatt, *New York Times*, 12 janvier 2005.

38. Cité par Anne Martin-Fugier, *op. cit.*, p. 147.

39. Cité par David Blum, « The time machine. Hawking, the great unread book of our time », *New York Magazine*, 24 octobre 1988, p. 36.

40. Cité dans *Newsweek*, 26 septembre 1983.

41. Gore Vidal, *Matters of Facts and Fiction*, New York, Random House, 1977, p. 21.

42. *Libération*, 15 février 2008.

43. Cité dans François Caradec, *Les Goncourt en verve*, Paris, Horay, 1973, p. 41.

44. Pierre Boncenne, *op. cit.*, p. 278.

45. Cité par Pierre Nora, *Books*, hors-série nº 1, décembre 2009, p. 10.

46. Delphine Naudier, dans Nicole Pellegrin, *Histoires d'historiens*, Saint-Étienne, Presses de l'Universite de Saint-Etienne, 2006, p. 310.

47. David Blum, art. cité, p. 36.

11 안락의 문학

1. Rob Reiner, *Santa Barbara News Press*, 7 décembre 1990.

2. Pierre Jourde, *La Littérature sans estomac*, Paris, L'esprit des péninsules, 2002, p. 216.

3. Pascal, *Pénsees*, dans *Œuvres*, Gallimard, « Bibliothèque de la Pléiade », 1941, p. 881 et 880.

4. Clive Bloom, *op. cit.*, p. 207.

5. Miguel de Cervantès, *Histoire de Don Quichotte de la Manche*, trad. F. de Brotonne, Paris, Didier, 1849, t. I, p. 9.

6. Edward Bellamy, *Cent ans après ou l'An 2000*, trad. P. Rey, Paris, Dentu, 1891.

7. *Ibid.*, p. 1.

8. Edward Bellamy, *Looking Backward, 2000-1887*, New York, The New American Library, 1960, p. V-VI.

9. Frank Gruber, *Zane Grey. A biography*, New York, Aeonian Press, 1969, p. 243.

10. Clive Bloom, *op. cit.*, p. 244.

11. *New York Times*, 31 mars 2006.

12. Clive Bloom, *op. cit.*, p. 321.

13. *Ibid.*, p. 322.

14. Delphine Peras, *L'Express*, 6 juin 2009, p. 106.

15. Marc Lévy, entretien publié dans *Direct soir*, 23 juin 2010, p. 6.

16. *Ibid.*

17. *Le Canard enchaîné*, 26 janvier 2011, p. 2.

18. D. Mendelsohn, *Si beau, si fragile*, trad. I. Taudière, Paris, Flammarion, 2011, p. 99-100.

19. *Ibid.*, p. 105.

20. *Ibid.*, p. 109.

21. André Ravier, préface à saint François de Sales, *Œuvres*, Gallimard, « Biblio- thèque de la Pléiade », 1969, p. 3.

22. Cité dans Claire Cerasi, *Pierre Corneille à l'image et à la ressemblance de François de Sales, Paris, Beauchesne*, 2000, p. 54.

23. Henri-Jean Martin et Roger Chartier (dir.), *Histoire de l'édition française, op. cit.*, t. III, 1985, p. 175.

24. René Latourelle, *Jean de Brébeuf*, Montréal, Bellarmin, 1999, p. 268 ; Michel Vernus, « Un best-seller de la littérature religieuse, *L'Ange conducteur* (XVIIe-XIXe siècle) », *Transmettre la foi*, Paris, CTHS, 1984, p. 231-243.

25. Henri-Jean Martin et Roger Chartier (dir.), *Histoire de l'édition française, op. cit.*, t. II, 1984, p. 408.

26. Claude Savart, dans Henri-Jean Martin et Roger Chartier (dir.), *Histoire de l'édition française, op. cit.*, t. III, 1985, p. 401.

27. Cité par Rachel Donadio, *New York Times*, reproduit dans Books, hors-série n° 1, décembre 2009, p. 87.

28. *New York Times*, 10 avril 1998.

29. *Livres Hebdo*, 23 juin 2000, p. 43.

30. Jean-Louis Curtis, *Un saint au néon*, Gallimard, « Folio », 1972, p. 48.

31. Gustave Flaubert, Lettre à Louise Colet, 9 décembre 1852, dans Jean-Benoît Guinot, *Dictionnaire Flaubert*, Paris, CNRS éditions, 2010, p. 119.

32. Jean-Claude Vincent, « *Mes Prisons* de Silvio Pellico, un bestseller de l'édification », *Trames*, 1997, n° 2.

33. Pierre Benoit, préface à Axel Munthe, *Le Livre de San Michele*, Paris, Albin Michel, 1935, p. 3 et 5.

34. Curt Riess, *Naissance des best-sellers*, Paris, éditions de Trevise, 1967, p. 163.

35. Kurt Wolff, *A Portrait in Essays and Letters*, Chicago, University of Chicago Press, 1991, p. 46.

36. Stéphane Hessel, *Indignez-vous !*, Montpellier, Indigene, 2010, p. 13.

37. *Ibid.*, 이 문단의 인용문들은 각각 11, 14, 12, 20, 22쪽을 참조할 것.

38. Luc Rosenzweig, « Stéphane Hessel, vieil homme indigne », publié sur le site Causeur.fr le 5 janvier 2011.

39. Lois Romano, *The Washington Post*, 3 janvier 2007.

40. Liza Mundy, *Michelle Obama First Lady*, trad. M. Bach, Paris, Plon, 2009, p. 186.

41. D.K. David, Associated Press, 8 septembre 2010.

결론 : 기적은 계속된다

1. Cité par Pierre Boncenne, *op. cit.*, p. 90.

2. Cité par Pierre Assouline, *op. cit.*, p. 280.

3. Pierre Boncenne, *op. cit.*, p. 49.

4. Cf. Anne Edwards, *Margaret Mitchell*, trad. I. Tate, Paris, Belfond, 1991, p. 21.

5. *Ibid.*, p. 164.

6. Charles Lee, *The Hidden Public. The Story of the Book of the Month Club*, New York, Doubleday, 1958, p. 169.

7. Cité par Pierre Assouline, *op. cit.*, p. 281.

8. *Ibid.*, p. 281.

9. Cf. Daniel Garcia, *Lire*, novembre 2005, p. 101.

10. Walker Percy, préface à John Kennedy Toole, *La Conjuration des imbéciles*, trad. J.-P. Carasso, Paris, 10-18, 2002, p. 11.

11. *Ibid.*, p. 9.

12. Cité par E. Marsala, *Les Epées*, 2004, n° 13.

13. Pierre Boncenne, *op. cit.*, p. 116.

14. *Ibid.*, p. 118.

15. *Ibid.*, p. 241.

16. *Ibid.*, p. 245.

17. *Lire*, novembre 2005, p. 90.

18. Cité par Pierre Boncenne, *op. cit.*, p. 244.

19. *Ibid.*, p. 246.

20. Jack Eric Morpurgo, *Allen Lane, King Penguin*, Londres, Hutchinson, 1979.

21. Cité dans « Les secrets de Millénium », *Le Nouvel Observateur*, 28 mai 2009, p. 11.

22. Jeffrey Garrett, « Missing Eco : on reading *The Name of the Rose* as library criticism », *The Library Quaterly*, 1991, n° 4, p. 373.

23. Entretien avec Jean-Christophe Buisson, *Le Figaro Magazine*, 12 mars 2011.

24. *Ibid.*

25. *Ibid.*

한국어 판 편집자의 후기

1964년 출생의 헌법학자로서 현재 파리 제5대학 교수로 재직하고 있는 프레데리크 루빌루아(Frédéric Rouvillois)가 쓴 이 책『베스트셀러의 역사(*Une histoire des best-sellers*)』는 2011년 간행 직후에 프랑스 독서계에 큰 화제를 불러왔다. 「르 피가로」, 『렉스프레스』, 『미디어파트』 등의 유력 미디어에 서평과 저자 인터뷰 기사가 게재되었으며, 2011년 말에는 문예지『리르』에 의해서 "올해의 최우수 서적" 중 한 권으로 선정되었다.

이 책은 16세기부터 현대에 이르기까지 출판 혁명이 일어난 유럽과 미국을 축으로 하여 400여 권의 풍부한 사례를 들어 500여 년 동안의 베스트셀러의 정체와 실체를 파악하고 있는데, 그 조건의 역사적인 변천 그리고 특정 베스트셀러가 나타난 시대상 및 사회상을 고찰함으로써 베스트셀러 탄생의 비밀을 "책," "저자," "독자"의 세 관점에서 분석한다.

"책, 베스트셀러란 무엇인가" — 제1부에서 저자는 "판매부수," "시간," "장소" 이 세 가지 요소가 베스트셀러를 결정하는 핵심이라고 규정한다. 판매부수가 10만 부를 넘어서는 베스트셀러가 등장하게 된 것은 19세기 후반기부터이다. 그것은 서양의 산업혁명과 자본주의가 문학의 대중화와 인쇄업의 산업화를 촉진시킨 결과이며, 시간과 공간(장소)의 확대 역시 산업화와 자본주의가 "단기간"에 "국가"라는 한계를 돌파하여 세계화한 현상과 일치한다. 최근의 예이지만, 67개국의 언어로 번역되어 전 세계에서 같은 시간대(2007년 7월 21일)에 발매된 "해리 포터" 시리즈의 마지막 권(제7권)『해리 포터와 죽음의 성물』이 하루 만에 1,100만 부의 판매를 기록한 것은 이 세 가지 요소가 성공적으로 결합된 전형적인 사례이다. 또한 "산업 문학"(1839년, 생트뵈브)이라는 말이 가장 성공적인 표현이 된 실례일 것이다. 특히 세계적인(international) 베스트셀러의 4분의 3이 산업화와 자본주의를 선도한 영국과 미국의 언어인 영어로 쓰인 점은 베스트셀러 현상을 함축하고 있다고 할 수 있다.

"저자, 베스트셀러를 어떻게 만드는가"―루빌루아는 이 문제를 다룬 제2부에서 『바람과 함께 사라지다』를 예로 들면서 저자와 편집자의 관계를 흥미진진하게 논하고 있다. 물론 광고 전략과 저널리즘과의 관계도 여기에서 논하고 있다.

"독자, 왜 베스트셀러를 구입하는가"―제3부에서는 역사상 최대의 베스트셀러들을 점검한다. 세계적인 베스트셀러의 일람표를 만들어, 저자는 독자의 시점에서 대중심리의 매커니즘에 의해서―부화뇌동이라는 표현도 사용이 가능할 것 같다―베스트셀러가 탄생한다는 것을 보여주고 있다. 따라서 그것은 "기적"이라는 비과학적인 의미를 내포할 수도 있지만, 어떤 베스트셀러의 경우에는 "시대의 분위기"는 물론 "시대의 패러다임"(『슬픔이여 안녕』, 『바람과 함께 사라지다』, 『사회계약론』, 『마오쩌둥 어록』)을 보여줄 수도 있을 것이다.

덤으로 우리는 이 책이 들려주는 베스트셀러를 둘러싼 일화나 잠언 등에 때때로 귀하게 접할 수 있는 기회도 가질 것이다.

이 책의 저자 루빌루아는 종이책의 "사망"이 심심찮게 호사가들의 입에 오르내리는 이 시대에, 베스트셀러의 실체와 정체를 집약함으로써 책의 미래와 운명에 대해서 여러 가지를 시사하고 있다. 물론 "낙관적"이라는 것을 엿볼 수 있을 것이다.

인명 색인

서명 색인